_____ 님의 소중한 미래를 위해
이 책을 드립니다.

난생 처음
# 교토

처음 교토에 가는 사람이 가장 알고 싶은 것들

# 난생 처음
# 교토

정해경 지음

메이트북스

**메이트북스** 우리는 책이 독자를 위한 것임을 잊지 않는다.
우리는 독자의 꿈을 사랑하고,
그 꿈이 실현될 수 있는 도구를 세상에 내놓는다.

## 난생 처음 교토

초판 1쇄 발행 2018년 7월 5일 | 지은이 정해경
펴낸곳 (주)원앤원콘텐츠그룹 | 펴낸이 강현규·정영훈
책임편집 최미임 | 편집 안미성·이가진·이수민·김슬미
디자인 최정아 | 마케팅 한성호·김윤성 | 홍보 이선미·정채훈
등록번호 제301-2006-001호 | 등록일자 2013년 5월 24일
주소 06132 서울시 강남구 논현로 507 성지하이츠빌 3차 1307호 | 전화 (02)2234-7117
팩스 (02)2234-1086 | 홈페이지 www.matebooks.co.kr | 이메일 khg0109@hanmail.net
값 17,000원 | ISBN 979-11-6002-134-9 13980

메이트북스는 (주)원앤원콘텐츠그룹의 경제·경영·자기계발·실용 브랜드입니다.
잘못 만들어진 책은 구입하신 서점에서 교환해 드립니다.
이 책을 무단 복사, 복제, 전재하는 것은 저작권법에 저촉됩니다.

이 도서의 국립중앙도서관 출판시도서목록(CIP)은 e-CIP홈페이지(http://www.nl.go.kr/ecip)에서
이용하실 수 있습니다.(CIP제어번호: CIP2018018541)

진정한 여행이란
새로운 풍경을 보는 것이 아니라,
새로운 눈을 가지는 데 있다.

• 마르셀 프루스트(소설가) •

### 지은이의 말

## 고즈넉한 교토의 낭만, 3박 4일 교토 여행법

　천 년이 넘는 시간 동안 일본의 수도였던 교토. 교토는 도시 전체가 박물관이라고 불러도 손색이 없을 만큼 수많은 세계문화유산과 일본 전통을 고스란히 간직하고 있어 연간 수천만 명이 찾는 세계적인 문화관광 도시다. 일본 간사이 지방의 얼굴이라고 해도 좋을 두 도시, 교토와 오사카는 달라도 너무 다른 분위기에 냄새마저도 다른 곳이다. 여행자의 눈에 비친 교토는 봄에는 벚꽃이, 가을에는 단풍이 유혹하며 눈이 부시도록 화려했고 넘치도록 아름다웠다. 그랬다. 천 년의 시간이 품고 있는 향기를 가진 교토는 여느 도시와 달리 바쁘게 돌아다니지 않아도 괜찮고, 무언가 하지 않아도 충분히 괜찮은 곳이었다. 그럼에도 불구하고 여행의 마지막 날, 일상으로 곧 돌아가야 한다고 깨닫는 순간 밀려드는 아쉬움이 가장 크고 진하게 남는 곳 역시 교토였다. 그래서 어느 봄날에 품었던 그리움은 교토에 남겨두고 왔다. 나는, 여전히 교토가 그립다.

　이 책은 해외여행이 처음이거나 교토 여행이 처음인 사람들을 위한 책이다. 교토가 처음이라고 하더라도 불편함이 없는 여행이 되도록 노력을 기울였다. 다소 넓은 지역까지 아우르고 있는 교토를 가장 효율적으로 여행하기 위해 추천 일정별로, 지역별로 나누어 이동 동선을 구성했다. 무엇보다 세계문화유산이 즐비한 교토는 아는 만큼 보이는 곳이기에 문화유산 답사에도 지장이 없도록 최선을 다했다. 맛있는 도시 오사카보다 더 맛있는 교요리를 빼놓으면 섭섭한 일. 추천 일정에는 교토에서 꼭 먹어봐야 하는 음식들을 소개했다. 하지만 이 책은 교토 여행이 처음인 사람들만을 위한 책은 아니다. 교토 여행에 앞서 오사카 여행에서 하루나 이틀 정도 시간을 할애해 짧게 교토를 여행한 경험자들이라면 교토가 그렇게 짧은 시간에 돌아볼 수

있는 도시가 아니라는 것을 충분히 느꼈을 것이다. 따라서 교토가 처음인 여행자뿐 아니라 이미 교토를 짧게 다녀간 여행자들에게도 필요한 책이 될 수 있도록 두 계절 동안 아낌없는 정성을 쏟았다.

어제와 오늘이 공존하며 일상적인 삶마저도 힐링이 되는 도시 교토. 이 책을 집필하는 동안 나는 그렇게 교토 천 년의 시간을 오롯이 만날 수 있었다. 천 년의 시간 곳곳에 숨어 있는 보석과도 같은 낭만을 이제 여러분들이 찾아내길 바란다.

첫 번째 타이완에 이어 두 번째 오사카, 그리고 세 번째 교토를 만날 수 있는 기회를 주신 원앤원콘텐츠그룹에 감사한 마음을 전한다. 일본 취재에 물심양면으로 도움을 준 일본 여행 대표 여행사 큐슈로 장희정 님과 일본에서 집필 과정에 도움을 주신 요코하마 관광 컨벤션 뷰로 나가사와 유주르 님, 일본어 감수를 위해 수고로움을 아끼지 않은 김세희 님께 깊은 감사를 전한다. 또한 일본 여행의 노하우와 정보를 공유해주신 배국진 님, 심성혜 님께도 감사를 드린다.

세상에 존재할 이유를 주신 부모님과 가족, 언제나 초심을 잃지 않도록 아낌없는 조언과 용기를 북돋아주시는 임동숙 교수님, 항상 최고라며 응원을 보내주는 하경아 작가님, 가장 지치고 힘들 때 기꺼이 말동무가 되어준 최고의 친구 정윤경 님께도 진심으로 감사의 마음을 전한다. 마지막으로 이 책과 함께 행복한 교토 여행을 만들어갈 독자들에게도 고마움을 전한다.

제주 이을락(樂)에서
정해경

**지은이의 말** 고즈넉한 교토의 낭만, 3박 4일 교토 여행법 006

## PART 1
### 행복 가득 교토, 내 생애 첫 여행

**01. 교토 기본정보** 014

**02. 교토 여행준비** 020
여권 및 비자 만들기 | 항공권 구입하기 | 숙소 예약하기 | 예산 계획 및 여행 짐 꾸리기 | 환전하기 | 여행자보험 | 해외 인터넷 데이터 로밍 | 면세점 이용하기 | 유용한 간사이 여행 정보 사이트

**03. 교토로 떠나볼까?** 028
출국 절차(인천국제공항 출발) | 입국 절차(간사이국제공항) | 간사이국제공항에서 교토로 이동하기

**04. 교토 교통정보** 040
시 버스 | 택시 | 지하철과 전철

`한 걸음 더` 알고 보면 쉬운 교토 버스 완전정복 044

**05. 유용한 애플리케이션** 048

`아주 특별한 교토` 일본 자유여행의 필수품, 교통패스 052

## PART 2
### 볼거리 가득한 교토 3박 4일간의 여행기

**첫째 날, 교토 여행 1번지, 히가시야마!**

**01. 교토 여행 1번지 기요미즈데라** 068
기요미즈데라 어떻게 가야 할까? | 기요미즈데라 어떻게 즐겨볼까?
기요미즈데라, 무엇을 먹을까? 084

**02. 히가시야마 골목길 투어! 산넨자카·니넨자카·이시베코지·네네노미치** 088
히가시야마 골목길 어떻게 가야 할까? | 히가시야마 골목길 어떻게 즐겨볼까?

`한 걸음 더 1` 히가시야마의 상징 야사카노토 096

`한 걸음 더 2` 금각, 은각 다음엔 동각이라고! 기온가쿠 098

`한 걸음 더 3` 알록달록 원숭이 인형이 매달려 있는 야사카 코신도 100

히가시야마 골목길, 무엇을 먹을까? 102

### 03. 기온의 랜드마크 야사카진자 106
야사카진자 어떻게 가야 할까? | 야샤카진자 어떻게 즐겨볼까?

> 한 걸음 더  교토에서 가장 오래된 공원 마루야마 코엔 112

야사카진자, 무엇을 먹을까? 114

### 04. 게이코와 마이코가 있는 기온 거리 116
실개천이 흐르는 기온신바시 | 외국인에게 가장 많이 알려진 하나미코지도리 | 기온의 밤은 낮보다 아름답다 본토초 | 기온 어떻게 즐겨볼까?

> 아주 특별한 교토  400년 역사, 교토의 부엌 니시키 시장 128


## 둘째 날, 낭만열차 타고 가는 교토 서쪽!

### 01. 교토 귀족들의 휴양지 아라시야마 142
아라시야마 어떻게 가야 할까? | 아라시야마 최고의 명소! 덴류지 | 인연을 맺어주는 노노미야진자 | 인기 화보촬영 장소 치쿠린 | 아라시야마의 가을을 책임지다 조잣코지 | 달이 건너는 다리 도게츠교 | 아라시야마 상점가 일대 어떻게 즐겨볼까?

아라시야마, 무엇을 먹을까? 172

> 한 걸음 더 1  벚꽃 터널을 달리는 한 량짜리 낭만열차, 란덴연선! 178

> 한 걸음 더 2  호즈강을 따라 달리는 도롯코 열차 180

### 02. 안 보이는 돌을 찾으려 애쓰지 말라! 료안지 182
료안지 어떻게 가야 할까? | 료안지 어떻게 즐겨볼까?

### 03. 화려한 금빛 누각의 치명적인 매력 킨카쿠지 194
킨카쿠지 어떻게 가야 할까? | 킨카쿠지 어떻게 즐겨볼까?

### 04. 합격기원! 기타노텐만구 204
기타노텐만구 어떻게 가야 할까? | 기타노텐만구 어떻게 즐겨볼까?

> 한 걸음 더  봄 매화, 가을 단풍이 유명한 기타노텐만구 212

기타노텐만구, 무엇을 먹을까? 214

> 아주 특별한 교토  교토의 메인 스트리트 시조, 그리고 산조 216

**셋째 날, 나긋나긋 그 길 따라 교토 산책!**

01. 금빛이 아니어도 좋아! 긴카쿠지 230
긴카쿠지 어떻게 가야 할까? | 긴카쿠지 어떻게 즐겨볼까?

한 걸음 더 1  토끼로 한가득 우사기노사카아가리 공방 은각사점 240

긴카쿠지, 무엇을 먹을까? 242

02. 너와 걷고 싶다! 데츠카쿠노미치 244
철학의 길 어떻게 가야 할까? | 철학의 길 어떻게 즐겨볼까?

한 걸음 더  철학의 길에 이런 곳이 있다니! 호넨인 252

철학의 길, 무엇을 먹을까? 254

03. 유럽식 수로각으로 더 유명한 난젠지 258
난젠지 어떻게 가야 할까? | 난젠지 어떻게 즐겨볼까? | 호조정원 어떻게 즐겨볼까?

한 걸음 더 1  교토 최고의 단풍놀이 에이칸도 270

한 걸음 더 2  교토 마니아들만 아는 숨은 벚꽃 명소 게아케 인크라인 272

04. 헤이안 천도 1,100주년을 기념하는 헤이안진구 274
헤이안진구 어떻게 가야 할까? | 헤이안진구 어떻게 즐겨볼까? | 메이지시대를 대표하는 신엔

헤이안진구, 무엇을 먹을까? 286

아주 특별한 교토  라이트업, 그 환상의 세계로 290

한 걸음 더 1  교토 봄의 상징, 도지 292

한 걸음 더 2  네네의 정원, 고다이지 294

한 걸음 더 3  깊고 푸른 밤, 쇼렌인몬제키 296

한 걸음 더 4  낭만을 싣고 달리는 가을 단풍열차, 에이잔 전철 구라마센 298

**넷째 날, 천 년의 흔적을 따라 교토 시간여행**

01. 에도 막부의 처음과 끝을 장식한 니조조 306
니조조 어떻게 가야 할까? | 니조조 어떻게 즐겨볼까? | 니조조의 핵심 니노마루고텐

02. 교토에서 가장 큰 선종 사찰 도후쿠지 320
도후쿠지 어떻게 가야 할까? | 도후쿠지 어떻게 즐겨볼까? | 도후쿠지보다 더 유명한 호조정원

03. 나를 닮은 불상을 찾아라! 산주산겐도 330
산주산겐도 어떻게 가야 할까? | 산주산겐도 어떻게 즐겨볼까?

`한 걸음 더` 교토 와가시 체험 간슌도 **336**

**04. 천 개의 붉은 도리이! 후시미이나리타이샤 340**
후시미이나리타이샤 어떻게 가야 할까? | 후시미이나리타이샤 어떻게 즐겨볼까?

JR 교토역 일대, 무엇을 먹을까? **352**

`아주 특별한 교토 ①` 교토 여행의 관문 JR 교토역 **357**

`한 걸음 더` 바다가 그리워라! 교토타워 **368**

`아주 특별한 교토 ②` 유리로 만든 가라스 코보 호노오 **370**

# PART 3

## 교토 근교여행, 어디로 떠나볼까?

**01. 10엔, 1만 엔, 그리고 뵤도인 376**
뵤도인 어떻게 가야 할까? | 뵤도인 어떻게 즐겨볼까?

우지, 무엇을 먹을까? **390**

**02. 고즈넉한 산골 마을의 낭만 오하라 392**
오하라 어떻게 가야 할까?

**03. 이끼 가득한 초록색 보석상자 산젠인 400**
산젠인 어떻게 가야 할까? | 산젠인 어떻게 즐겨볼까?

**04. 진정한 액자정원! 호센인 410**
호센인 어떻게 가야 할까? | 호센인 어떻게 즐겨볼까?

**05. 가을 단풍은 내게 맡겨라! 잣코인 416**
잣코인 어떻게 가야 할까? | 잣코인 어떻게 즐겨볼까?

산젠인, 무엇을 먹을까? **422**

잣코인, 무엇을 먹을까? **424**

`한 걸음 더 1` 시원한 오이 한 입, 시바큐 **426**
`한 걸음 더 2` 국민 간식과 차 한잔, 세료차야 **427**
`한 걸음 더 3` 오하라산소 아시유 카페 **428**
`한 걸음 더 4` 오하라노사토 미소안 **429**
`한 걸음 더 5` 오하라산소·오하라노사토 히가에리온센 **430**

『난생 처음 교토』 저자 심층 인터뷰 **432**

**PART 1**
행복 가득 교토,
내 생애 첫 여행

교토와 오사카로 대표되는 일본의 간사이(関西, Kansai) 지방은 남쪽의 기이반도에서 북쪽의 와카사만에 이르는 주고쿠 지방과 주부 지방 사이에 위치한 지역을 말한다. 공식적인 지리학상의 명칭은 긴키(近畿)지만, 문화나 역사를 설명하는 간사이를 주로 사용한다.

간사이의 '간(関)'은 옛날에 검문이나 세금 징수를 위해 교통 요지에 세웠던 세키쇼(関所, 검문소)를 말하며, 사이(西)는 서쪽을 의미한다. 따라서 간사이란 '세키쇼의 서쪽'을 일컫는다. 참고로 세키쇼의 동쪽은 간토(関東)라고 부르는데, 간토는 도쿄 일대를 말한다. 이처럼 간사이 지방은 교토(京都)·오사카(大阪)·고베(神戸)·나라(奈良) 등의 도시들이 중심을 이루고 있으며, 일본에서 두 번째로 큰 산업 중심지이자 일본 중요문화재 중 약 60%가 있어 매우 중요한 곳이다. 일본 전통을 고스란히 느낄 수 있는 교토, 최대의 상업도시 오사카, 역사의 도시 나라를 비롯해 이국적인 정취를 가진 고베 등 간사이 주요 도시들은 서로 다른 매력을 지니기에 다채로운 일본의 멋과 맛을 만끽할 수 있다.

특히 오사카에서 약 1시간 정도면 도착하는 교토는 794년에 간무(桓武) 천황이 지금의 나라에서 교토로 수도를 옮긴 이후 1868년에 도쿄(東京)로 다시 천도하기 전까지 천 년 이상 황궁(皇宮)이 있던 일본의 수도였다. 교토의 도시 내부는 바둑판처럼 구획되어 깔끔하게 정비되어 있는데 중국의 장안(長安)을 모델로 삼았다고 한다. 교토 천도 후 간무 천황은 이곳을 '백성들이 평안하기를 바란다.'라는 뜻을 담아 헤이안(平安)이라 명명했고, 교토를 중심으로 고대국가의 기초를 다졌다. 그 배경에는 '도래인'이라고 불리는 고구려계의 야사카씨(八坂氏), 신라 가야계의 하타씨(秦氏), 백제계의 다카씨 등이 큰 역할을 한 것으로 전해지고 있다. 이후 도쿄로 수도를 이전하면서 교토의 정치적인 역할은 줄어들었다. 하지만 천왕이 기거했던 수도라는 변함없는 사실과 더불어 도쿄, 오사카에 이은 세 번째 경제도시로 자리매김하고 있으며 문화도시로도 굳건히 자리 잡고 있다.

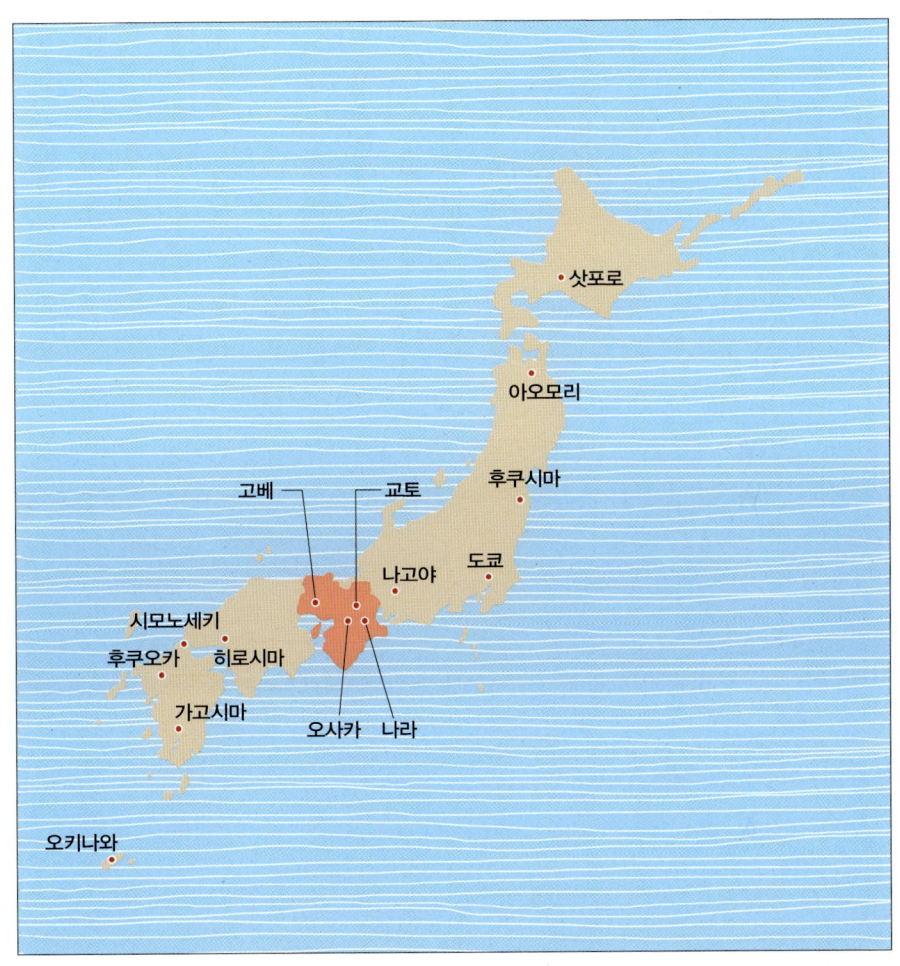

**Tip.** 교토는 계획도시답게 동부권·서부권·남부권·북부권·중앙권 혹은 JR 교토역 일대로 나눠 지역별로 여행하면 편리하다. 이 중에서도 동쪽에 위치한 히가시야마(東山)의 경우 기요미즈데라, 기온(祇園), 긴카쿠지(銀閣寺), 철학의 길(哲学の道), 난젠지(南禅寺), 야사카진자(八坂神社) 등 교토를 대표하는 관광지의 대부분이 위치하고 있다. 교토에 단 하루밖에 머물 수 없다면 "히가시야마로 가라."라고 할 만큼 이 지역은 교토의 역사·문화·종교 등을 한눈에 살펴볼 수 있는 곳이다. 교토의 서부권은 킨카쿠지(金閣寺), 료안지(龍安寺), 아라시야마(嵐山) 일대, 남부권은 도후쿠지(東福寺), 후시미이나리신사(伏見稲荷大社), 보도인(平等院) 등, 중앙권 혹은 JR 교토역 일대에는 니조조(二条城), 도지(東寺), 산주산겐도(三十三間堂), 교토고쇼(京都御所) 등이 위치하고 있다. 생각보다 많은 볼거리를 가진 교토를 효율적으로 여행하기 위해서는 '무엇을 볼 것인가?'에 대한 철저한 계획이 필요하며 그에 따라 여행 동선을 짜는 것이 좋다.

천년고도의 모습을 고스란히 간직하고 있는 교토는 명실공히 간사이 지방을 대표하는 관광지이며 기요미즈데라(淸水寺)를 비롯해 세계문화유산만 무려 17개나 보유하고 있다. 무엇보다 일본 열도를 강타한 수차례의 지진이나 제2차 세계대전에도 불구하고 전통적인 유적이나 유물이 피해를 입지 않았다. 일본의 역사와 전통이 그대로 간직되어 있기에 도시 전체가 거대한 박물관이라고 불러도 좋은 곳이 바로 교토다. '죽기 전에 꼭 가봐야 할'이라는 이름이 붙는 곳에 항상 빠지지 않고 이름을 올리는 교토는 연간 관광객 수가 한반도 인구수와도 비슷할 만큼 세계적인 관광도시다. 그뿐만 아니라 교토는 사계절 내내 팔색조의 매력을 뽐내는 곳이다. 봄이면 벚꽃이 만발하고 여름에는 녹음이 우거진다. 가을에는 붉은 단풍으로, 겨울에는 하얀 눈이 내린 고즈넉한 풍경으로 여행자들을 유혹한다. 또한 바다와 인접하지 않는 도시 특성상 두부나 채소 등 평범한 재료로 귀족의 입맛을 만족시키기 위해 발달한 교요리(京料理), 교토의 전통 가정요리인 오반자이(おばんざい) 등 일본의 다른 지역과는 차별되는 독특한 음식문화가 발달해 여행자에게 또 하나의 즐거움을 선사한다.

**Tip.** 교토의 경우 세계문화유산을 비롯해 대부분의 사찰이나 신사가 16:30~17:00시 정도에 문을 닫는다. 겨울에는 폐관시간이 더 앞당겨져 경우에 따라 16:00시 정도에 문을 닫는 경우도 있다. 이에 맞춰 인근 상가들도 모두 영업시간이 앞당겨지니 여행 일정을 짤 때 관광지 폐관시간을 반드시 고려하자.

▶ **언어**: 공용어는 일본어지만 우리나라처럼 영어 의무교육을 실시하고 있다.

▶ **기후**: 태평양에 위치한 섬나라인 일본은 북반구 온대에 위치하고 있어 비교적 기후가 온화한 편으로 사계절이 뚜렷하다. 그러나 일본 지형은 북동쪽에서 남서쪽으로 약 2,800km가량 활 모양으로 길게 뻗어 있어 지역별·계절별로 기온차가 많이 난다. 간사이 지방은 비교적 온화한 기후로 여름이 길고 겨울이 짧다. 보통 5월 말부터 무더위가 시작되며 6월 중순에 장마가 시작된다. 특히 교토의 경우 삼면이 산으로 둘러싸인 분지형으로 습도가 높은 편이기 때문에 여름은 상당히 무덥고 겨울에는 다소 쌀쌀한 편이다. 가장 인기 있는 여행 시기는 벚꽃이 만발하는 봄(3월 말~4월 초순)과 단풍이 절정에 이르는 가을(11월 중순~12월 초순)이다. 이 기간에는 일교차가 크니 따뜻한 겉옷을 준비하는 것이 좋다. 간사이 지방의 여름은 일본 내에서도 덥기로 유명해서 여행을 하기에 최적의 시기는 아니다. 하지만 여름 마츠리(축제)가 열리기 때문에 이 기간에 맞춰 간사이를 찾는 사람들도 있다. 특히 도쿄의 간다 마츠리(神田祭), 오사카의 텐진 마츠리(天神祭)와 함께 일본의 3대 마츠리 중 하나로 불리는 교토의 기온 마츠리(祇園祭)의 경우 7월 한 달 내내 열린다. 전야제와 화려한 야마호코(가마) 행렬을 보기 위해 일본뿐 아니라 해외에서도 많은 관광객들이 찾고 있다.

▶ **시차**: 우리나라와 동일한 시간대이기 때문에 시차가 없어 여행하기에 매우 편리하다. 하지만 일몰 시간은 우리나라보다 약 1시간 정도 빠른 편이다.

**Tip.** 제품 가격에 부가세가 포함되어 있는 우리나라와 달리 일본은 제품 가격에 8%의 소비세를 별도로 부과한다. 제품 가격에 부가세가 포함된 경우에는 부가세가 포함되어 있음을 따로 표시한다. 따라서 가격표에 부가세에 관한 표시가 없다면 제품 요금 외에 부가세를 추가로 지불해야 한다. 일본은 모든 요금에 서비스 요금이 포함되어 있으므로 팁은 따로 줄 필요가 없다.

▶ **통화**: 일본의 화폐 단위는 엔(円)이며 '¥'으로 표기한다. 지폐는 1,000엔, 2,000엔, 5,000엔, 10,000엔이 있고 동전은 1엔, 5엔, 10엔, 50엔, 100엔, 500엔이 있다. 5엔과 50엔 동전에는 구멍이 뚫려 있다.

▶ **전압**: 일본은 100V를 사용한다. 220V를 사용하는 우리나라와 전압이 다르기 때문에 100V용 어댑터(일명 돼지코)를 준비해야 한다. 참고로 국내 여행사를 통해 일본에서 사용할 교통패스를 구매하면 100V 어댑터를 제공하는 곳도 있다.

▶ **물**: 호텔에서 제공하는 광천수(미네랄워터)나 편의점에서 판매하는 생수를 마시는 것이 좋다.

▶ **일본 긴급 연락처**

일본 경찰: 110

화재·구조·구급: 119

재팬 헬프라인(The Japan helpline): 0570-000-911

주오사카 대한민국 총영사관: 06-6213-1401

---

**Tip 1.** 포털사이트 야후 재팬에서 간사이 지역 날씨를 일간별·주간별·월간별·기온별 등으로 상세하게 확인할 수 있다. 또한 벚꽃이 피는 시기와 단풍이 드는 시기까지 예보해주기 때문에 유용하다(사이트 주소: weather.yahoo.co.jp/weather).

**Tip 2.** 일본은 공휴일이 토요일이나 일요일과 겹치면 이어지는 월요일이 휴일이 되니 여행 일정을 계획할 때 참고하자.

## 02 교토 여행준비

## 1. 여권 및 비자 만들기

### 여권 만들기

여권이란 국민이 해외여행을 함에 있어서 정부가 대외적으로 여행자의 신분이나 국적을 증명하는 것으로, 외국 여행시에 여권이 필요하다. 여권발급신청서, 여권용 사진 1매(6개월 이내에 촬영한 사진. 단 전자여권이 아닌 경우 2매), 신분증을 지참하고 발급기관을 직접 방문해 신청해야 한다.

**여권 접수처:** 각 시도 자치별 광역시청, 도청, 시청, 군청 등 전국 236개 여권과에서 발급이 가능하다. 주민등록지와 상관없이 전국 어디에서나 접수가 가능하다.

**외교부 여권 안내 홈페이지:** www.passport.go.kr/index.php

**여권 발급 수수료(전자여권 발급 기준):** 단수 여권(1년 이내) 2만 원, 복수 여권(5년 초과 10년 이내) 5만 3천 원

### 비자 만들기

관광 목적으로 90일 이내로 체류할 경우 비자가 필요없다. 단, 여권 유효기간이 반드시 6개월 이상 남아 있어야 한다.

**주한 일본 대사관 홈페이지:** www.kr.emb-japan.go.jp

> **Tip. 외국에서 여권을 분실했을 경우:** 가까운 경찰서에서 분실증명확인서(Police Report)를 받은 후 현지 한국대사관이나 영사관에서 귀국용 여행증명서를 발급받아야 한다. 필요한 서류는 분실증명확인서, 여권발급신청서, 여권용 사진 2매, 여권분실확인서, 본인임을 증명할 신분증(여권 복사본 가능)이다. 이때 본인을 증명할 서류가 없다면 여행증명서 발급을 위한 시간이 좀더 오래 걸린다. 따라서 해외여행을 할 때는 여권용 사진 2장과 여권 복사본을 항상 준비하는 것이 좋고, 만약을 대비해 여권과 따로 보관하는 것이 좋다.

## 2. 항공권 구입하기

여행을 계획했다면 가장 먼저 해야 할 일이 바로 항공권 구입이다. 여행 날짜까지 여유가 많을수록 더 저렴한 항공권을 확보할 수 있다. 또한 항공사에 따라 다양한 특별 행사를 진행하기도 하고, 조기발권(얼리버드 항공권)의 경우 할인 혜택을 제공하기도 한다.

특히 저가 항공사의 경우 파격적인 가격으로 항공권을 확보할 수도 있으므로 여행을 계획했다면 최대한 빨리 예약을 하는 것이 좋다. 또한 동일한 항공권이라고 하더라도 항공사를 통해 항공권을 구입하는 것보다 여행사나 인터넷 예약 사이트를 통해 항공권을 구매하는 편이 더 저렴하다. 할인과 관련된 다양한 조건이 붙기 때문이다. 동일한 항공권이라고 하더라도 어느 곳에서 구매하느냐에 따라 가격이 다르므로 최소 3군데 정도는 항공권 비교 사이트를 살펴보며 가격을 비교해보는 것이 좋다.

항공권을 구매할 때는 이용에 제한은 없는지 꼼꼼히 확인해야 한다. 특히 가격이 저렴한 항공권일수록 유효기간이 짧다거나 예약사항을 변경할 수 없다거나 혹은 예약사항 변경에 따른 수수료가 붙는다거나 경우에 따라서는 환불이 불가능하기도 하는 등 여러 가지 제약이 있을 수 있다. 심한 경우에는 제반사항 변경이 되지 않아 입국이 거절되는 사례도 있기 때문에 할인 항공권을 구입하려고 한다면 항공권 구매에 따른 각종 제약조건에 대해서 더 면밀하게 따져본 다음 구매를 결정하는 것이 좋다.

간사이 지방으로 여행을 갈 때는 간사이 지역 관문인 오사카의 간사이국제공항을 이용하게 되는데 비교적 많은 노선이 운행되고 있다. 오사카 노선을 이용할 수 있는 한국의 공항은 인천국제공항·김포국제공항·김해국제공항·제주국제공항이다.

**실시간 항공권 가격 비교 인터넷 예약 사이트**
인터파크: air.interpark.com
와이페이모어: www.whypaymore.co.kr
온라인투어: www.onlinetour.co.kr
땡처리닷컴: www.072.com

> **Tip.** 일본 여행 성수기에는 많은 관광객들이 한꺼번에 몰려 항공권이나 숙소를 확보하기 어렵고 가격이 상승하기 때문에 최대한 서둘러 예매하는 것이 좋다.
> 1. 연말과 정월 연휴(12월 29일~1월 3일 일주일)
> 2. 골든 위크(4월 29일~5월 5일 일주일)
> 3. 오본(お盆)마츠리(8월 15일 전후의 일주일)
> 4. 그 외 벚꽃시즌(3월 말~4월 초)과 단풍시즌(11월 중순~12월 초순)

## 3. 숙소 예약하기

일본의 숙소는 최고급 호텔부터 비즈니스 호텔, 료칸(旅館, 일본식 전통여관), 호스텔, 게스트하우스, 한인민박까지 다양하며 가격과 조건에 따라 천차만별이니 예산에 맞는 숙소를 선택하면 된다. 숙소 예약은 온라인 종합여행사를 이용하거나 호텔 예약 전문 사이트, 호텔 홈페이지를 통해 직접 예약하면 된다.

여행사에서 판매하는 숙소의 경우 여행사와 제휴를 맺은 숙소이기 때문에 대부분 어느 정도 검증된 곳이지만, 호텔 예약 전문 사이트를 통해 예약을 하는 경우 호텔 위치나 이용객이 쓴 후기 등을 꼼꼼히 살펴보고 예약을 해야 실패하지 않는다. 항공권과 호텔을 따로따로 예약하는 것보다 항공권과 호텔을 동시에 해결할 수 있는 여행사의 에어텔(airtel) 상품을 이용하면 가격도 저렴할 뿐만 아니라 여행자보험, 면세점 할인쿠폰, 여행 기본안내 자료 등을 제공받을 수 있어 일석이조의 효과를 볼 수 있다.

### 호텔 가격 비교 예약 사이트
호텔패스닷컴: www.hotelpass.com
익스피디아: www.expedia.co.kr
아고다: www.agoda.com/ko-kr
부킹닷컴: www.booking.com
자란넷: www.jalan.net/kr
호텔스컴바인: www.hotelscombined.co.kr

> **Tip.** 교토의 숙소는 모든 대중교통이 집결하는 JR 교토역 인근, 볼거리가 많이 모여 있는 히가시야마 인근, 번화가인 시조나 산조 인근 등에 잡으면 관광지로 이동할 때 편리하다.

## 4. 예산 계획 및 여행 짐 꾸리기

여행경비는 여행 스타일에 따라 천차만별이다. 여행경비 중 항공권과 숙박요금이 가장 큰 비중을 차지한다. 더불어 현지에서의 교통비, 식사비, 관광지 입장료 등이 필요하다. 자신의 여행 스타일과 소비 성향에 따라 예산을 짜면 된다. 짐을 꾸릴 때는 여권(분실에 대비해 여권 복사본과 여권용 사진 2장), 항공권[이메일로 받은 전자항공권(E-ticket)], 호텔숙박증(예약확인증) 등을 기본 품목으로 하고 그 외 나머지 개인 여행에 필요한 물품으로 꾸리면 된다. 개인 여행에 필요한 물품으로는 옷가지, 세면도구, 카메라(여분의 배터리, 메모리카드), 보조가방, 비상약, 100V용 어댑터 등이 있다.

> **Tip.** 카메라, 스마트폰, 노트북 등 전자기기가 많다면 멀티플러그를 준비하는 것이 편리하다.

## 5. 환전하기

대부분의 시중은행에서 엔화를 보유하고 있기 때문에 환전에 큰 불편함은 없다. 시중은행이나 공항에서 환전하면 되지만 사이버 환전 서비스가 환율이 가장 유리하다. 신한은행과 외환은행 사이버 환전 서비스는 누구나 상시 환율우대가 가능하며 거래고객이라면 추가 환율우대가 가능하다. 이용방법은 은행 홈페이지를 통해 사이버 환전을 신청한 뒤 해당은행 공항지점이나 자신이 방문하기 편한 은행 지점에서 외화를 수령하면 된다. 일본에서는 세븐은행(Seven銀行) 및 유초은행(ゆうちょ銀行)의 ATM에서 일본 엔화를 인출할 수 있다. 사용이 가능한 카드는 비자카드(Visa Card), 마스터카드(Master Card), 마에스트로(Maestro), 시러스(Cirrus), 제이씨비(JCB), 아메리칸익스프레스(American Express), 다이너스클럽(Diners Club), 유니온페이(Union Pay)다.

**Tip.** 서울역에 위치한 시중은행(우리은행·기업은행)의 환전센터의 경우 주거래 은행이 아니거나 환율우대쿠폰이 없어도 기본적으로 70~90% 정도 환율우대를 받을 수 있다. 두 곳 모두 365일 연중무휴로 영업하며 환전 가능 금액은 우리은행은 개인당 500만 원까지, 기업은행은 개인당 100만 원까지 가능하다. 다만 두 곳 모두 수표나 카드는 받지 않으며 현금만 환전이 가능하다(우리은행은 현금카드(타행카드 포함)는 사용 가능). 여행 성수기에는 사람들이 한꺼번에 몰리기 때문에 대기시간이 상당할 수 있다. 일부 은행의 경우 스마트폰 앱을 통해 환율 변동과 환전 시점을 알려주는 서비스를 무료로 제공하고 있으니 참고하자. 또한 인터넷이나 스마트폰을 통해 사이버환전을 이용한 다음 공항에서 수령하는 경우 은행에 따라 70~90%까지 환전 수수료를 절약할 수 있어 가장 편리한 방법이다.

## 6. 여행자보험

여행 기간이 짧다면 더욱 간과하기 쉬운 것이 바로 여행자보험이다. 그러나 여행을 떠나기 전 되도록 여행자보험에 가입하는 것이 좋다. 만에 하나 현지에서 사고나 질병으로 병원을 이용하게 되거나, 도난을 당했을 경우에 여행자보험이 도움이 되니 여행자보험은 선택사항이 아니라 필수라고 해도 과언이 아니다. 여러 회사의 보험 상품을 비교해본 후 미리 가입해도 되고, 시간이 없다면 공항에서 가입해도 된다.

**Tip.** 환전을 하거나 자유여행상품을 이용할 때 무료로 제공하는 여행자보험의 경우 보험금 지급에 단서 조항이 있거나 사망 보험금 외에 다른 보장 내역이 빠져 있는 등 제약이 있기 때문에 보장 내역을 꼼꼼하게 살펴보자.

## 7. 해외 인터넷 데이터 로밍

대부분의 일본 숙소에서는 유무선 인터넷을 사용할 수 있다. 하지만 우리나라처럼 어느 곳에서나 쉽게 무료 와이파이를 이용할 수 있는 것은 아니다. 아예 무료 와이파이를 제공하지 않는 곳도 많은 편이고, 카페나 패스트푸드점에서는 전용 와이파이 비밀번호를 입력해야 한다.

따라서 여행중에 인터넷을 이용해야 한다면 본인이 가입한 이동통신사에서 데이터 로밍 서비스를 신청하는 것이 좋다. 각 이동통신사별로 24시간 단위로 약 1만 원 정도만 내면 무제한으로 데이터를 이용할 수 있다.

다만 데이터 로밍 서비스를 신청하지 않아도 대부분의 스마트폰이 해외에서 자동으로 로밍이 되어 인터넷을 이용할 수 있다. 그러나 이 경우 국내처럼 인터넷을 사용하면 국내 요금이 적용되는 것이 아니라 해외 요금이 적용되어 엄청난 무선 데이터 요금이 청구되는 일이 발생할 수 있다. 따라서 이를 방지하기 위해 본인이 가입한 이동통신사에 미리 해외 데이터 로밍 차단 서비스(무료)를 신청하거나 직접 스마트폰을 '데이터 로밍 비활성화'로 설정하면 무선데이터를 차단할 수 있다.

**Tip.** 포켓와이파이를 사용하면 국내 통신사에 비해 요금도 저렴하고 단말기 한 대로 5~10명이 사용할 수 있어 국내 통신사에서 데이터 로밍을 하는 것보다 유용할 수 있다. 국내 통신사 데이터 로밍 가격은 통신사별로 차이가 있다. 1일당 9천 원~1만 원(부가세 별도)이지만 포켓와이파이는 대략 7천 원~8천 원(부가세 별도)이다. 포켓와이파이는 단말기(에그)를 통해 세계 각 국가별 이동통신사의 통신망을 와이파이 신호로 변경해주는 새로운 개념의 데이터 로밍 서비스다. 단말기 대여 업체에 인터넷으로 신청한 후 원하는 배송지 혹은 공항에서 수령하면 된다. 포털사이트에 '포켓와이파이'로 검색하면 된다.

## 8. 면세점 이용하기

인천국제공항에서는 탑승 수속과 세관 신고 후 보안 검색을 마치면 면세점에서 쇼핑할 수 있다. 항공권을 발급받았다면(비행기 편명과 출발시간, 여권번호 필요) 출국 전이라도 인터넷 면세점을 이용하거나 서울 도심의 면세점을 이용할 수 있다. 이곳에서 구입한 물품은 공항의 '면세품 인도장'에서 수령한다. 면세물품 구매 한도액은 출국할 때는 3천 달러 이내, 입국할 때는 600달러 이내다. 만약 이를 초과할 경우 세관신고 후 세금을 납부해야 한다.

## 9. 유용한 간사이 여행 정보 사이트

일본 여행을 계획중이라면 일본 여행에 꼭 필요한 정보를 모아놓은 사이트를 방문해보자. 여행 계획을 세우는 데 도움이 된다.

일본정부관광국(JNTO(www.welcometojapan.or.kr)): 일본 전 지역에 관한 여행 정보가 총망라되어 있다. 할인쿠폰과 알뜰 정보는 물론이고 다양한 일본 여행기까지 한국어로 제공하고 있다. 서울 중구 을지로에 위치한 사무소에서 여행에 필요한 가이드북과 지도를 무료로 받을 수 있다.

일본 간사이 공식 블로그(blog.naver.com/kansaiw): 간사이 지역 진흥재단에서 운영하고 있는 간사이 공식 블로그로 오사카·교토·나라·고베 등 우리나라에서 많이 방문하는 간사이 지방의 여행 정보를 소개하고 있다. 간사이 지방을 여행할 때 필요한 알짜 정보들을 공유하고 있으며 무료여행 이벤트부터 다양한 이벤트가 수시로 진행되고 있어 어떤 여행 사이트보다 유용하다.

한큐·한신 공식 블로그(blog.naver.com/gokansai): 간사이 지역을 여행할 때 많이 이용하는 교통편인 한큐·한신의 공식 블로그다. 한큐·한신을 이용한 간사이 지방의 다양한 여행 정보를 얻을 수 있을 뿐만 아니라 다양한 이벤트가 수시로 진행되고 있다.

일본 맛집 사이트 타베로그(tabelog.com/kr): 일본의 음식점 정보를 모아놓은 사이트로 일본 지역별 음식점 검색을 비롯해 음식 리뷰, 순위 등을 제공하고 있다. 상업성의 맛집 소개가 아닌 일본의 일반인들이 직접 먹어본 후 맛집 평가와 후기를 남기기 때문에 신뢰성이 높다. 2015년부터 한글로도 제공되고 있어 매우 유용하다.

야후 재팬(www.yahoo.co.jp): 일본의 각종 정보들을 모아놓은 포털사이트다. 특히 현지 날씨는 물론이고 지하철 교통편(소요 시간, 환승 정보, 요금 등)을 확인할 수 있어 유용하다. 지하철 역명은 영어로 입력할 수 있지만 정보는 일본어로만 제공된다.

네이버 카페 네일동 일본여행친구(cafe.naver.com/jpnstory): 대표적인 국내 일본 여행 카페로 일본 여행에 관한 방대한 정보뿐만 아니라 일본 여행 유경험자의 노하우가 담긴 알짜배기 여행 정보도 공유하고 있다. 일본 여행에 관한 실시간 정보를 공유하고 궁금한 사항에 관해 일본 여행 유경험자들로부터 조언을 받을 수 있어 매우 유용하다. 이 밖에도 일본 여행과 관련된 이벤트가 수시로 진행되고 있다.

## 1. 출국 절차 (인천국제공항 출발)

**출국하기**

인천국제공항

대중교통을 이용해 인천국제공항 (T1, T2)으로 갈 경우 공항철도와 공항 리무진 버스를 이용하면 된다. 공항철도의 경우 지하철 및 KTX 열차와 연결되어 있어 편리하다. 서울역에서 출발하는 공항철도 직통열차를 이용할 경우 약 50분이면 인천국제공항에 도착한다.

현재 인천국제공항은 2개의 여객터미널이 있다. 제1여객터미널의 경우 아시아나항공, 티웨이, 제주에어, 이스타항공, 진에어, 에어서울 및 기타 외국항공사 제2여객터미널의 경우 대한항공, 델타항공, 네덜란드항공(KLM)이 이용한다. 터미널을 착오하지 않도록 주의하자. 여객 터미널을 착오한 경우라면 공항철도를 이용하거나 인천공항터미널 무료순환버스를 이용하면 된다. 무료순환버스는 제1여객 터미널은 3층 8번 출입구 앞, 제2여객 터미널은 3층 5번 출입구 앞에 정류소가 있다.

코레일 공항철도 홈페이지: www.arex.or.kr/jsp/main.jsp

공항 리무진 버스의 경우 서울시를 비롯해 수도권과 지방 등에 총 18개의 리무진 버스 노선이 운행되고 있다. 인천국제공항까지 바로 갈 수 있어 편리하다. 공항 리무진 버스를 이용하기 전에 공항 리무진 버스 홈페이지에 들어가 운행시간표를 꼼꼼히 확인해야 탑승에 차질이 생기지 않는다.

공항 리무진 버스 홈페이지: www.airportlimousine.co.kr

**Tip.** 출국 수속을 비롯해 보안 검색 등으로 국제선 비행기에 탑승하기까지 시간이 꽤 걸리기 때문에 출발 시간 2시간 전에는 공항에 도착하자. 여행성수기에는 대기시간이 더 오래 걸릴 수 있으니 주의해야 한다.

## 출국 절차

공항에 도착하면 탑승 수속(수하물 보내기), 병역·세관 신고, 보안 검색, 출국 심사를 거쳐 비행기에 탑승하게 된다.

**탑승 수속:** 인천국제공항(T1, T2) 3층 출국장에서 탑승할 항공사의 체크인카운터(A~M)에서 탑승 수속을 받으면 된다. 해당 항공사 창구에 여권과 전자탑승권을 제시하고 비행기 좌석을 선택한 후 위탁 수하물(여행가방 등)을 부치고 출국장으로 들어가면 된다. 이때 기내 반입금지물품(100ml가 넘는 액체류, 젤류, 스프레이류 등)은 반드시 위탁 수하물로 부쳐야 한다. 화장품 등 액체류, 분무(스프레이), 젤류(젤 또는 크림)로 된 물품은 100ml 이하의 개별 용기에 담아 1인당 1L 투명 비닐 지퍼백 1개에 한해 반입이 가능하다.

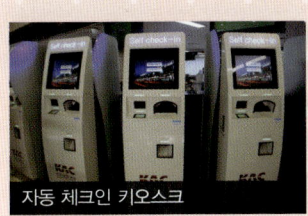
자동 체크인 키오스크

**Tip.** 출국시 자동 체크인이 가능한 항공사라면 자동 체크인 키오스크를 이용하면 빠르게 탑승 수속을 할 수 있다. 국토교통부에서는 국토교통부에서는 기내반입이 가능한 물품을 미리 확인할 수 있도록 '기내 반입금지 물품검색 서비스(https://avsec.kotsa.or.kr/avsc/main.do)'를 제공하고 있다. 여행 짐을 싸다가 애매한 물품이 있다면 인터넷 사이트를 통해 미리 확인하도록 하자. 국토교통부 홈페이지(www.molit.go.kr)에서 자세한 사항을 확인할 수 있다.

**병역·세관 신고:** 병역 의무자일 경우 병무청에 국외여행 허가를 받고 출국 당일 법무부 출입국에서 출국 심사시 국외 여행허가증명서를 제출해야 한다. 또한 1만 달러를 초과하는 외화 소지자나 고가의 귀중품 휴대시 출국하기 전에 휴대물품반출신고(확인)서를 작성해야 입국시 면세가 가능하다. 세관에 신고할 사항이 없으면 보안 검색대로 바로 이동하면 된다.

보안 검색

**보안 검색:** 기내에 반입 물품을 점검받기 위해 휴대물품을 엑스레이 벨트 위로 통과시킨다.

출국 심사

셔틀트레인 타러 가는 길

**출국 심사:** 출국 심사대에서 여권과 탑승권을 제시하고 여권에 출국 확인을 받은 후 출국 심사대를 통과하면 출국 절차는 끝이 난다.

**비행기 탑승(T1 기준):** 출국 심사 후 탑승게이트 1~50번을 이용하는 경우 여객터미널에서 바로 항공기에 탑승하고, 탑승게이트 101~132번을 이용하는 경우 셔틀트레인을 타고 탑승동으로 이동해야 한다. 여객터미널 27번과 28번 게이트 사이에 있는 에스컬레이터를 타고 내려가면 셔틀트레인을 타고 탑승동으로 이동할 수 있다. 셔틀트레인은 5분 간격으로 운행된다. 이동거리는 짧지만 이용객이 많은 경우 다소 지체될 수 있으니 여유 시간을 넉넉하게 잡는 것이 좋다.

**Tip.** 대한민국 자동출입국심사시스템(Smart Entry Serice)은 사전에 여권정보와 바이오정보(지문, 안면)을 등록한 후 심사관의 대면심사를 하는 것으로 자동출입국심사대(Smart Entry service)를 통해 약 12초 이내에 출입국 심사를 마칠 수 있는 편리한 제도다. 주민등록증을 발급받은 만 19세 이상 국민은 사전 등록 없이 바로 이용할 수 있다. 단 만 7~19세 미만, 개명, 생년월일 변경 등 인적사항 정보가 변경된 국민, 주민등록증 발급 30년이 경과된 국민의 경우 자동출입국심사 사전 등록 후에 이용이 가능하다. 자동출입국심사와 관련된 자세한 내용은 자동출입국심사신청서비스 홈페이지(http://www.ses.go.kr)를 참조할 것.

## 2. 입국 절차(간사이국제공항)

### 입국하기

간사이국제공항

간사이국제공항(関西國際空港)은 우리나라에서 비행기로 약 1시간 50분이면 도착하는 가까운 곳이다. 기내에서 입국신고서를 작성한 뒤 공항에서 입국 심사를 받고, 수하물을 찾은 다음 세관 검사를 받으면 된다.

**출입국카드 및 휴대품신고서 작성:** 일본에 입국하기 위해서는 출입국카드와 휴대품신고서를 작성해야 한다. 기내에서 승무원이 나눠주는 출입국카드와 휴대품신고서의 기재사항을 영어나 일본어로 빠짐없이 적는다. 일본 내 연락처는 일본 여행 동안에 체류할 곳 주소를 적으면 되는데 예약한 호텔의 이름과 주소, 그리고 전화번호를 기재하면 된다. 휴대품신고서는 가족인 경우 대표 1인만 작성하면 된다.

## 출입국카드와 휴대품신고서

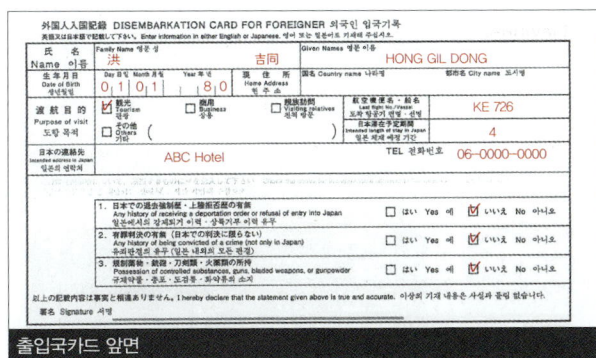

출입국카드 앞면

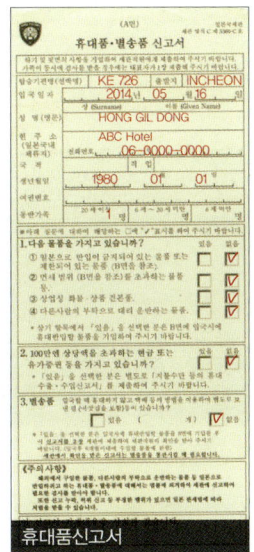

휴대품신고서

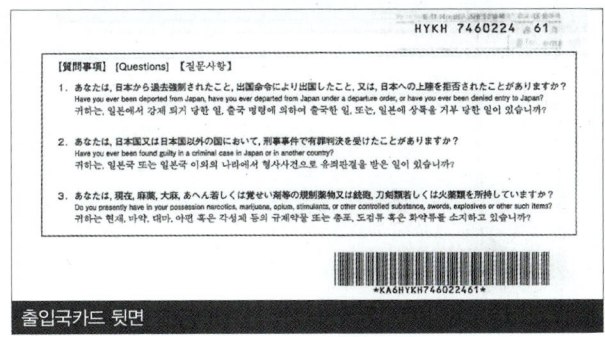

출입국카드 뒷면

> **Tip.** 간사이 공항의 경우 제1여객터미널은 피치항공을 제외한 모든 항공편이 운항하고 제2여객터미널은 피치항공 전용터미널이다. 제1여객터미널에서 난카이전철과 JR 간사이공항역이 육교로 연결된다. 제2여객터미널에서는 셔틀버스를 이용해 제1여객터미널로 이동해야 한다.(약 10분 미만 소요)

## 입국 절차

**입국 심사:** 비행기에서 내리면 윙셔틀을 타고 입국 심사장으로 이동해 입국 심사를 받는다. 입국 심사는 내국인과 외국인으로 나뉜다. '외국인(外國人)'이라고 적힌 입국심사대 앞에 줄을 서면 된다. 미리 작성한 출입국카드와 함께 여권을 제시하고 출입국관리 직원의 안내에 따라 지문 날인 및 사진 촬영을 하고 나면 입국스탬프와 90일 동안 체류할 수 있는 허가증을 여권에 붙여준다. 이때 제시한 출입국카드 중 입국카드를 제거하고 남은 출국카드는 여권에 스테이플러로 붙여주는데, 나중에 일본에서 한국으로 출국할 때 재확인한 후 회수하므로 떼어내지 말고 그대로 보관하면 된다.

### 입국 심사하러 가는 길

① 비행기에서 내려 윙셔틀을 타러 간다.

② 윙셔틀은 2분 간격으로 운행된다.

③ 에스컬레이터를 타고 입국심사장으로 이동한다.

④ 입국 심사를 받는다.

**Tip.** 입국 심사 때 간혹 일본 체류 일수, 방문지 등 일본 여행과 관련된 질문을 받을 수도 있다. 이때는 당황하지 말고 영어가 서툴더라도 침착하게 묻는 질문에 간단하게 대답하면 된다.

**수하물 찾기:** 입국 심사를 마치고 나오면 세관 검사장으로 이동하는 통로 왼쪽에 본인이 이용한 비행기 편명의 수하물 수취 창구번호가 모니터에 뜨는데, 확인 후 해당 창구로 가서 수하물을 찾으면 된다.

**세관검사:** 귀중품이나 고가의 반입품이 없으면 미리 작성한 세관신고서를 제출하고 출구로 나가면 된다.

| 수하물 찾으러 가는 길 |

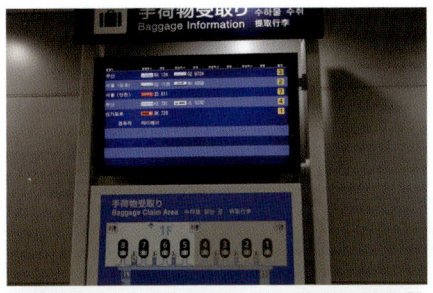
① 본인이 이용한 비행기 편명의 수하물 수취 창구번호를 확인한다.

② 에스컬레이터를 타고 세관 검사장으로 이동한다.

③ 자신의 수하물을 찾는다.

④ 세관신고서를 제출하고 출구로 나간다.

**Tip.** 공항 1층에 위치하고 있는 간사이국제공항 인포메이션센터에서 각종 관광지도 및 여행지 정보를 얻을 수 있다.

## 3. 간사이국제공항에서 교토로 이동하기

간사이 여행의 관문인 간사이국제공항은 일본 최초로 24시간 운행하는 공항으로 제1터미널과 제2터미널이 있다. 제1터미널에서 대부분의 항공편이 운항되고, 제2터미널은 피치항공(일본의 저비용 항공사) 전용으로 운항된다. 두 터미널 사이에는 무료 셔틀버스가 상시 운행되고 있다. 제1터미널의 1층에는 국제선 도착장, 환전소, 관광안내센터, 버스 정류장과 택시 승강장이 있고, 2층에는 국내선 출국장과 입국장 및 여러 가게와 레스토랑이 있으며, 3층에는 레스토랑, 서점, 편의점 등이 있고, 4층에는 국제선 출국장이 있다.

    간사이국제공항에서 교토로 이동하는 방법은 리무진 버스나 간사이공항 특급열차 하루카를 이용하는 방법과 사철을 이용하는 방법이 있다. 리무진 버스나 간사이공항 특급열차 하루카를 이용하는 경우 교토로 바로 갈 수 있지만, 사철을 이용할 경우에는 교토로 바로 갈 수 없고 난카이 전철을 이용해 오사카로 이동한 다음, 한큐 전철이나 게이한 전철로 환승해 교토로 이동해야 한다. 간사이 스루패스를 이용한다면 간사이국제공항에서부터 교토까지 이용하는 사철요금(JR 제외)이 모두 무료다. 그러나 무거운 짐을 들고 만만치 않은 거리의 환승역까지 이동해야 하며, 간사이공항 특급열차 하루카를 이용하는 것보다 시간도 훨씬 오래 걸리기 때문에 비효율적이다. 따라서 오사카에 머물지 않는다면 간사이국제공항에서 교토까지 바로 이동하는 것이 편리하다. 이 경우 간사이공항 특급열차 하루카가 편리하며, 이코카&하루카 패스를 이용할 경우 이코카 선불카드 충전요금을 제외하면 실제 간사이공항 특급열차 하루카를 1,600엔의 요금으로 이용하는 효과가 있어 가장 합리적이다. 이전에는 편도의 경우 3,600엔, 왕복의 경우 5,200엔으로 무조건 이코카&하루카를 동시에 구매해야 했던 것과 달리 이코카(ICOCA) 로고가 표시된 IC카드가 있다면 '하루카 할인권'만 구입도 가능하다(이코카&하루카 패스는 '아주 특별한 교토 - 일본 자유여행의 필수품, 교통패스' 편을 참조할 것).

    간사이공항 특급열차 하루카의 객차는 지정석(指定席)과 자유석(自由席)으로 구분되는데 1~3호 객차까지는 지정석이고, 4~6호 객차까지는 자유석으로 운영된다. 간사이공항 이코카&하루카 패스 소지자는 자유석만 이용이 가능하다. 간혹 성수기에는 자유석 자리가 없어 서서 가야 할 수도 있는데, 이 경우 지정석에 좌석 여유가 있다면 승무원에게 추가요금을 지불하고 지정석으로 이동할 수 있다.

## 이동수단별 JR 교토역까지 소요시간과 이용요금

| 이동수단 | | 소요시간 | 이용요금 | 비고 |
|---|---|---|---|---|
| 간사이공항 특급열차 하루카 | 통상 요금 | 약 80분 | 2,850엔(편도) | 통상요금 |
| | 간사이 패스 | | 2,200엔(인터넷 예매시) | 1일 패스요금 |
| | **이코카&하루카 패스** | | 1,600엔(편도)<br>3,200엔(왕복) | 하루카 할인권 |
| 리무진 버스 | | 85~120분 | 2,550엔(1회) | 교토시내 경유 |

**Tip 1.** 간사이공항 특급열차 하루카는 약 한 시간에 한 대가 운행중이며 JR 서일본 홈페이지(www.westjr.co.jp)에서 열차시각을 확인할 수 있다. 이때 역명은 영문으로 입력해야 운행시간 확인이 가능하다 (Kansaiairport → kyoto).

**Tip 2.** 자신의 숙소가 교토 시내에 위치한다면 리무진이 더 편리할 수도 있다. 따라서 교토에서 머무를 숙소의 위치를 확인한 다음 교토까지 이동수단을 선택하는 것이 합리적이다.

## 간사이국제공항에서 JR 간사이공항역으로 이동하는 방법

① 간사이국제공항 1층 출구 앞의 에스컬레이터를 이용해 2층으로 이동한다.

② 2층에서 연결 통로로 나간다.

③ 연결 통로를 지나면 JR 간사이공항역이 위치해 있다.

④ 중앙 로비 왼쪽에는 난카이 전철과 JR의 티켓 창구 및 티켓 사무소가 있다.

⑤ 중앙 로비 오른쪽에 난카이 전철(주황색)과 JR(파란색) 개찰구가 있다.

⑥ 간사이공항 특급열차 하루카 개찰구

**┃ 이코카&하루카 패스 구입방법 ┃**

① JR 간사이공항역 안쪽의 왼쪽에 위치한 JR 티켓 사무소로 이동한다.

② 여권과 귀국 항공권을 제시하고 승차권을 구매[편도(One-Way), 왕복(Round-trip)]하거나 인터넷으로 예약한 패스를 구매하면 된다. 통상 여권만 제시해도 구매가 가능하며 직원이 주는 간단한 설명서에 기재사항(이름 등)을 기재하면 된다.

 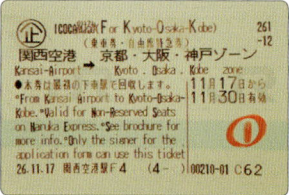 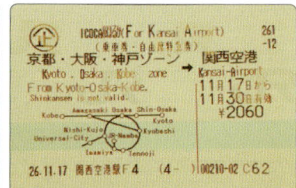

이코카&하루카 편도 티켓     이코카&하루카 왕복 티켓

이코카&하루카 편도 티켓의 유효기간은 1일이고 간사이공항역에서 출발하는 것만 구입이 가능하다. 왕복 티켓의 경우 간사이공항역에서 출발하는 티켓을 먼저 사용해야 한다. 왕복 티켓의 나머지는 유효기간(2주) 내에 간사이국제공항으로 돌아올 때 사용하면 된다. 여행 성수기에는 사람들이 한꺼번에 몰리기 때문에 패스 구입에도 소요시간이 상당할 수 있으니 참고하자.

키티 디자인의 이코카 카드     전통 디자인의 이코카 카드

이코카&하루카 패스를 구입할 때 함께 제공되는 이코카 카드의 경우 키티 디자인과 전통 디자인 중 선택할 수 있다.

## 간사이국제공항에서 간사이공항 특급열차 하루카를 이용해 교토로 가는 방법

① 중앙 로비에서 파란색 JR 개찰구로 이동한다.

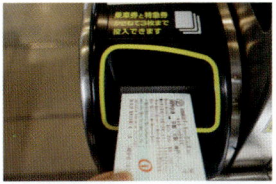
② 이코카&하루카 패스를 통과시킨다. 왕복 티켓일 경우 간사이공항역에서 출발하는 것을 먼저 사용하자.

③ 에스컬레이터를 타고 한 층 아래의 승강장으로 이동한다.

④ 교토는 4번 승강장을 이용한다.

⑤ 간사이공항 특급열차 하루카의 모습. 객차와 객차 사이에 짐칸이 있어 편리하다.

⑥ 이코카&하루카 패스 소지자는 자유석(4~6번 객차)을 이용해야 한다.

⑦ 열차 안에서 승무원이 검표를 하기 때문에 티켓을 잘 보관해야 한다.

⑧ JR 교토역에 도착한 후 2층 서쪽 출구로 나가면 교토관광안내소로 편리하게 이동할 수 있다.

⑨ JR 교토역에서 간사이국제공항으로 이동하는 경우, 운행시간에 따라 30번 승강장과 7번 승강장 두 군데가 이용되니 착오가 없도록 주의하자.

## 리무진 버스를 이용해 교토로 가는 방법

**Tip 1.** 간사이공항 특급열차 하루카의 경우 간사이국제공항에서 교토까지 약 한 시간 간격으로 운행되고 있다. 운행시간을 기다리는 동안 식사를 해야 한다면 간사이국제공항 2층 및 3층의 식당가에서 다양한 종류의 식사가 가능하다.

**Tip 2.** 이코카&하루카 패스의 자세한 내용은 '아주 특별한 교토 – 일본 자유여행의 필수품, 교통패스' 편을 참조할 것 간사이국제공항의 리무진 버스 승차장은 1층 국제선 도착장 로비에서 공항 출구로 나가면 위치한다.

① 성유상 앞에 있는 사동 매표기를 이용해 교도행 버스표를 구입한다.

② 교토행은 8번 승차장을 이용하면 된다.

## 오사카에서 교토로 가는 방법

오사카에서 교토로 가는 경우, 우메다에서 한큐전철 혹은 JR을 이용하는 방법이 있다. 한큐전철의 경우 지하철 미도스지선의 우메다역에서 하차 후 개찰구를 빠져나온 다음, 한큐전차(阪急電車) 표지판을 따라가면 한큐 우메다역에 도착한다. 한큐 우메다역에서 한큐전철을 이용하면 교토의 한큐 가와라마치역까지 특급열차로 약 40분 정도 소요된다. 한큐 가와라마치역은 교토의 기온 인근에 위치하고 있다. JR을 이용하는 경우 지하철 미도스지선의 우메다역에서 하차 후 개찰구를 빠져나온 다음 JR 표지판을 따라가면 JR 우메다역에 도착한다. JR 우메다역에서 JR을 이용하면 JR 교토역까지 쾌속열차로 약 30분 정도 소요된다.

오사카에 숙소를 두고 당일치기로 교토를 여행할 예정이라면 한큐전철을 무제한으로 이용할 수 있는 한큐 투어리스트패스(Hankyu Tourist Pass)와 교토 시 버스 1일 승차권을 이용하면 교통비를 조금 더 절약할 수 있다. 간사이 스루패스 소지자의 경우에는 패스 이용 당일에 JR을 제외한 대중교통을 무료로 이용할 수 있다. 하지만 한큐 투어리스트패스에 비해 간사이 스루패스 요금이 상대적으로 비싼 편이니 자신의 여행 일정을 고려해 패스를 선택하면 된다. 교통패스 이용에 관한 자세한 내용은 '아주 특별한 교토 – 일본 자유여행의 필수품, 교통패스' 편을 참조하자.

다음의 사진들은 오사카에서 JR을 이용해 JR 교토역으로 가는 방법을 순서대로 나열한 것이다.

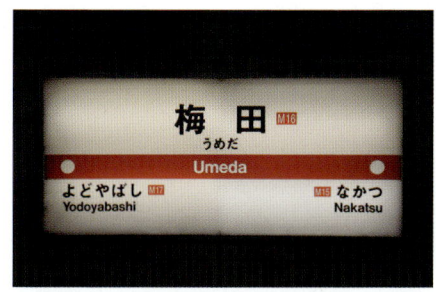

① 지하철 미도스지선의 우메다역에서 하차한다.

② JR 표지판을 따라 간다.

③ JR 우메다역에 도착한다.

④ 자동 매표기에서 교토행 승차권을 구입한다.

⑤ JR 교토역 승차권(운임 580엔)

⑥ 교토행은 7번과 8번 승차장을 이용하면 된다. 운행시간에 따라 이용 승차장을 화살표로 방향을 표시하고 있으니 승차장 번호를 확인하자.

## 04 교토 교통정보

### 1. 시 버스

시내를 운행하는 교토 시 버스

교토 외곽을 연결하고 있는 교토 버스

교토의 볼거리는 동부권(기요미즈데라·기온·긴카쿠지 등), 서부권(킨카쿠지·료안지 등), 남부권(도후쿠지, 후시미이나리타이샤 등), 중앙권(니조조, 도지 등) 등 교토 전역에 고루 분포하고 있다. 대부분의 도시들이 지하철을 기본적인 이동수단으로 사용하고 있는 것과 달리, 교토는 버스 노선이 거미줄처럼 관광지 구석구석까지 연결하고 있어 교토에서 버스는 매우 중요하고 편리한 이동수단이다. 따라서 교토에서의 여행 일정은 관광지별 버스 노선을 중심으로 동선을 계획하는 것이 효율적이다. 수많은 버스 노선이 교토 전 지역을 운행하고 있으므로, 교토에서 가장 먼저 할 일은 교토 시내버스 노선도를 챙기는 것이다. JR 교토역 2층의 관광안내센터를 비롯해 호텔이나 시내의 관광안내소에서 한 장으로 된 교토 버스 노선도를 무료로 배포하고 있다.

교토 버스는 교토시에서 운영하는 시 버스와 민간업체에서 운영하는 교토 버스, 이렇게 2종류로 나뉜다. 시 버스는 주로 교토 시내를 운행하며, 교토 버스는 시 외곽까지 운행되고 있다. 시 버스와 교토 버스 모두 시내 구간의 경우 1회 이용 요금이 230엔으로 동일하며, 우리나라와 달리 환승제도가 없기 때문에 이용할 때마다 요금을 지불해야 한다. 또한 시 외곽까지 운행하는 교토 버스의 경우 시내를 벗어나면 거리에 따라 요금이 정해지고 버스 안에서 요금 확인이 가능하다.

버스 이용방법은 우리나라와 반대로 탈 때는 뒷문, 내릴 때는 앞문을 이용하고 내릴 때 카드 투입구에 교토 시 버스 승차권을 통과시키거나 요금함에 돈을 넣으면 된다. 교토에서 버스를 2회 이상 이용할 계획이라면 하루 종일 무제한으로 시 버스를 이용할 수 있는 교토 시 버스 1일 승차권(어른 600엔, 어린이 300엔)을 이용하는 것이 교통비를 절약할 수 있다. 간사이 스루패스 소지자는 패스 이용당일에 교토 시 버스, 교토 버스, 시영 지하철, 사철(JR 제외) 등을 무료로 이용할 수 있다. 교토 시 버스 1일 승차권과 간사이 스루패스와 관련된 자세한 내용은 '아주 특별한 교토 - 일본 자유여행의 필수품, 교통패스' 편을 참조하자(교토 버스 홈페이지 주소: www.city.kyoto.lg.jp/kotsu).

> **Tip.** 교토를 여행하다 보면 버스 이용시 사람이 많으면 우리나라처럼 앞문을 열어 달라고 하거나 혹은 버스가 출발했는데 뛰어가서 버스를 두드리며 문을 열어 달라고 하는 경우를 종종 볼 수 있다. 그런데 일본에서는 이 2가지 모두 절대로 허용되지 않는다. 버스는 반드시 뒷문 승차, 앞문 하차로 운행되며 정류장을 벗어나면 절대로 승하차가 허용되지 않으니 기본 예절을 꼭 지키도록 하자.

## 2. 택시

택시는 목적지까지 가장 편하게 이동할 수 있는 교통수단이지만 요금이 상당히 비싼 편이다. 택시 요금은 차량의 크기에 따라 다르며 자세한 요금은 운전석 옆에 표시되어 있다. 시간과 거리에 따라 요금을 부과하고 있으며 밤 11시부터 다음 날 새벽 5시까지는 기본요금에 20%의 심야할증 요금이 추가된다.

## 3. 지하철과 전철

지하철의 경우 도심을 동서로 연결하는 도자이선(東西線)과 남북으로 연결하는 가라스마선(烏丸線), 이렇게 2개의 노선이 운행되고 있다. 또한 전철의 경우 게이후쿠전

철(京福電鐵), 에이잔전철(叡山電鉄), 긴테츠전철(近鉄電鉄), 한큐전철 등이 운행되고 있다. 지하철 요금은 승차구간에 따라 다르며 기본요금은 성인 210엔(아동 110엔)이다.

먼저 목적지 역에 해당하는 운임표를 확인한 다음, 자동 발권기에서 승차권을 구매한 뒤 자동 개찰기에 표를 통과시키면 된다. 지하철의 경우 운행노선이 많지 않고 무엇보다 관광지까지 바로 연결되지 않는 경우가 많아서 버스보다는 비효율적이다. 따라서 교토에서 지하철을 이용할 일은 다른 지역보다 상대적으로 적다. 하지만 관광객이 많이 몰리는 여행 성수기에는 버스가 많이 막히는 경우가 있으므로, 이때 지하철과 버스를 함께 이용한다면 이동시간을 줄일 수 있어 효율적이다. 간사이 스루 패스 소지자는 패스 이용당일에 지하철과 전철을 무료로 이용할 수 있다(단 JR 제외).

**Tip.** 여행 일정상 지하철을 3번 이상 이용한다면 하루 동안 무제한으로 시영지하철을 이용할 수 있는 시영지하철 전용 1일 승차권을 이용하는 것이 교통비 절약에 도움이 된다(시영지하철 1일 승차권 가격 600엔, 구입 장소는 JR 교토역 관광안내센터 및 지하철 역사 내).

# 교토 시영 지하철 노선도

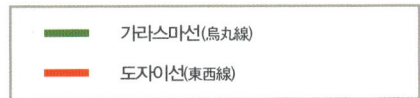

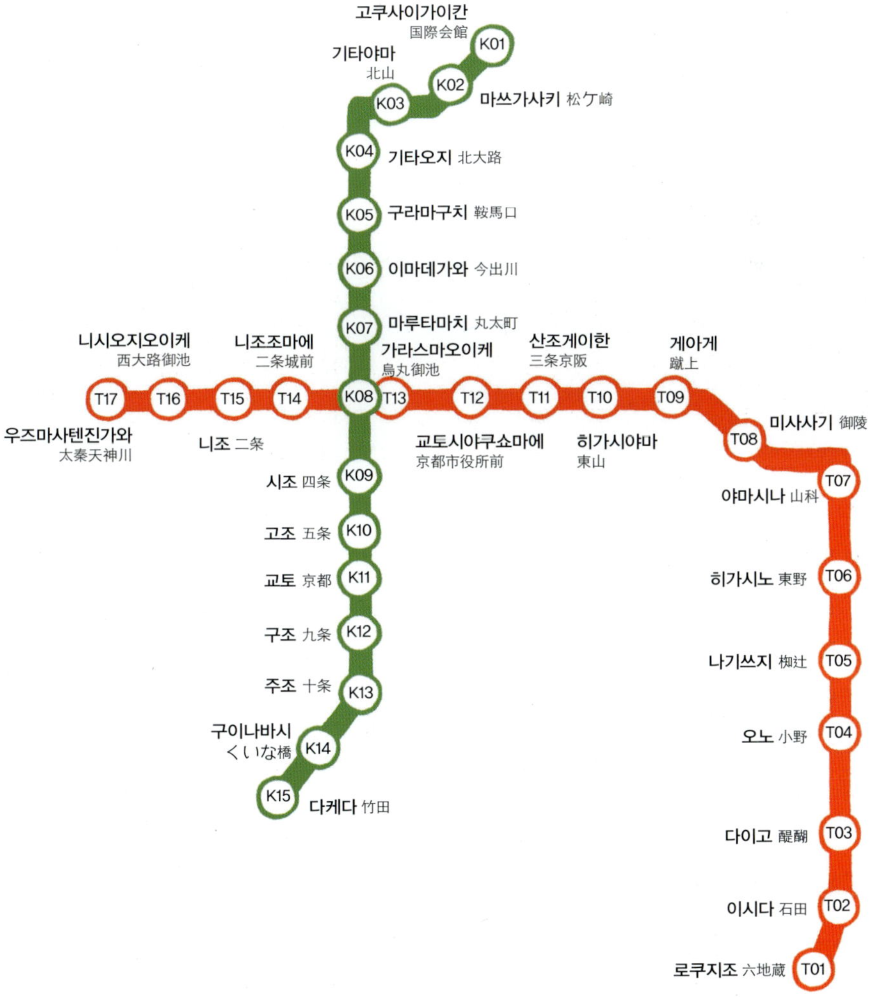

### 한 걸음 더

알고 보면 쉬운
# 교토 버스 완전정복

## 1. 교토 관광은 내게 맡겨라! 라쿠버스

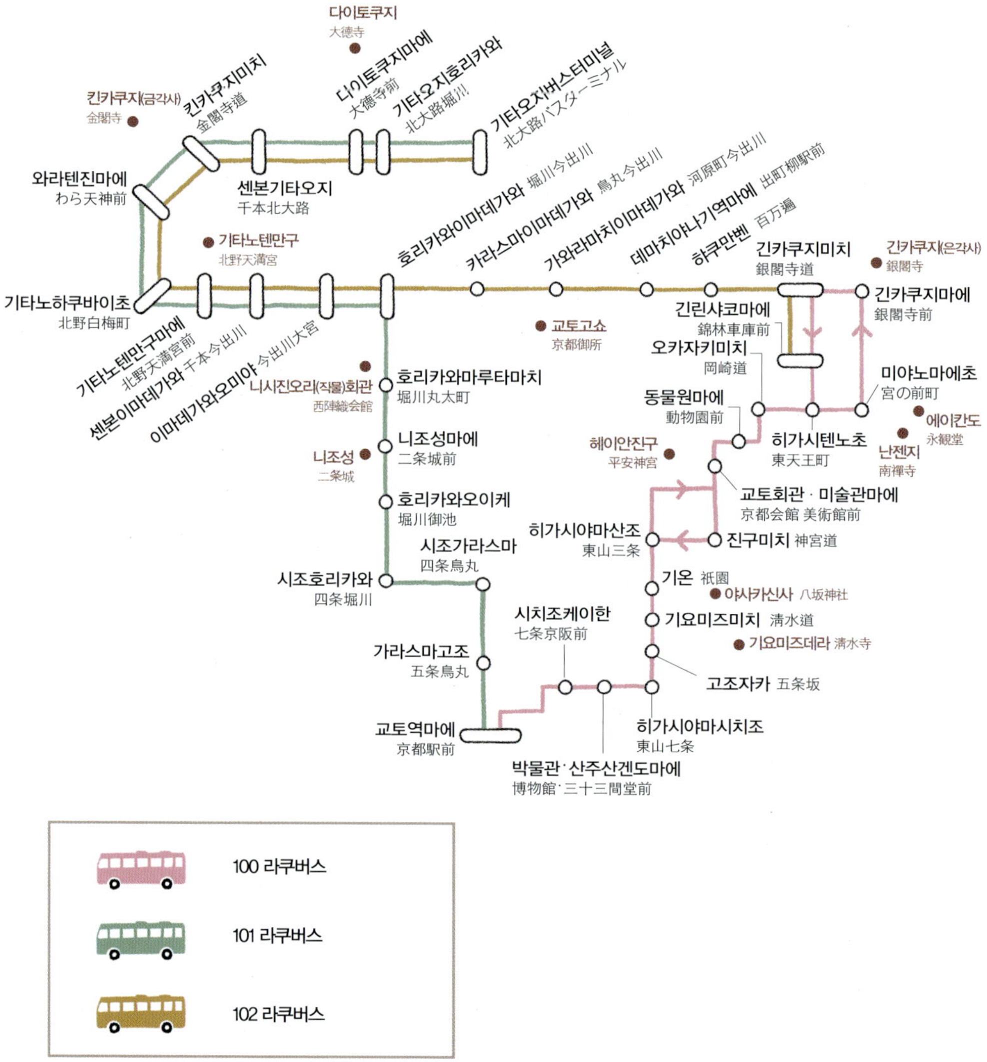

- 100 라쿠버스
- 101 라쿠버스
- 102 라쿠버스

라쿠(洛)버스는 사람들이 많이 찾는 교토의 주요 관광지를 순환하는 버스다. 편리한 교토 관광을 위한 관광객 맞춤버스라고 할 수 있으며, 교토의 주요 관광지들을 가장 가깝게 연결하고 있어 매우 편리하다. 라쿠버스는 관광지가 밀집되어 있는 지역별로 100번·101번·102번, 이렇게 3종류가 있으며 라쿠버스만 이용해도 교토 관광이 가능할 정도로 활용도가 굉장히 높은 버스다. 라쿠버스 내부에는 버스 정류장 정보가 한글로 표시되어 있으며 한국어 안내방송도 실시되고 있다. 운전석 쪽에 설치된 모니터에서는 버스 정류장의 위치와 버스 정류장에서 관광지까지의 이동방법을 알기 쉽게 그림으로 보여준다.

유명 관광지까지 이동할 수 있는 가장 빠른 노선을 가진 라쿠버스지만 JR 교토역에서 탑승하는 경우 사람이 너무 많으면 버스를 타지 못하고 그냥 보내야 할 수도 있다. 이때는 라쿠버스를 고집하기보다 조금 돌아가더라도 목적지까지 가는 다른 버스 노선을 이용하는 것이 효율적일 수 있으니 참고하자. 또 라쿠버스는 주요 관광지를 연결하는 노선이기 때문에 관광지 입장 마감시간이 지나면 버스 운행이 종료된다(막차 시간은 대략 오후 6시경). 버스 요금은 시 버스 요금과 동일하며 1회 승차시 230엔(아동 120엔)이다. 교토 시 버스 1일 승차권과 간사이 스루패스 모두 이용 가능하다.

라쿠버스

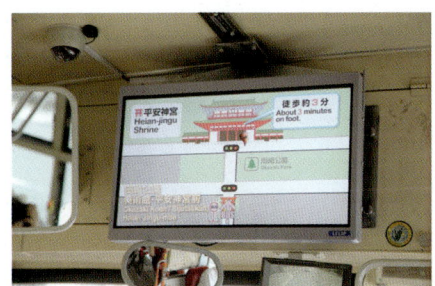
관광지까지 이동방법을 그림으로 보여준다.

## 2. 모든 버스가 출발하는 JR 교토역 앞 버스 정류장 이용방법

JR교토역 앞 버스 정류장은 모든 버스 노선의 출발지다.

1일 승차권 자동판매기

각 버스 노선마다 그어진 안내선을 따라 줄을 서면 된다. 버스 이용에 어려움이 있을 경우, 버스 정류장 D1 맞은편에 있는 버스 정류장 안내소를 이용하거나 버스 정류장에 있는 안내원에게 문의하면 친절히 알려준다.

## 3. 버스 표지판 보는 방법

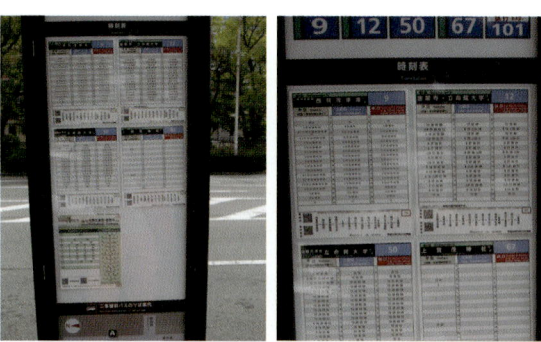
버스 안내판에는 운행하는 버스 번호, 각 버스의 배차 시간표, 버스 정류장 위치가 표시되어 있다.

반대 쪽 면에는 각 버스의 운행 노선도가 있다.

버스 방향을 착오하지 않으려면 버스 표지판에서 진행 방향을 확인하자.

## 4. 교토 버스 이용시 주의사항

버스는 반드시 뒷문으로 승차하고 앞문으로 하차한다. 하차 시에는 하차벨을 누른다.

요금은 내릴 때 요금함에 넣거나 카드 투입구에 교토 시 버스 승차권을 통과시킨다.

버스에서는 동전과 천 엔을 제외한 고액권 지폐는 사용할 수 없다. 특히 1일 승차권을 버스 안에서 구매해야 한다면 거스름돈을 준비하자.

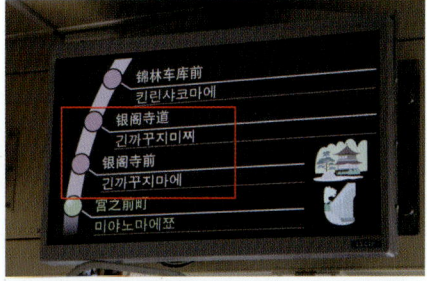

같은 관광지에 버스 정류장 이름이 2개가 있다면 마에(前)가 붙는 경우가 관광지와 조금 더 가깝다. 예를 들어 긴카쿠지(銀閣寺)의 경우 긴카쿠지마에(銀閣寺前)와 긴카쿠지미치(銀閣寺道), 이렇게 2개의 버스 정류장이 있는데 긴카쿠지마에가 긴카쿠지미치보다 조금 더 가깝다.

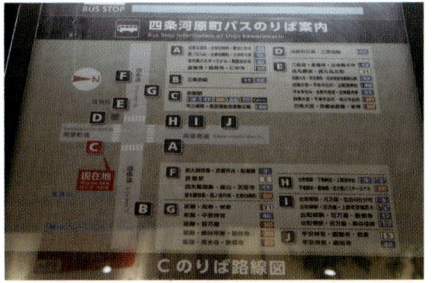

교토 번화가에 위치한 시조가와라마치(四条河原町) 버스 정류장의 경우 같은 이름의 버스 정류장이 10개나 된다. 버스 번호에 따라 버스 정류장의 위치나 버스 행선지가 전부 다르지만 버스 정류장 이름은 모두 '시조가와라마치' 하나로 사용하고 있다. 따라서 시조가와라마치에서 다른 버스로 갈아타야 하는 경우, 버스 표지판에서 자신이 환승해야 할 버스 번호가 적힌 정류장의 위치를 확인한 다음 그 버스 정류장으로 이동하면 된다. 이처럼 교토 버스의 경우, 버스 정류장 위치가 다름에도 불구하고 일대에 위치하고 있는 정류장은 모두 같은 버스 정류장 이름을 사용하고 있다. 버스 표지판에는 같은 이름을 사용하는 버스 정류장과 행선지별 버스 번호를 안내하고 있으니 당황하지 말고 안내판에서 자신이 이용할 버스 번호와 정류소 방향을 확인한 다음 이동해서 버스를 이용하면 된다.

**Tip.** 간혹 200번대 버스는 같은 버스 번호라도 행선지나 종점이 다를 수 있으니 반드시 행선지를 확인해야 한다. 가령 D2 승차장의 206번은 청수사와 기온 방면이고, A3 승차장의 206번은 시조오미야와 센본도리 방면이다.

## 05 유용한 애플리케이션

해외여행을 앞두면 여행에 관한 다양한 정보를 찾아보게 된다. 특히나 처음 가는 해외여행이라면 말이 안 통한다거나 혹시라도 불미스러운 일이 생길까봐 걱정되는 것이 사실이다. 그런 불안감을 덜어주기 위한 다양한 애플리케이션이 있으니 효과적으로 활용하자.

각 애플리케이션들은 구글플레이 및 애플스토어에서 무료로 다운받아 설치하면 된다. 하지만 해외에서 이러한 애플리케이션을 이용할 경우 데이터 요금이 발생하므로 로밍을 한 경우가 아니라면 고가의 데이터 요금이 부가될 수 있으니 유념하자.

### 자동통역 애플리케이션, 지니톡(GenieTalk)

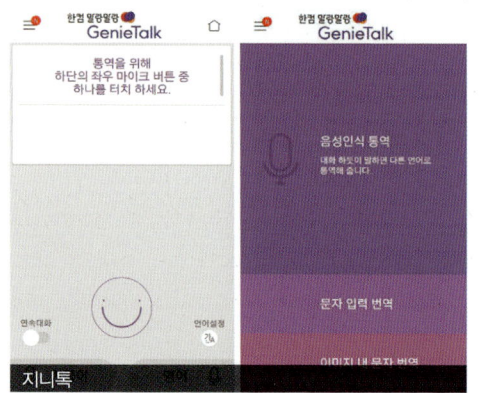

한글과 컴퓨터가 개발한 음성인식 자동 통역 애플리케이션으로 음성인식 통역, 문자입력 번역, 이미지 내 문자 번역, 문자 읽어주기 기능 등이 가능하다. 현재 5개 국어(한국어와 영어·중국어·일어·스페인어·프랑스어)가 양방향 서비스되고 있다.

지니톡은 여행과 관광 부문 통역에 특화되어 일상생활에 필요한 다양한 표현도 갖추고 있다. 약 80%이상의 정확도를 자랑하고 있어 이미 배낭 여행자들에겐 필수 애플리케이션으로 각광받고 있다. 환경설정에서 통역할 언어를 설정한 뒤 말하기 버튼을 누르고 통역을 원하는 문장을 직접 말하거나 텍스트를 입력하면 자동 번역은 물론이고 통역된 언어로 직접 읽어주기 때문에 매우 유용하다.

### 일본 여행정보, DIGJAPAN

일본의 다양한 여행정보를 제공하고 있다. 도시별로 볼거리, 먹거리, 즐길거리, 축제 행사 등은 물론이고 역정보, 호텔 등 여행자들이 필요한 여러 정보가 다 모여 있다. 관광지 여행정보의 경우 사진과 함께 간단한 설명에 덧붙여 이용시간, 주소, 가는 방법까지 자세하게 제공하고 있어 편리하다. 특히 구글맵과 연동된 내비게이션을 제공하고 있기 때문에 관광지 위치정보뿐만 아니라 현재 위치에서 관광지까지 소요시간까지도 확인할 수 있어 유용하다. 미리 다운받아두면 인터넷 연결 없이 오프라인으로도 언제 어디서나 사용이 가능하다. 여행중에도 유용하지만 위치정보를 미리 확인하고 여행계획을 세우는 데도 매우 유용하다.

### 일본철도 애플리케이션, Japan Trains

일본 여행에서 철도를 빼놓을 수 없지만 문제는 복잡해도 너무 복잡하다는 것이다. 지하철, 사철, JR 등 다양한 철도노선은 물론이고 보통·특급·급행 등 다양한 좌석으로 운영되고 있다. 게다가 운영회사에 따라 같은 노선이라도 좌석에 따른 추가요금 부담이 전부 다르니 열차정보(시간·좌석·금액·환승방법 등)가 필수다. 이 앱은 자신이 원하는 목적지까지 필요한 모든 종류의 열차정보를 한 번에 검색할 수 있어 유용하다. 철도 역명은 영문명으로 입력하면 되며 중간 경유지 설정도 가능하다. 또한 자동완성기능도 지원하기 때문에 편리하다. 출발 및 도착하는 곳의 영문 역명, 출발 날짜와 원하는 시간을 입력하면 출발시간 및 도착시간, 운임요금, 환승여부, 승강장번호 등 일본 여행 초보자라도 한눈에 정보 파악이 가능하다.

### 날씨 애플리케이션, 야후 날씨

여행에서 날씨만큼 중요한 것은 없다. 날씨를 확인할 수 있는 여러 가지 앱이 있지만 야후 날씨는 지난 2014년 애플이 선정한 베스트 앱에 선정되었을 만큼 전 세계인들에게 사랑받고 있다. 원하는 지역을 설정하면 한 페이지 안에서 스크롤만으로 간단하게 전체 날씨를 확인할 수 있다. 야후 날씨의 예보 기능을 통해 매일 시간대별 날씨 정보를 확인할 수 있으며 최대 10일간의 날씨 정보 확인이 가능하다. 해당 지역의 멋진 사진을 날씨 정보 배경 화면으로 볼 수 있는 것은 덤이다.

### 외교부 모바일 영사 핫라인 애플리케이션, 해외안전여행

해외에서 도난, 분실, 소매치기, 강도, 길 잃음, 교통사고, 질병 등 예기치 못한 사건이나 사고를 당했을 때 상황별로 상세한 대응 요령을 안내하고 영사관이나 대사관 등 비상연락처로 연락할 수 있도록 도와주는 애플리케이션이다. 전 세계 170개 재외공관의 연락처를 비롯해 영사 핫라인, 110여 개국의 경찰서·소방서·응급실 긴급 신고번호는 물론이고, 여행자에게 매우 실용적이고 유용한 정보가 가득 담겨 있어 해외여행을 위한 필수 애플리케이션이라고 해도 과언이 아니다. 특히 여행자가 가장 흔하게 겪는 여권 분실, 항공권 분실, 수하물 분실, 신용카드 분실 등 모든 문제 상황에 대한 대처법이 자세하게 안내되어 있다. 이 밖에도 출입국신고서 작성방법, 약물점검사항, 여권비자 정보, 기내반입금지품목, 여행 필수 준비물, 세금환급 방법, 시차적응 요령 등 유용한 여행 정보를 제공한다. 외교부 해외안전여행 홈페이지(www.0404.go.kr)에서 애플리케이션과 관련된 정보를 살펴볼 수 있다.

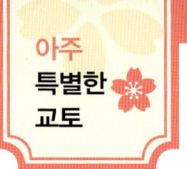

일본 자유여행의 필수품,

# 교통패스

일본 자유여행에서 반드시 준비해야 하는 것이 바로 '교통패스'다. 일본의 물가는 우리나라와 비슷하거나 조금 비싼 편이다. 그 중에서 교통비는 2~3배 정도 더 비싼 편이라 지역별로 제공하는 다양한 교통패스를 잘 활용해야 한다. 교통패스는 대중교통을 이용할 때마다 일일이 티켓을 구입할 필요 없이 일정 기간 대중교통을 무제한 이용할 수 있으며, 일부 관광명소에서는 입장료 할인 혜택도 제공되기 때문에 여행 경비를 절약하기에 매우 유용한 수단이다.

간사이 지방 역시 다양한 교통패스가 여행자의 편의를 돕고 있다. 하지만 너무나 다양한 교통패스는 여행자들에게 오히려 큰 고민거리다. 아무리 유익한 교통패스라고 해도 누구에게나 무조건 유익한 것은 아니다. 그러므로 조금 더 알뜰한 여행을 위해서는 자신의 여행 일정, 이동할 도시, 대중교통 이용 빈도 등을 고려해 교통패스의 장점과 단점을 꼼꼼히 따져보고 구매해야 한다.

대부분의 교통패스는 몇 가지를 제외하고 국내 여행사를 통해서 구매가 가능하며, 국내에서 구매할 경우 여행사별로 가격할인 혜택뿐만 아니라 여행지의 정보나 사은품이 제공되기도 한다. 다만 각각의 교통패스는 유효기간이 정해져 있으므로 구매할 때 유효기간을 꼭 확인하자.

### 국내 간사이 교통패스 구매처(그 외 인터넷 쇼핑몰 등도 있음)

여행박사 : www.tourbaksa.com

내일투어 : www.naeiltour.co.kr

모두투어 : www.modetour.com

TNT투어 : www.tnttour.co.kr

G마켓 : www.gmarket.co.kr(간사이패스로 조회할 것)

하나투어 : www.hanatour.com

옥션 : www.auction.co.kr(간사이패스로 조회할 것)

## 1. 교토 시버스, 교토 시영 지하철 1일 승차권(京都 市バス, 地下鉄 一日乗車券 カード)

1. 교토 시 버스 1일 승차권(어른용)  2. 교토 시 버스 1일 승차권(어린이용)
3. 교토 지하철 1일 승차권 예매권(어른용)  4. 교토 지하철 1일 승차권 당일권(어른용)

일반적으로 세계 각국의 도시들을 여행할 때는 지하철이 매우 편리한 교통수단이지만, 이와 달리 교토는 지하철보다 버스가 더 편리하다. 교토의 버스 노선은 거미줄처럼 각 관광지를 연결하고 있으므로 대부분의 이동은 버스를 이용하면 된다. 교토 시 버스 요금이 1회에 230엔이므로 3번만 버스를 탄다고 가정하더라도 충분히 본전을 뽑을 수 있다. 따라서 교토 시 버스를 하루 동안 무제한으로 이용할 수 있는 교토 시 버스 1일 승차권은 교토를 여행하는 여행자에게는 필수품이다.

교토 여행은 버스가 편리하지만, 간혹 교토 시영 지하철을 이용하는 경우가 있다면 교토 시영 지하철을 1일 동안 무제한 이용할 수 있는 지하철 1일 승차권도 주목하자. 버스와 마찬가지로 교토 시영 지하철 1구간~3구간을 3회 이상 승차하는 경우나 하루에 4구간 혹은 5구간을 왕복하는 경우라면 지하철 1일 승차권이 유용하다.

**가격:** 어른 600엔, 어린이 300엔

**구매 장소:** (교토 시내버스 1일 승차권) 시 버스 지하철 안내소, JR 교토역 앞 버스 정류장 자동 자판기, JR 교토역 관광안내센터, 한큐전철 가와라마치역 편의점, 교토 시영 지하철(어른용 한정) 각 역 등에서 구매할 수 있다(사전 구매 가능). 시 버스 내에서 운전사에게 직접 구매가 가능하지만, 간혹 매진되는 경우도 있으니 미리 구매하는 것이 좋다. 또한, 봄·가을 관광시즌에는 구입일에 한해 이용 가능한 카드(종이권)를 발매하는 경우도 있으니 참고하자.

(교토 시영 지하철 1일 승차권) 시버스 지하철 안내소, 교토역 관광안내소, 지하철 창구, 지하철역 자동 표 판매기(당일권에 한함) 등에서 구매가 가능하다(사전 구매 가능).

**사용 방법:** 버스 1일 승차권의 경우 최초 사용시 버스에서 내릴 때 요금 투입구 옆 카드 투입기에 승차권을 통과시키면 뒷면에 자동으로 사용 날짜가 인쇄된다. 이후 운전기사에게 날짜가 인쇄된 카드를 보여주면 된다. 지하철 1일 승차권의 경우 개찰구를 통과할 때 자동개찰기 삽입구에 승차권을 넣으면 뒷면에 다종으로 사용날짜가 인쇄된다.

**주의사항:** 교토 시 버스 1일 승차권의 경우 교토 시내버스 요금이 균일하게 적용되는 구간까지만 사용이 가능하다. 따라서 교토 외곽에 위치한 관광 명소인 오하라방면, 타카오 방면, 키부네·쿠라마 방면 등에서는 이 교토 시 버스 1일 승차권을 사용할 수 없다.

## 2. 지하철·버스 1일(2일) 이용권(地下鉄·バス一日 (二日) 券)

지하철·버스 1일(2일) 이용권(어른용·어린이용)

교토 시 버스 모든 노선, 지하철 모든 노선, 교토 버스(일부 노선 제외), 게이한 버스(일부 노선 제외)를 무제한으로 이용이 가능하다. 교토 시 버스 1일 승차권은 교토 시내 요금이 균일하게 적용되는 구간까지만 이용할 수 있는 것과 달리 지하철·버스 1일(2일) 이용권은 교토 시외 지역의 주요 관광지를 비롯해 시영지하철까지 모두 이용이 가능하며 입장료 할인 혜택도 제공된다. 특히 교토 외곽에 위치한 오하라(大原)를 여행할 예정이라면 지하철·버스 1일(2일) 이용권 구매는 필수다. 2014년 7월 기준으로 오하라행 교토 버스 왕복요금은 1,200엔(편도 600엔)이다. 지하철·버스 1일권 사용당일에 오하라 왕복요금보다 저렴한 가격으로 교토 시영 버스는 물론이고 지하철까지 이용할 수 있어서 매우 유용하다.

**가격**: 1일권(성인 900엔, 어린이 450엔), 2일권(성인 1,700엔, 어린이 850엔), 어린이는 6세~11세까지

**구매 장소**: JR 교토역 관광안내센터, 지하철역 티켓 자동발권기, 시내버스 지하철 여행안내소

**사용 방법**: 1일 승차권을 처음 사용할 경우 버스에서 내릴 때 요금 투입구 옆의 카드 투입기에 승차권을 통과시키면 되고, 지하철에서 처음 사용할 경우 개찰구를 통과할 때 자동개집찰기에 넣으면 뒷면에 자동으로 사용 날짜가 인쇄된다. 이후 버스는 운전기사에게 날짜가 인쇄된 카드를 보여주면 되고 지하철은 개찰구를 통과할 때 자동개찰기 삽입구에 이용권을 통과시키면 된다.

**주의사항**: 2일 이용권의 경우 연속해서 사용해야 한다.

**Tip.** 이용을 원하는 당일에 구매해도 되고 미리 구매해도 상관없다. 미리 구매한 경우라면 승차권 사용 당일에 처음 대중교통을 이용할 때 카드 투입구에 이용권을 통과시키면 뒷면에 사용날짜가 인쇄되며 사용이 개시된다. 간사이 스루패스의 경우에도 오하라행 버스나 교토 시영 지하철을 무료로 이용이 가능하다.

## 3. 이코카&하루카 (ICOCA&HARUKA)

  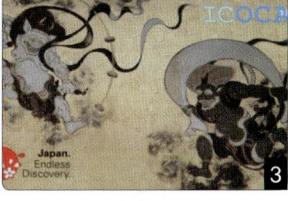

1. 이코카&하루카 할인권    2. 키티 디자인의 이코카 카드    3. 전통 디자인의 이코카 카드

이코카&하루카 패스는 간사이공항 특급열차 '하루카 할인 탑승권'과 '이코카 카드'가 세트로 구성된 패스다. 이 패스를 이용하면 JR 통상요금의 절반 이하 가격으로 간사이공항 특급열차 하루카를 이용할 수 있다. 따라서 간사이국제공항에서 오사카를 거치지 않고 곧장 교토로 이동할 계획이라면 이코카&하루카 패스를 사용하자. 교통비를 절약하는 가장 확실한 수단이다. 이 패스를 구입하면 1,500엔(보증금 500엔 별도)이 선불로 충전된 이코카 카드가 함께 제공되기 때문에 결과적으로 간사이공항 특급열차 하루카를 통상요금(약 2,850엔)의 절반 이하의 가격인 약 1,600엔으로 이용하는 셈이다. 이전에는 무조건 이코카&하루카를 동시에 구매해야 했던 것과 달리 이코카(ICOCA) 로고가 표시된 IC 카드가 있다면 '하루카 할인권'만 구입도 가능하다.

이코카&하루카 패스의 유효기간은 편도의 경우 1일, 왕복의 경우 2주일이다. 왕복표의 경우 간사이국제공항에서 출발하는 티켓을 먼저 사용하고 유효기간(2주일) 내에 교토에서 출발하는 티켓을 사용하면 된다. 편도의 경우 간사이공항역에서 출발하는 것만 간사이공항역에서 구매가 가능하다(홈페이지: www.westjr.co.jp).

이코카 카드는 간사이 지방의 JR, 지하철, 사철, 버스, 쇼핑(편의점 등) 등에 사용할 수 있으며 키티 그림과 전통 그림의 2가지 디자인이 있다. 이코카 카드의 잔액이 모자랄 경우 충전해서 사용이 가능하며 추후 카드를 반납하면 보증금 500엔은 환불이 가능하고 수수료 220엔이 잔액에서 공제된다.

**가격:** 편도 3,600엔(하루카 할인권만 구매시 1,600엔), 왕복 5,200엔(하루카 할인권만 구매시 3,200엔)

**구매 장소:** 간사이공항역의 JR 티켓 판매소에서만 구매할 수 있다. 구매할 때 여권을 제시하면 된다. 이코카(ICOCA) 로고가 표시된 IC 카드가 있다면 '하루카 할인권'만 구입도 가능하다.

**주의사항:** 편도의 경우 간사이공항역에서 출발하는 것만 판매된다. 편도만 구매한 뒤 여행을 마치고 JR 특급열차(하루카 포함)를 이용해 교토에서 간사이국제공항으로 이동하길 원한다면, JR 통상요금(2,850엔)을 부담하기보다는 간사이 패스 1일권(2,200엔(인터넷 예약 가격)]을 구매하는 것이 합리적이다. 이 경우 JR을 이용할 수 있는 나라와 교토 근교 여행지인 후시미이나리타이샤, 보도인 등을 당일 일정으로 함께 구성하면 합리적이다. 이 패스는 일본 체류중 1일당 1회, 1장(왕복 또는 편도)만 구입 가능하다.

**Tip.** JR 서일본여객철도 홈페이지(www.westjr.co.jp)에서 인터넷으로 이코카&하루카 패스 예약이 가능하다. 온라인 예약은 이용개시일 27일전부터 2일전까지 가능하다. 온라인 예약한 이코카&하루카 패스는 일본 도착후 여권을 지참하고 간사이공항역 2층의 JR 티켓 사무소에서 이코카&하루카 패스로 교환해야 하며 현금으로만 결제가 가능하다. 하지만 인터넷 예약을 한다고 해서 가격에 큰 차이는 없으니 현지에서 바로 구매해도 무방하다. 이코카&하루카 패스와 간사이 패스의 경우 간사이공항 특급열차 하루카를 이용할 수 있다는 점에서는 동일하다. 하지만 이코카&하루카 패스는 편도 기준으로 간사이국제공항에서 출발하는 간사이공항 특급열차인 하루카 탑승은 1회로 제한되지만 간사이 패스의 경우 지정한 날짜에 한해 신칸센과 특급열차를 제외하고 간사이공항 특급열차 하루카를 비롯해 JR을 무제한 이용 가능한 점이 다르다.

## 4. JR 웨스트 레일 패스 중 간사이 패스(Kansai Area Pass)

1. 간사이 패스 전용 커버지 앞면
2. 간사이 패스가 부착된 전용 커버지 안쪽면

간사이 패스는 오사카·교토·고베·나라·히메지를 비롯해 와카야마·시가·쓰루가·이가우에노까지 여러 간사이 지방 명소를 JR 쾌속·신쾌속, 보통 열차로 일정 기간 무제한으로 자유롭게 이용할 수 있는 패스다.

이 밖에도 JR 웨스트 레일 패스는 간사이의 다양한 지역을 묶은 패스가 기간별 한정으로 판매되기도 한다. 간사이 패스는 간사이국제공항에서 교토까지(혹은 그 반대의 경우도 가능함) 간사이공항 특급열차 하루카를 이용할 수 있으며 패스 이용 당일에 교토와 나라를 이동하는 일정이 있다면 매우 유용하다. 즉 패스를 이용하는 날 추가 교통비 없이 JR을 이용해 나라 또는 고베를 다녀오거나 반나절 동안 교토의 후시미이나리타이샤와 뵤도인 등을 함께 돌아볼 수 있으므로 교토 근교여행을 함께 계획한다면 더욱 효과적으로 패스를 활용할 수 있다. 단, 간사이 패스 구매시에 패스 사용날짜를 지정해야 하며 지정한 날짜에만 사용이 가능하다.

간사이 패스는 일본에서 직접 구매할 수도 있고, 여행 출발 전 국내에서 JR 서일본여객철도 홈페이지(www.westjr.co.jp/global/kr/travel-information/pass/kansai)에서 인터넷으로 예약할 수 있다. 인터넷 예약시 교토역, 신오사카역, 오사카역, 간사이공항역 중 한 곳을 수령 역으로 지정해야 하며 지정한 수령 역에서 패스를 구매할 수 있다. 또한 이 경우 자신의 메일로 전송되는 예약확인증(Booking Confirmation) 출력물(또는 예약번호 메모), 여권을 지참하고 JR 서일본 티켓판매소에서 현금 또는 신용카드로 간사이 패스를 구입하면 된다. 간혹 인터넷 예약확인증(또는 예약번호 메모)이 없는 경우 일본 현지 구입금액으로 구매해야 하는 경우도 있으니 주의하자. 인터넷 예약은 이용 시작일 기준으로 27일부터 2일 전까지 가능하다.

**가격:** 인터넷 예약시 1일권(어른 2,200엔, 소아 1,100엔), 2일권(어른 4,300엔, 소아 2,150엔), 3일권(어른 5,300엔, 소아 2,650엔), 4일권(어른 6,300엔, 소아 3,150엔) / 일본에서 구입시 1일권(어른 2,300엔, 소아 1,150엔), 2일권(어른 4,500엔, 소아 2,250엔), 3일권(어른 5,500엔, 소아 2,750엔), 4일권(어른 6,500엔, 소아 3,250엔)

**구매 장소:** 일본 각 지역의 JR 서일본 티켓판매소, 여권과 예약확인증(인터넷으로 예약한 경우)을 제시한 다음, 신청서에 필요 사항을 기입하면 된다.

**사용 방법:** 다른 패스와 달리 역무원에게 제시하면 개찰구를 통과할 수 있다.

**주의사항:** 전용 커버지에 사용 날짜가 기재된 티켓이 부착된 채로 발행된다. 전용 커버지에서 패스를 떼어내면 패스가 무효가 되어 사용할 수 없고 또한 분실하면 재발행할 수 없다.

**Tip 1.** 12세 이상은 어른 가격으로 구매해야 하며 어른 또는 소아 패스 보유자는 유아(1~5세까지) 2명까지는 무료로 함께 이용이 가능하다. 간사이 패스는 일본 체류중 1인당 한 번만 구입가능하다.

**Tip 2.** JR 패스와 간사이 패스는 비슷하지만 세부적으로는 조금 다르다. JR 패스는 신칸센과 특급열차, JR 특급 하루카까지 JR은 모두 이용이 가능하지만, 간사이 패스는 간사이국제공항의 JR 특급열차 하루카와 일반 JR만 가능하고 신칸센과 특급열차는 이용할 수 없다. 또한 JR 패스는 일본에서 구매할 수 없고 반드시 국내 JR 판매 대행사에서 JR 패스 교환권을 구입해 일본에서 교환해야 한다. 하지만 간사이 패스는 다른 절차 없이 여권만 있으면 바로 현지에서 구매가 가능하다.

### 5. 간사이 스루패스 (スルッと KANSAI, KANSAI THRU PASS)

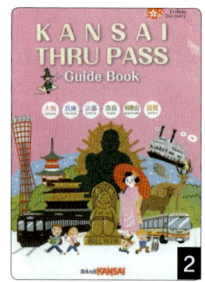

1. 간사이 스루패스 카드(3일권)
2. 간사이 스루패스 가이드북

간사이 스루패스는 간사이 지방 전 지역의 지하철, 사철(JR, 공항리무진, 좌석버스 제외), 버스 등을 자유롭게 이용할 수 있는 교통패스다. 오사카 주유패스는 오사카 시내의 교통수단(시영버스, 지하철, 뉴트램 등)만 이용이 가능하지만, 간사이 스루패스는 교토·오사카·고베는 물론이고 나라·와카야마·고야산·히메지까지 간사이 지방의 교통편(JR, 공항 리무진, 좌석버스 제외)을 무제한으로 이용할 수 있다. 따라서 간사이 지방의 여러 도시를 여행할 경우 교통비를 절약할 수 있는 매우 유용한 패스다. 다만 오사카 주유패스는 관광지 무료입장이나 할인 혜택이 있지만 간사이 스루패스의 경우 관광지 무료입장은 할 수 없고 약 350여 개의 관광지와 상점 등의 할인 특전만 있다. 간사이 스루패스를 구매하면 가이드북 및 할인 쿠폰북이 함께 제공된다.

간사이 스루패스는 외국에서 관광목적으로 일본을 방문하는 사람들을 위한 교통패스이기 때문에 일본에 거주하고 있는 외국인은 구입할 수 없다. 간사이 스루패스 홈페이지(www.surutto.com)에서 할인이 적용되는 관광시설 등 자세한 내용을 한국어로 볼 수 있다.

**가격:** 2일권(어른 4,000엔, 소아 2,000엔), 3일권(어른 5,200엔, 소아 2,600엔)

**구매 장소:** ① 일본에서 구매할 경우 간사이국제공항 KAA 여행안내소, 난카이 전철 간사이공항역 창구, 오사카시 비지터즈 인포메이션센터(난바, 우메다), 교토역 앞 버스종합안내소, 한큐 투어리스트 센터(오사카, 우메다) 외에도 특급 호텔 등에서 구매할 수 있다. 구매시에 여권이 필요하다. ② 국내에서 구매할 경우 일본 전문 여행사를 통해 미리 구매하면 할인 혜택을 받을 수 있다.

**사용 방법:** ① 대중교통 이용시에는 지하철이나 전철의 개찰기 또는 버스의 카드 투입기에 간사이 스루패스를 통과시키면 카드 승차권 뒷면에 사용 날짜가 인쇄된다. ② 관광지 입장할인을 받으려면 간사이 스루패스 쿠폰과 함께 간사이 스루패스를 티켓창구에 보여주면 할인된 가격으로 입장권을 구매할 수 있다. 관광지 할인은 스루패스를 사용한 날에만 가능하고 2일권과 3일권 모두 비연속적으로 사용이 가능하다.

**주의사항:** 이용 개시시간은 첫차부터 막차까지를 하루로 계산한다(24시간 아님). 티켓은 분실하면 재발급되지 않는다. 간사이 스루패스로 JR은 이용할 수 없으며 전철의 경우에도 일부 구간은 이용이 안 되는 구간이 있다. 난카이 전철, 긴테츠의 좌적 지정 특급열차를 이용하는 경우 별도의 특급권과 좌석 지정권을 구입해야 한다.

**Tip.** 간사이 스루패스를 사용할 수 있는 교통수단에는 간사이 스루패스 로고가 붙어있다. 간사이 스루패스는 교토는 물론이고 오사카·고베·고야·히메지·아리마온센 등 근교를 이동하는 일정이라면, 교통비 절약에 매우 유용한 패스다. 하지만 히메지 등 교통비가 비싼 지역으로 이동할 경우가 아니라면 여행지 도시별로 티켓을 구입하거나 한큐 투어리스트 패스를 적절히 이용하는 것이 더 저렴할 수 있다. 또한 교토에서 주로 머무를 경우에는 비싼 간사이 스루패스보다 교토 시 버스 1일 승차권, 교토 관광 승차권, 한큐 투어리스트 패스를 적절히 이용하는 것이 더 유용할 수 있다. 따라서 무턱대고 교통패스부터 구매하기보다 여행 일정을 먼저 계획한 다음 패스를 구매하자.

## 6. 한큐 투어리스트 패스(Hankyu Tourist Pass)

사철인 한큐전철을 무제한으로 자유롭게 이용할 수 있는 외국인 전용패스다. 한큐 전철은 오사카·교토·고베 등의 구간을 연결하고 있는데, 다른 패스에 비해 상대적으로 가격이 저렴하다. 교토에서 오사카와 고베를 여행할 계획이라면 매우 유용하다. 한큐 투어리스트 패스를 구입하면 사용이 가능한 지역의 지도, 추천 여행코스 등이 안내된 책자가 함께 제공된다. 여행 일정에 따라서는 간사이 스루패스보다 가격이 훨씬 저렴한 한큐 투어리스 패스가 더 유용할 수도 있다.

**가격:** 1일권 800엔, 2일권 1,400엔

**구매 장소:** ① 일본에서 구매할 경우 간사이국제공항 1층 여행자센터, 한큐 우메다역의 한큐 투어리스트 센터 오사카 등에서 여권 제시 후 구입이 가능하다. ② 국내에서 구매할 경우 한큐 투어리스트 패스 판매 대행사(모두투어, 하나프리, 여행박사, 내일투어, 와그트래블, 웹투어, 마이리얼트립 등)에서 구매할 수 있다. 미리 구매하면 할인 혜택과 함께 간사이 지역 여행정보를 추가로 받을 수 있다.

**사용 방법:** 한큐 전철 개찰기에 패스를 통과시키면 된다. 2일권의 경우 연속 혹은 비연속으로 사용이 가능하다.

**주의사항:** 1인당 1매씩 성인만 구매 가능하다. 한큐 투어리스트 패스와 간사이국제공항 리무진을 결합한 패스도 판매하고 있으나 공항 리무진의 경우 우메다(오사카역)만 운행된다.

**Tip.** 한큐·한신 공식 블로그(blog.naver.com/gokansai)에서 한큐 투어리스트 패스 국내 대행사를 확인할 수 있다. 또한 간사이 지역 여행과 관련된 다양한 정보를 얻을 수 있어 유용하다.

교토 주요 스폿 한눈에 보기

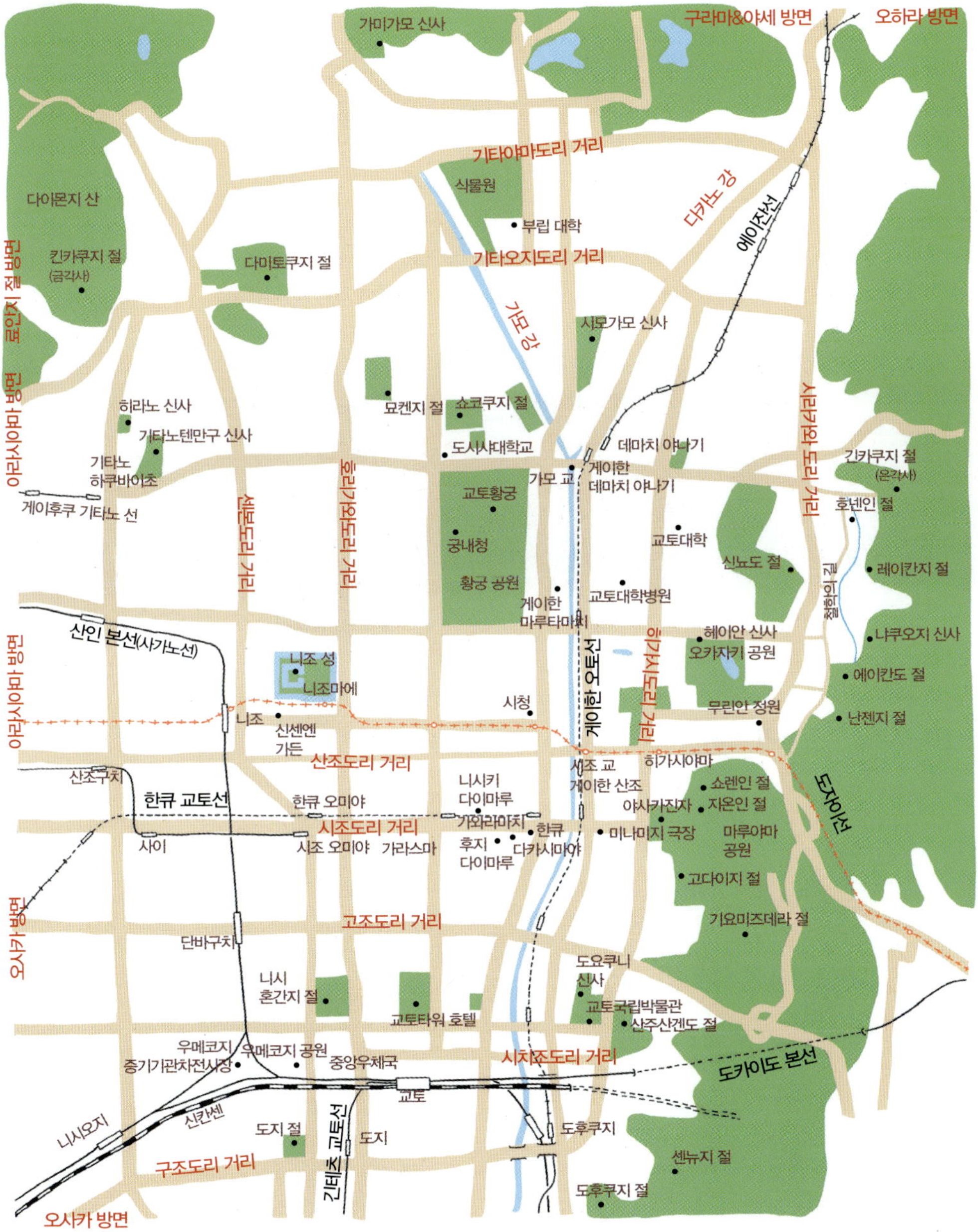

**PART 2**

볼거리 가득한
교토 3박 4일간의 여행기

*첫째 날*

교토 여행 1번지,
**히가시야마(東山)!**

**첫째 날, 일정 한눈에 보기**

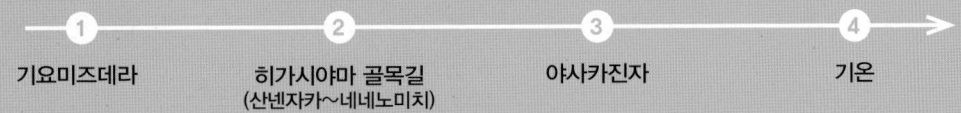

| 1 | 2 | 3 | 4 |
|---|---|---|---|
| 기요미즈데라 | 히가시야마 골목길<br>(산넨자카~네네노미치) | 야사카진자 | 기온 |

명실공히 교토 여행의 1번지이자 교토 여행의 하이라이트! 처음 만나는 교토지만 조금은 낯선 교토가 어딘지 친근하고 매력적으로 다가온다. 거침없이 교토 속으로 떠나볼까!

## 첫째 날 일정 지도

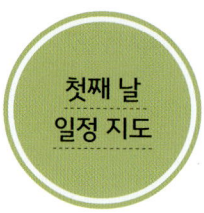

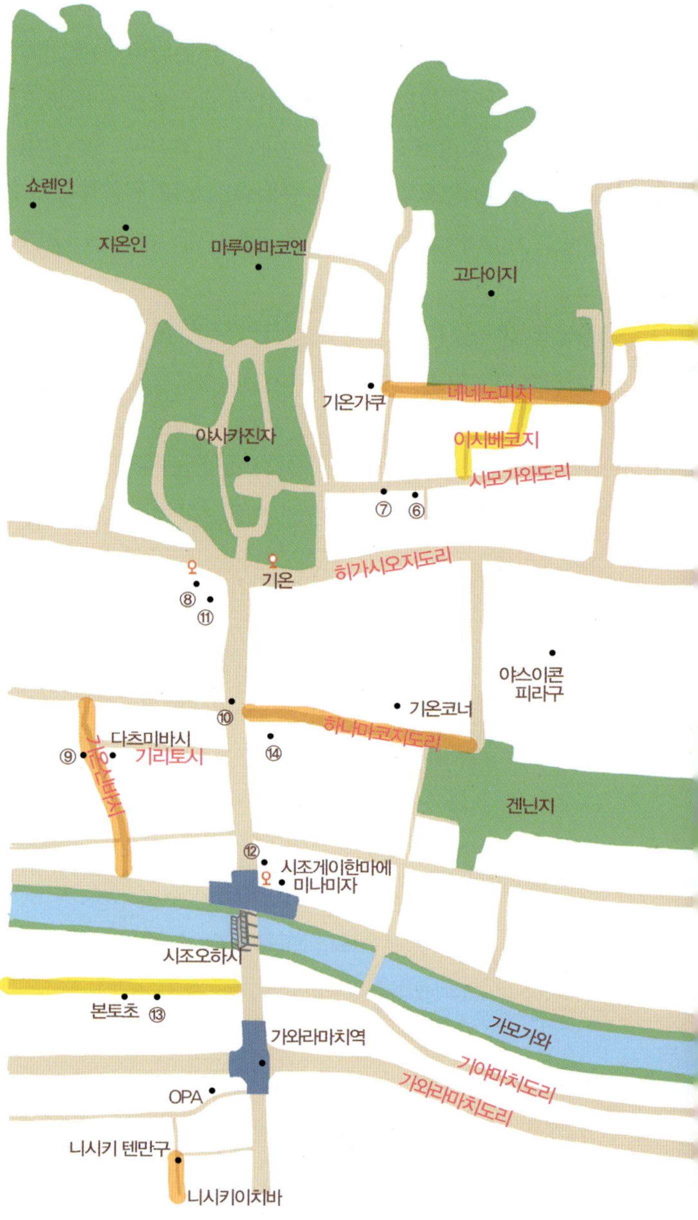
쇼렌인
지온인
마루야마코엔
고다이지
기온가쿠
네네노미치
야사카진자
이시베코지
시모가와도리
⑦
⑥
기온
히가시오지도리
⑧
⑪
야스이콘피라구
⑩
기온코너
하나미코지도리
다츠미바시
⑨
기리토시
⑭
기온신바시
겐닌지
⑫
시조게이한마에
미나미자
시조오하시
본토초
⑬
가와라마치역
가모가와
기야마치도리
가와라마치도리
OPA
니시키 텐만구
니시키이치바

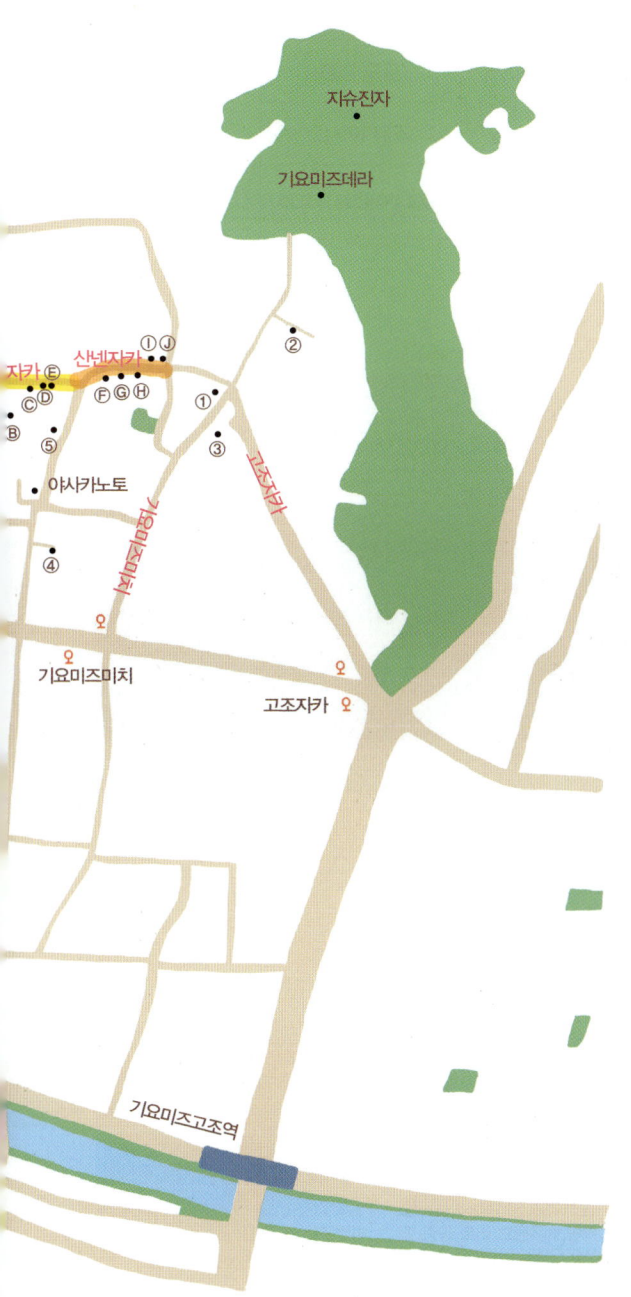

① 시치미야(七味唐)
② 기요미즈 준세이
③ 요지야 기요미즈점
④ 야사카코신도
⑤ 분노스케차야 본점
⑥ 마메키치혼포 기온시모카와라점
⑦ 주반세루 기온점
⑧ 이즈주
⑨ 기온 고모리
⑩ 요지야 기온점
⑪ 기온 고이시
⑫ 소혼케 니신소바 마츠바
⑬ 헬로돌리
⑭ NOEN COFFEE SHOP

Ⓐ 크라프트 이치넨자카
Ⓑ 동구리교와교쿠 니넨자카점
Ⓒ 헬로키티 사료
Ⓓ 치리멘 사이쿠칸 니넨자카점
Ⓔ 후지나미 니넨자카점
Ⓕ 교토곤약구 샤본
Ⓖ 분노스케차야 기요미즈점
Ⓗ 교바이신안
Ⓘ 요지야 기요미즈 산넨자카점
Ⓙ 이노다 기요미즈시텐

교토 여행 1번지

# 기요미즈데라

淸水寺, 청수사

교토에서 가장 인기 있는 관광지는 기요미즈데라다. 기요미즈데라가 위치하고 있는 히가시야마 일대는 교토의 전통이 고스란히 살아 있으며, 많은 볼거리를 가지고 있어 이곳을 찾는 여행객이 연간 800만 명이나 된다. 기요미즈데라는 1년 내내 사람들의 발길이 끊이지 않는 곳으로 특히 짧은 시간을 할애해 교토를 여행하는 여행자들에게는 최고로 인기 있는 여행지다.

기요미즈데라는 교토 시내의 동쪽에 위치한 오토와산(音羽山) 중턱에 위치하고 있으며 나라에서 교토로 천도하기 전인 778년 엔친대사(延鎭上人)에 의해 세워진 사찰이다. 기요미즈데라는 여러 차례 소실과 재건을 반복하다가 1467년 오닌의 난으로 완전히 소실되었다. 그러다 에도시대 초기(1631~1633년) 3대 쇼군인 도쿠가와 이에

미쓰(德川家光)에 의해 현재의 모습으로 재건되었고, 1994년 '고도 교토의 문화재(古都京都の文化財)'로 유네스코 세계문화유산에 등록되었다.

국보로 지정되어 있는 기요미즈데라의 혼도(本堂, 본당)에는 영험하다고 알려진 천수관음상(십일면천수관음상)이 있다. 하지만 33년에 한 번씩만 일반인에게 공개되기 때문에 본 사람이 많지 않다. 혼도 앞에 넓게 펼쳐진 무대인 '기요미즈노부타이(清水の舞台, 청수의 무대)'는 기요미즈데라에서 가장 유명한 장소다. 절벽 위에 설치된 기요미즈노부타이는 산의 경사면에 기대어 짓는 '가케즈쿠리(懸造り)' 방식으로 139개의 느티나무 기둥을 사용해 약 12m의 높이로 지어졌다. 못을 하나도 사용하지 않고 하부 구조를 만든 다음, 410개 이상의 노송나무 판자를 깔아 마무리한 거대한 목조 구조물인 기요미즈노부타이는 현재 혼도와 함께 국보로 지정되어 있다.

옛 교토 사람들은 과감한 결단을 할 때 이 무대에 빗대어 "청수의 무대에서 뛰어내릴 작정으로(清水の舞台から飛び降りるつもりで)"라는 관용표현을 사용했다고 한다. 목숨을 걸고 작정을 하면 이룰 수 있다는 신념을 보여주고자 실제로 이곳에서 뛰어내린 사람들도 있었는데 다행히 생존율은 높았다. 1694년에서 1864년 사이에 이 무대에서 뛰어내린 사건이 234건으로 생존율이 무려 85.4%라는 기록이 남아 있다. 다소 치기 어린 행동이었기에 1872년부터 투신금지령이 내려졌다. 기요미즈노부타이는 예전에 천수관음상에 봉납하는 춤을 추던 실제 무대로 사용되었으나 지금은 교토 시내를 바라보는 전망대 역할을 하고 있다. 이 무대에 서면 시야가 탁 트인 교토의 황홀한 풍경을 만날 수 있다. 특히 이 무대는 매년 12월 21일이면 일본에서 그 해의 상황을 함축적으로 표현하는 한자 한 글자를 선택하게 되고, 기요미즈데라의 주지가 대형 붓을 들고 선택된 글자를 종이에 써내려가는 모습이 일본 각지에 생방송되는 의미 있는 행사가 치러지는 곳으로도 유명하다.

혼도에서 서서 왼쪽으로 내려다보면 폭포가 보이는데 '오토와노타키(音羽ノ滝)'라 불리는 오토와 폭포다. '기요미즈데라'라는 이름의 유래가 된 오토와 폭포로 창건 당시부터 지금까지 여전히 산중에서 샘솟은 맑은 물(清水, 청수)이 세 줄기로 흘러내리고 있다. 왼쪽부터 차례로 건강·사랑·학업(지혜)을 의미하며 경건한 마음으로 국자에 물을 받아 마시면서 소원을 빌면 소원이 이루어진다고 한다. 그래서 이 물을

마시기 위한 사람들로 이 폭포에는 항상 긴 줄이 늘어서 있다. 세 줄기를 모두 마시면 욕심이 과해 소원이 제대로 이루어지지 않는다고 한다. 두 줄기를 마시면 소원의 절반이, 한 줄기를 마시면 소원이 모두 이루어진다고 알려져 있다.

본당을 지나 오쿠노인(奧の院)으로 향하기 전, 왼쪽의 계단을 따라 올라가면 지슈진자(地主神社)가 위치한다. 에도시대에는 기요미즈데라의 부지를 지키는 신을 모신 신사였으나 지금은 인연을 맺어주는 신사로 더 많이 알려져 있다. 특히 고이우라나이노이시(恋占いの石)는 연애운을 점쳐볼 수 있는 돌로, 이 근처에 가면 눈을 감고 돌을 향해 걷는 사람들을 심심치 않게 볼 수 있다. 이 돌은 약 18m 정도의 거리를 두고 2개가 놓여 있는데, 눈을 감고 다른 돌까지 무사히 도착하면 사랑이 이루어진다고 알려져 있다. 또한 방향을 가늠하지 못해 다른 사람의 도움을 받아 다른 돌까지 가더라도 크게 상관은 없다. 그럴 경우 실제 사랑에서도 누군가의 도움을 받아 사랑을 이루게 된다는 의미라고 한다.

이처럼 볼거리 많은 교토에서 벚꽃과 단풍이 아름다운 기요미즈데라가 교토 여행의 1번지로 손꼽히는 것에는 여러 가지 이유가 있겠지만, 혼도 무대와 오쿠노인에서 바라보는 교토 시내의 빼어난 경치가 큰 역할을 하고 있다고 해도 과언이 아니다. 특히 봄과 가을의 야간 라이트업(light-up)은 수백 미터의 긴 줄을 서야 하는 수고로움을 감수해야 하지만 결코 후회하지 않을 풍경이다. 현재 기요미즈데라는 일부 건물들이 공사중으로 2019년까지 보수공사가 예정되어 있다.

### ✚ 이용 안내

▶ **이용시간**: 통상관람 06:00~18:30(계절마다 조금씩 다르며 야간 특별관람이 실시되는 경우 통상관람을 30분 일찍 종료한 후 다시 개방함) 야간 특별관람 봄·가을 18:00~21:00, 여름 18:30~ 21:00(야간 라이트업 날짜 및 시간은 해마다 변경되며 홈페이지에 공지됨) ▶ **관람요금**: 성인 400엔(야간 특별개방시에는 재입장해야 하며, 야간 입장료 400엔 추가 부담), 초·중학생 200엔 ▶ **주소**: 京都府京都市東山区清水1-594 ▶ **전화번호**: 075-551-1234 ▶ **홈페이지**: www.kiyomizudera.or.jp ▶ **구글지도 검색**: Kiyomizudera

> **Tip.** 세계문화유산이자 일본의 대표적인 문화재인 기요미즈데라는 평소에도 관광객들과 전국에서 찾아든 수학여행 학생들로 북적임이 끊이지 않는 곳이다. 따라서 조금 여유롭게 관람하기를 원한다면 아침 일찍 찾는 것이 좋다.

교토를 찾아온 전 세계의 여행자들 중 70% 이상의 사람들이 방문한다는 기요미즈데라. 나도 이곳을 가장 먼저 찾기 위해 고조자카 버스 정류장에서 내려 오르막길을 걷는다. 교토 최고의 인기 사찰답게 버스 정류장에서부터 사람들은 와글와글. 기요미즈자카 상점 주인들의 호객행위가 발길을 붙든다. 수많은 인파를 헤치고 선홍색 니오몬 앞에 도착해 기요미즈데라와 마주한다. 1,200년이 넘는 역사의 장소 기요미즈데라. 혼도 앞 무대인 기요미즈노부타이를 비롯해 기요미즈데라는 워낙 유명한 관광지라 교토를 한 번도 와보지 않았음에도 이미 익숙한 곳이었다. 벚꽃이 화사하게 핀 경내를 지나 관람로를 따라가니 어느새 TV에서 혹은 숱한 여행자들의 사진에서 봤던 혼도 앞의 무대가 펼쳐진다. 바람이 먼저 반기는 무대 앞에서 언덕길을 올라오느라 몰아쉰 숨을 고른다. 저 멀리 교토 시내가 발아래 아스라이 펼쳐지고, 정면으로 고야스노토가 눈을 마주치며, 아래쪽에서는 사람들이 소원을 빌기 위해 줄을 서서 연거푸 물을 받아 마시고 있다. 땀으로 젖은 마음에 비로소 여유가 찾아든다. 나 역시 소원을 빌며 오토와 폭포의 한 줄기 물을 먹어볼까 싶기도 했지만, 3가지 중 하나만 선택하기도 힘들고 일단 줄이 너무 길어서 포기했다. 지슈진자로 향하니 눈을 감고 두 돌 사이를 걸어가는 사람들의 얼굴에는 감출 수 없는 설렘이 가득하고 그 어느 순간보다 진지하다. 경건한 절 안에는 신사가 있고, 그 신사에서는 사랑을 점치는 일본의 혼재된 문화가 때로는 당황스럽게 만들었다. 오쿠노인에 서니 비로소 기요미즈데라의 본모습과 마주한다. 수천 년의 세월을 거슬러 도래인이 정착했을 이곳 교토가 아른거린다. 다시 한 번 혼도를 바라보니 못질 하나 없이 촘촘하게 짜 맞춘 높이 12m의 무대가 후덜덜하다. 자신의 과감한 결단과 신념을 보여주기 위해 혼도의 무대에서 뛰어내린 치기 어린 행동은 얼마나 가치 있는 일이었을지 궁금해진다. 사람의 목숨보다 더 중요한 가치는 없지 않은가. 무엇이든 극단적인 것은 병들기 마련이다. 이런저런 생각을 하면서 라이트업을 기다리는 동안, 혼도 뒤로 넘어가는 석양은 느긋하다. 모든 것이 일찍 저무는 교토의 밤을 밝히는 봄과 가을의 라이트업, 정말 아름답구나!

# 기요미즈데라
## 어떻게 가야 할까?

▶ **기요미즈미치에 하차하는 경우**(교토역 출발 기준)

① 기요미즈미치(清水道) 버스 정류장에서 하차한다.

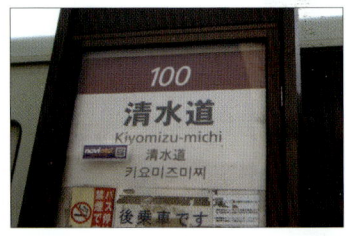

② 하차한 후 버스 뒤쪽 방향으로 직진한다.

③ 왼쪽의 건널목을 건너 책방 옆 골목인 기요미즈미치를 따라 계속 직진한다.

**Tip 1.** 시 버스 100번, 202번, 206번, 207번을 타면 기요미즈미치 혹은 고조자카 버스 정류장에 갈 수 있다.

**Tip 2.** 기요미즈데라행 버스는 기요미즈미치 혹은 고조자카, 2군데의 버스 정류장을 이용할 수 있다. 교토역에서 출발한 경우 고조자카에서 하차하고, 은각사나 기온에서 출발한 경우 기요미즈미치에서 하차하는 것이 편리하다. 기요미즈미치에서 하차하면 기요미즈데라까지 조금 더 가깝지만, 둘 중 어느 곳을 이용해도 큰 차이는 없으니 자신이 출발한 곳에서 가까운 버스 정류장을 이용하면 된다. 기온에서 출발하는 경우 위 설명과 반대편에 버스 정류장이 위치하고 있다.

▶ **고조자카에서 하차하는 경우(교토역 출발 기준)**

① 고조자카(五条坂) 버스 정류장에서 하차한다.

② 하차한 후 버스 뒤쪽 방향으로 직진한다.

③ 계속 직진한 뒤 기요미즈데라 표지판이 보이는 횡단보도를 건넌다.

④ 건널목을 건너면 정면 오른쪽에 기요미즈데라 방향의 화살표를 따라 왼쪽 언덕길로 직진한다.

⑤ 건물 사이로 두 갈래길이 나오면 왼쪽 방향으로 직진한다. 참고로 왼쪽은 고조자카이고 오른쪽 방향은 차완자카(茶わん坂)이다.

## 기요미즈데라 한눈에 보기

- 조주인
- 지슈진자
- 샤카도
- 아미다도
- 오쿠노인
- 본당
- 기요미즈의 무대
- 오토와노타키
- 고야스노 삼층탑
- 센타이 석불군
- 즈이구도
- 가이산도
- 종루
- 삼층탑
- 인왕문
- 서문
- 우마토도메
- 젠코지도

# 기요미즈데라
## 어떻게 즐겨볼까?

기요미즈데라의 입구인 니오몬(仁王門)까지 이어지는 기요미즈자카(清水坂)에는 전통 공예품 판매점, 기념품점, 도자기점, 식당 등 다양한 가게가 빼곡하게 들어서 있으며 최고의 관광지답게 항상 사람들로 북적거린다.

봄과 가을의 라이트업 기간에는 야간 특별관람을 위해 상점가를 따라 수백 미터의 관람 대기줄이 늘어서 있다. 그러므로 이를 보려면 상당 시간을 대기해야 한다.

### 니오몬
선명한 선홍색을 띠고 있어 '아카몬(赤門)'이라는 별명을 갖고 있다.

니오몬 옆으로는 사이몬(西門)과 뒤로는 산주노토(三重塔)가 위치한다. 약 30m 높이의 산주노토는 중요문화재로 1632년에 재건되었다.

니오몬은 무로마치시대의 건물로 중요문화재로 지정되어 있다. 봄에는 니오몬 옆으로 길게 심어진 시다레자쿠라(枝垂れ桜, 수양 벚나무)가 인기를 모으고 있다. 또한 가을에는 단풍으로 경내 곳곳이 아름답다.

### 즈이구도(随求殿)
내부에는 중생의 소원을 들어준다는 불상이 안치되어 있고 결혼, 순산, 자녀교육에 관한 신불도 있다. 무엇보다 세상에 태어나지 못한 아이들을 기리기 위해 많은 사람들이 찾는 곳이라고 한다(관람시간: 09:00~16:00 특별 관람시간에는 관람시간 연장, 입장료: 초등학생 이상 100엔).

즈이구도 옆 계단을 따라 올라가서 가이산도(開山堂)를 지나면 매표소가 나온다.

교토의 입장권 중 가장 예쁜 디자인을 자랑하고 있으며 계절마다 다른 디자인의 입장권이 판매되고 있다.

아사쿠라도(朝倉堂)와 혼도 입구에서 입장권을 확인한다.

매표소를 지나면 혼도 옆으로 긴 막대기 끝에 쇠고리를 댄 지팡이인 무쇠 석장(錫杖)과 무쇠 신발이 있다. 무려 90kg의 무게로 19세기 말 수행자들이 혼도와 오토와노타키 사이의 계단을 1만 회 오르내린 것을 기념하기 위해 만들었다.

### 혼도
정면 36m, 측면 30m의 커다란 기둥들을 기준으로 사람들이 참배하는 바깥쪽·가운데·안쪽, 이렇게 3부분으로 구성되어 있다.

### 기요미즈노부타이
예전에 천수관음상에 봉납하는 춤을 추었던 실제 무대로 사용되었던 곳으로, 현재는 교토 시내를 조망할 수 있는 전망대 역할을 하고 있다.

이곳은 못을 사용하지 않은 채로 하부 구조를 만든 후 410개 이상의 노송나무 판자를 깔아 마무리했다. 못을 사용하지 않아 지진 발생에도 무너지지 않을 만큼 튼튼하다고 한다.

기요미즈부타이에서는 매년 한자의 날(12월 12일)에 일본한자능력검정협회가 주관하는 올해의 한자를 발표한다. 발표된 한자를 기요미즈데라의 주지가 붓글씨로 적는 모습을 언론에 공개한다. 사진은 2014년에 선정된 올해의 한자(사진출처: 기요미즈데라 공식페이스북).

### 고야스노토(子安塔)

높이 15m로 중요문화재다. 원래는 니오몬 아래 남쪽에 위치하던 것을 1911년 현재의 위치로 옮겼다. 산넨자카는 '三年坂' 혹은 '産寧坂'라고 쓰는데 '産寧坂'은 순산을 기원하기 위해 니오몬 아래에 있던 고야스노토를 오르던 언덕이란 의미를 가지고 있다.

본당 무대의 왼쪽 건너편으로 보이는 건물이 오쿠노인이다.

본당의 무대에서 보면 왼편 아래쪽으로 오토와 폭포가 보인다. 본당을 지나 오른쪽 아래 계단을 따라 내려가면 오토와 폭포로 갈 수 있다.

### 오토와 폭포
세 줄기의 물은 왼쪽부터 차례로 건강 · 사랑 · 학업(지혜)의 소원을 이루어준다고 한다. 다만 세 줄기의 물을 모두 마시면 욕심이 과해 소원이 전부 이루어지지 않는다고 하니 욕심을 적당히 부리자.

본당 관람을 끝내고 오쿠노인으로 향하기 전 왼쪽의 계단을 따라 올라가면 지슈진자가 보인다(관람시간 09:00~17:00).

지슈진자의 상징인 토끼상

지슈진자의 상징인 토끼상 옆으로 다양한 부적들도 판매하고 있다.

사랑을 이룰 수 있을지 연애운을 점쳐볼 수 있는 고이우라나이노이시

약 18m 정도의 거리를 두고 2개의 돌이 놓여 있다. 눈을 감고 다른 돌까지 무사히 도착하면 사랑이 이루어진다고 한다. 만약 주위 사람들의 도움을 받아 다른 돌에 도착한다면 실제로도 누군가의 도움을 받아 사랑이 이루어진다는 의미가 있다.

비단 여자들만 연애운을 점쳐보고 싶은 것은 아니다. 교토로 수학여행을 온 학생들의 필수 코스인 기요미즈데라에서 남학생들도 연애운을 점쳐보고 있다.

오코노인은 혼도, 그리고 12m 높이의 기요미즈의 무대를 제일 잘 볼 수 있는 곳이다. 뒤로 교토 시내가 함께 어우러지는 풍경은 기요미즈데라를 대표하는 풍경사진이 될 만큼 멋진 모습이다.

혼도와 기요미즈의 무대를 가장 잘 볼 수 있는 오쿠노인은 많은 사람들이 사진을 찍는 장소다. 야간 라이트업시에는 수많은 사람들이 이곳에서 서서 사진을 찍느라 이동이 어렵다.

기요미즈데라는 새벽 6시부터 개방하기 때문에 일출을 볼 수 있다. 야간 라이트업 시기에는 석양도 볼 수 있다. 일출도 좋지만 서쪽으로 향해 있어 석양이 더 아름답게 느껴지는 곳이다.

**Tip.** 항상 관광객들로 넘쳐나는 기요미즈미치는 거리낌 없이 호객행위를 하는 상인들을 비롯해, 관광객들이 지갑을 열지 않고는 못 견디게 만드는 다양한 기념품점이 있어 기요미즈데라로 향하던 본분을 잊게 만든다. 온갖 먹거리가 넘쳐나는 이곳에서 놓칠 수 없는 것이 바로 교토의 명물 야츠하시(八ツ橋)다. 특히 교토 곳곳은 물론이고 기요미즈미치에서는 한 집 건너 한 집에서 판매하고 있을 만큼 쉽게 볼 수 있다. 야츠하시는 찹쌀을 이용해 전병을 만들고 그 안에 계피, 팥앙금, 매실, 군고구마 등 다양한 소를 넣고 세모꼴 모양으로 접은 떡의 일종이다.

기요미즈데라 봄 라이트업

기요미즈데라 가을 라이트업

기요미즈데라, 무엇을 먹을까?

## 교토 두부요리,
## 기요미즈 준세이 오카베야
清水順正 おかべ家

기요미즈자카에 위치하고 있는 기요미즈 준세이 오카베야는 두부요리로 유명한 준세이의 분점이다. 준세이는 쿄카이세키 요리(京会席)와 유도후(ゆどうふ, 끓인 물두부)와 유바(ゆば, 두부피)를 맛볼 수 있는 곳이다. 준세이 본점은 난젠지 준세이 부지에 있는데 준세이 쇼인은 전통기법으로 지은 고품격 서원으로 현재는 국가 유형문화재로 등록 되어 있다. 이곳은 에도시대(1603년 – 1868년)에 지은 의학 연구소로, 당시에는 의학강의는 물론 다이묘 제후나 문인, 묵객들이 모이는 문화 교류의 장으로 이곳 에서 여러 문담이 오갔다고 전해진다. 난젠지에 위치한 본점의 경우 멋진 정원을 감상하며 유도후(ゆどうふ, 끓인 두부)를 즐길 수 있지만, 워낙 유명한 곳이라 가격이 다소 비싼 편이고 좌석이 한정되어 있다. 준세이 오카베야는 본점과 메뉴는 조금 차

이가 있지만, 좌석이 많아 기다릴 필요도 없고 부담 없는 가격으로 두부요리를 즐길 수 있다.

　유도후는 다시마를 우려낸 맑은 육수에 두부를 넣고 끓여 알맞게 익혀 먹는 음식으로, 물이 맑은 교토를 대표하는 음식이다. 맑은 육수에 둥둥 떠 있는 두부가 다소 심심하게 느껴질 수 있지만 두부 자체의 순수한 맛을 음미할 수 있다. 유도후 외에도 유바를 직접 만들어 먹을 수 있는 유바나베(藤)도 있다. 유바는 두유에 콩가루를 섞어 끓이면 표면에 얇은 막이 생기는데, 이 얇은 막을 걷어내어 먹는 요리다. 이곳에서는 엄선된 두유를 사용해 유바 냄비에 담고 가열하면서 생기는 유바를 바로 건져 밥 위에 올리고 파와 김가루를 넣어 유바 오차즈케로 먹는다. 유바는 우리나라에서 맛볼 수 없는 독특한 음식으로 한번 먹어봄직하다. 세트메뉴를 주문하면 튀김, 된장두부구이 등을 함께 맛볼 수 있다. 유도후 및 유바 세트는 대략 2천 엔 초반의 가격이다.

✚ **이용 안내**

▶ **영업시간**: 일반 10:30~18:00(마지막 주문 17:00) 기요미즈데라 야간 특별관람 기간 및 예약시 10:30~21:00(마지막 주문 20:00)　▶ **전화번호**: 075-541-7111　▶ **주소**: 京都府京都市東山区清水寺門前清水2丁目 239　▶ **홈페이지**: www.to-fu.co.jp　▶ **구글지도 검색**: okabeya

## 기요미즈 준세이 오카베야
## 어떻게 가야 할까?

① 기요미즈데라 방면으로 기요미즈자카의 상점가를 따라 직진하다 보면 오른쪽에 기요미즈 준세이 유도후 간판이 보인다.

② 유도후 간판이 있는 골목으로 우회전한 다음 기념품 가게에서 골목 안쪽으로 직진한다.

③ 골목 끝에 준세이 오카베야 입구가 있다.

④ 입구에서 안쪽으로 들어가면 된다.

⑤ 가게의 내부 모습

# 기요미즈 준세이 오카베야
## 어떻게 즐겨볼까?

세트메뉴 유바나베 후지(藤)

세트메뉴 유도후 후지의 유도후

세트메뉴에 곁들여지는 튀김 요리

세트메뉴에 곁들여지는 된장두부구이

유바는 냄비에 콩물이 끓으면 표면에 생기는 얇은 막으로, 이 얇은 막을 걷어내어 먹는다.

유바를 바로 건져 밥 위에 올리고 파와 김가루를 넣은 후 오차를 부어 유바 오차즈케로 먹는다.

### 히가시야마 골목길 투어!
# 산넨자카·니넨자카·이시베코지·네네노미치
三年坂·二年坂·石塀小路·ねねの道

기요미즈데라가 위치하는 히가시야마 일대는 교토의 옛스러움이 고스란히 남아 있는 걷기 좋은 골목길이 여러 갈래로 나 있다. 기요미즈미치에서 기요미즈데라까지 언덕길을 오르다 보면, 본격적인 상점가가 시작되는 삼거리 입구에서 왼쪽으로 꺾어지면 산넨자카, 니넨자카, 이시베코지, 네네노미치를 따라 야사카진자(八坂神社)까지 골목길이 이어지고 있다.

기요미즈데라로 향하는 참배로였던 이 일대는 메이지시대의 건물 양식에 현대 건물 양식을 덧댄 상점가가 늘어서 있는 마치나미(町並み)가 형성되어 있고, 골목마다 있는 옛 가옥에서는 대를 이어가고 있는 시니세(老舗)들이 여전히 성업중이다. 그뿐만 아니라 산넨자카 일대는 특별보전수경지구(特別保全修景地區)로 지정되어 있어 옛

가옥이 보존되고 있는 우리나라의 북촌과 묘하게 닮은 느낌을 자아낸다. 이 언덕길의 이름이 산넨자카로 불리는 이유에는 여러 가지 설이 있지만, 다이도 3년(大同 3년, 807년)에 완성되었기 때문에 산넨자카(三年坂)라는 설과 순산을 기원하기 위해 고야스노토를 오르던 언덕이라는 의미의 산넨자카(産寧坂)라는 설, 이렇게 2가지가 가장 유력하다. 그래서 한문도 '三年坂'와 '産寧坂' 2가지 모두를 사용하고 있다.

또한 이 길을 따라 바로 이어지는 길은 자연스럽게 니넨자카로 불리며, 역시 '二寧坂'와 '二年坂'로 표기하고 있다. 이 길을 걷다가 넘어지면 산넨자카의 경우 3년 안에, 니넨자카의 경우 2년 안에 죽는다는 무시무시한 이야기가 전해지고 있다. 넘어져도 쓰러지지 않고 일어서는 오뚝이 모양을 닮은 호리병 형태의 표주박 부적이 액땜을 해준다고 해서 표주박을 파는 기념품 가게도 있으니, 설령 넘어진다고 해도 큰 걱정은 하지 않아도 된다.

산넨자카와 니넨자카를 지나 네네노미치로 향하다 보면 '돌담이 쌓인 골목'이란 뜻을 가지고 있는 이시베코지가 왼쪽 샛길로 이어진다. 약 2m의 폭으로 넓지 않은 골목길에는 전통 가옥의 멋스러움이 다른 골목길과 확연히 다른 느낌을 자아내며 운치를 더하고 있다. 이 길은 3월 중순이면 수백 개의 등불을 밝히는 하나토로(化燈路) 축제가 열려 더욱 특별해진다. 니넨자카에서 이시베코지로 들어가지 않고 직진하면 네네노미치로 이어진다. 네네노미치에는 약 2,500장의 화강암이 깔려 있으며 도요토미 히데요시의 부인인 네네(ねね)가 걷던 길로, 그녀의 이름을 따 네네노미치(네네의 길)라고 부르고 있다. 또한 이 길에는 네네와 인연이 깊은 고다이지가 가을 단풍여행지로 인기를 누리고 있다. 기요미즈데라에서 야사카진자까지 다양한 상점가가 이어지고 있으며 교토의 전통을 느낄 수 있는 상품들을 판매하고 있다. 교토의 정취를 느끼며 한 걸음씩 걷다 보면, 어느새 교토의 속살로 걸어가고 있는 자신을 느낄 수 있을 것이다.

산넨자카

니넨자카

네네노미치

이시베코지

기요미즈미치와 고조자카가 만나는 길에서 언덕을 따라 기요미즈데라로 걷기 시작하자마자 왼쪽으로 계단 산넨자카가 시작된다. 산넨자카, 니넨자카, 네네노미치, 그리고 샛길이라고 부르고 싶은 이시베코지가 하나로 연결되어 있다. 산넨자카 계단을 밟아 내려가기 시작한다. 여기서 넘어지면 3년 안에 죽는다는 속설 때문에 한 계단 한 계단 내려갈 때마다 긴장하게 만들지만 계단 끄트머리 가게에 주렁주렁 달린 표주박이 보이자 '그럼 그렇지. 이건 다 상술이야.'라는 생각에 헛웃음이 나온다. 하지만 이것도 다 여행의 재미다. 니넨자카를 지나면 네네가 걸었다는 네네노미치가 있는데, 그 전에 이시베코지라는 또 다른 골목길이 나를 이끈다. 어디 그것뿐인가. 야사카노토 앞으로 쭉 뻗어 있는 야사카도리는 물론이고 이곳은 전체가 특별보전수경지구로 지정되어 있어 어디를 걸어도 좋은 곳이다. 허나 골목길이라고 다 같은 골목은 아니다. 언뜻 보면 옛 가옥 사이로 이어진 골목길은 비슷비슷해 보이지만 결코 같지 않았다. 그저 마음 내키는 대로 걷지 않았다면 결코 만날 수 없었던 야사카 코신도였다. 그렇지. 골목의 재미는 알려진 길보다 조금은 덜 알려진 골목길로 들어갔을 때 발견할 수 있는 법. 자, 살랑살랑 히가시야마 골목길, 오늘은 내 맘대로!

## 히가시야마 골목길
## 어떻게 가야 할까?

① 기요미즈미치에서 직진하고 고조자카에서 직진하면 상점가가 시작되는 삼거리에 도착한다.

② 왼쪽 대로변의 시치미야(七味唐) 옆으로 연결되어 있는 계단길로 내려가면 된다.

③ 산넨자카를 시작으로 니넨자카, 이시베코지, 네네노미치가 차례로 이어진다.

④ 계단 입구에서는 각 골목길의 안내 표지판을 볼 수 있다.

# 히가시야마 골목길
## 어떻게 즐겨볼까?

**이노다 기요미즈시텐(INODA 清水支店)**
교토 토종 커피 브랜드인 이노다 커피는 1940년 원두 도매상으로 출발해 1947년에 오픈했으며 히로시마와 삿포로 등에 지점을 두고 있다. 산조에 위치하고 있는 본점을 비롯해 교토 내에 6개의 지점을 보유하고 있는데, 본점을 제외하고 기요미즈시텐이 가장 인기가 많다. 고풍스러운 외관의 기요미즈시텐은 높은 천장을 가진 실내와 호텔리어 복장을 한 직원들 때문인지 왠지 메이지시대로 거슬러 올라간 듯하다. '아라비아의 진주'라는 뜻을 가지고 있는 '아라비아의 신주(アラビアの真珠)'는 이노다 대표 커피 브랜드다. 또한 자체적으로 케이크 공장이 있어 케이크 및 브런치 메뉴 또한 인기가 많다. 야외 테라스도 인기가 좋다. 커피 가격은 대략 500엔, 조식 세트메뉴는 대략 1,200엔 정도다.

**요지야 기요미즈산넨자카점(よーじや 清水産寧坂店)**
교토 미인의 얼굴을 로고로 사용하고 있는 교토의 토종 화장품 브랜드로 1904년에 개업했으며 각종 미용용품과 화장품을 취급하고 있다. 여성들에게 인기가 많은 브랜드로 교토 여행 기념선물로도 손색이 없다. 다양한 제품군을 보유하고 있으며 이 중에서도 기름종이, 유자향 립밤, 마유고모리 핸드크림 등이 인기 상품이다. 교토 명소 곳곳에 지점이 위치하고 있어 쉽게 찾을 수 있으며 기요미즈미치에도 분점이 있다.

**기요미즈지점 영업시간:** 일반 07:00~19:00(마지막 주문 16:30) 봄·가을 시즌 월~금 09:00~19:00(마지막 주문 18:30) 주말 및 연휴 09:00~20:00(마지막 주문 19:00) 단 식사 메뉴는 더 일찍 마감됨. 조식 메뉴는 09:00~11:00 연중무휴 **주소:** 京都市東山区清水3-334 **전화번호:** 075-532-5700 **본점 영업시간:** 07:00~19:00 **휴무일:** 연중무휴 **주소:** 京都市中京区堺町通三条下ル道祐町140 **전화번호:** 075-221-0507 **홈페이지:** www.inoda-coffee.co.jp

**기요미즈산넨자카점 영업시간:** 09:30~18:00(벚꽃시즌에는 영업시간 연장있음) **휴무일:** 연중무휴 **주소:** 京都市東山区清水3-334 靑龍苑内 **전화번호:** 075-532-5757 **기요미즈점 영업시간:** 09:45~18:00(벚꽃시즌에는 영업시간 연장있음) 연중무휴 **주소:** 京都市東山内松原通大橋東四丁目清水二丁目211番地1 **전화번호:** 075-744-1522 **홈페이지:** www.yojiya.co.jp

### 교바이신안(京梅心庵)

매서운 강추위의 2월, 가장 먼저 개화하는 매화(매실)는 봄을 알리는 꽃 중 하나로 특히 일본에서는 번영을 상징하는 행운의 꽃으로 여겨져 조금 더 특별하게 느껴진다. 교바이신안은 그런 매실을 소금에 절여 만든 츠케모노(漬物) 우메보시(梅干し) 전문점으로 국산 100% 최고급 품종의 매실을 사용하며 합성착색료나 합성보존료는 사용하지 않는다고 한다. 그 밖에 다양한 매실 제품을 만날 수 있어 선물용으로도 좋다.

**영업시간:** 10:00~18:00 **휴무일:** 연중무휴 **주소:** 京都府京都市東山区清水3丁目331-1 **전화번호:** 075-531-0157 **홈페이지:** www.kyo-baishinan.jp

### 분노스케차야 기요미즈점(文の助茶屋 清水店)

메이지 말기에 창업한 곳으로 교토 사람들이 가장 사랑하는 간식인 와라비모찌(蕨もち)와 아마자케(甘酒)로 기요미즈데라 일대에서 유명한 곳이다. 와라비모찌는 인절미 모양으로 고사리 전분을 이용해 만든 것이다. 우리 입맛에는 와라비모찌의 맛이 다 비슷하다 싶어도 일본 사람들은 이곳의 와라비모찌를 단연코 으뜸으로 꼽는다. 아마자케는 한문으로 감주라고 적고 있어 우리 식혜와 비슷하게 느껴지지만 단맛을 더하는 생강을 넣어 뜨겁게 먹는 음식으로 톡 쏘는 맛이 일품이다. 생강은 특이하게도 뚜껑 위에 올려져 나온다. 아마자케는 매년 3월 3일 여자 어린이의 건강과 행복한 미래를 축복하는 히나마츠리(雛祭)에 먹는 전통음식이다. 기요미즈데라 일대에는 본점과 기요미즈점, 2군데가 있다. 와라비모찌와 아마자케 세트메뉴 가격은 대략 900엔 정도다. 그 외 콩가루 아이스크림도 인기메뉴다.

**기요미즈점 영업시간:** 09:45~18:00(벚꽃시즌에는 영업시간 연장있음) **휴무일:** 부정기(설날, 공휴일, 봄·가을 시즌에는 휴무 없음) **주소:** 京都市東山区清水3丁目333-3 **전화번호:** 075-561-3172 **본점 영업시간:** 10:00~17:30(마지막 주문 17:00) **휴무일:** 부정기(설날, 공휴일, 봄·가을 시즌에는 휴무 없음) **주소:** 京都市東山区下河原通東入八坂上町373 **전화번호:** 075-561-1972 **홈페이지:** www.bunnosuke.jp/eccube

### 교토 곤약구 샤본(京都蒟蒻しゃぼん)

교토 곤약구 샤본은 일본의 사찰요리인 쇼진요리(精進料理)에 빠질 수 없는 음식 재료인 곤약을 이용해 만든 비누 가게로 이곳의 비누는 물에 닿으면 곤약처럼 말랑말랑해진다. 가격이 다소 비싼 편이지만 세안비누의 경우 말차(抹茶), 유자(柚子), 금(金) 등의 여러 가지 재료를 이용해 보습과 모공 수축, 투명한 피부, 탄력 등 기능성 수제비누라는 점을 감안하면 그리 비싼 편이라고 할 수는 없을 듯하다. 세숫비누 외에 다양한 종류의 비누를 취급하고 있으며 원하는 종류의 비누를 미리 테스트해보고 구매할 수 있도록 준비되어 있다. 교토의 전통이 담긴 비누 포장은 선물용으로도 손색이 없을 만큼 독특하다.

**영업시간:** 10:00~17:30(주말 및 공휴일 18:00) **휴무일:** 연중무휴 **주소:** 京都市東山区清水3-338-39 **전화번호:** 0120-808-469 **홈페이지:** kyoto-shabon.com

### 후지나미 니넨자카점(藤菜美 二年坂店)

일본 대표 국민간식이라고 할 수 있는 미다라시 단고(みたらしだんご) 전문점으로 현지인들이 줄을 서서 기다릴 정도로 인기 있는 곳이다. 찹쌀로 만든 단고 외에도 녹차로 만든 단고도 있으며 커피와 함께 세트메뉴로도 판매하고 있다. 골목길 산책을 하다가 출출할 때 간단히 먹기에는 가격 부담도 없는 미다라시 단고가 제격이다. 가게 안쪽에는 앉아서 먹을 수 있도록 작은 공간도 마련되어 있다. 니넨자카 외에 기요미즈미치에도 지점이 있다.

**영업시간:** 10:00~18:00 **휴무일:** 부정기 **주소:** 니넨자카에 위치함. **전화번호:** 0120-81-2478 **홈페이지:** www.kyoto-fujinami.jp

### 치리멘 사이쿠칸 니넨자카점(ちりめん細工館 二年坂店)

치리멘 사이쿠칸은 치리멘으로 만든 공예품점으로 본점은 아라시야마에 위치하고 있다. 치리멘은 오글쪼글한 비단천으로 간사이 지방에서 오랫동안 사랑받고 있는 소재다. 옛날 교토에서는 정성을 들여 염색한 치리멘으로 기모노를 많이 만들어 입었는데 이런 기모노가 대물림되었다. 이렇게 대물림된 기모노가 낡고 해지면 기모노의 자투리를 잘라 집안의 소품이나 인형을 만들어 사용했다. 이처럼 치리멘에는 물건을 소중히 여기는 교토 사람들의 오랜 전통이 담겨 있다. 이런 전통을 되살려 현대적인 기념품으로 재탄생시킨 치리멘 사이쿠칸의 기념품들은 교토를 더욱 특별하게 기억하게 한다.

**영업시간:** 10:00~18:00 **주소:** 京都市東山区高台寺南門通下河原東入ル桝屋町349-6 **전화번호:** 075-533-6455 **홈페이지:** www.chirimenzaikukan.com

### 헬로키티 사료 (はろうきてぃ茶寮, Hello Kitty tea house)

일본인들이 가장 사랑하는 캐릭터인 헬로키티 캐릭터숍이다. 헬로키티를 활용한 다양한 캐릭터 상품은 일본 전통이 가미되어 교토만의 느낌이 물씬 묻어난다. 매장 안쪽으로는 헬로키티 카페가 있으며 식사를 비롯해 디저트 메뉴를 즐길 수 있다. 헬로키티 카페가 있는 곳에서 내부로 동구리교와교쿠로 연결된다.

### 크라프트 이치넨자카 (くらふと一寧坂)

산넨자카나 니넨자카에 비해 다소 한산한 골목길인 이치넨자카에 위치하고 있는 공예품 전문점으로 도자기동물, 색종이, 그릇, 유리천, 스트랩, 손수건 등 다양한 소품이 진열되어 있다. 아날로그 감성이 듬뿍 담긴 제품들을 구경하는 재미가 있다. 또한 사계절이 뚜렷한 교토의 계절감이 더해진 상품들도 전시되어 있는데, 계절마다 다른 상품을 볼 수 있어 색다른 기분을 느끼게 한다.

**영업시간:** 상품매장 09:30~18:00, 카페 10:30~17:30(마지막 주문 17:00) **휴무일:** 연중무휴 **주소:** 京都市東山区高台寺南門通下河原町東入桝屋町363番22の2 **전화번호:** 상품매장 075-541-1117, 카페 075-541-1210 **홈페이지:** www.telacoya.co.jp/kt **구글지도검색:** Hello Kitty Saryo

**영업시간:** 10:30~17:30 **휴무일:** 연중무휴 **주소:** 京都府京都市東山区高台寺南門通下河原東入舗屋町362-19 **전화번호:** 075-525-2267 **홈페이지:** www.2nenzaka.ne.jp/article/17 **구글지도 검색:** Craft Ichinenzaka

### 동구리 교와교쿠 니넨자카점 (どんぐり共和国二寧坂店)

우리에게도 잘 알려져 있는 지브리 스튜디오의 캐릭터숍이다. '이웃집 토토로' '센과 치히로의 행방불명'을 비롯해 최신작인 '바람이 분다' 등 세계적인 인기를 누리고 있는 지브리 스튜디오의 캐릭터를 한자리에서 만날 수 있다. 다양한 캐릭터로 만든 아이디어 넘치는 상품들이 전시된 공간은 흡사 애니메이션의 한 장면을 눈앞에서 보는 듯하다. 넋 놓고 구경하다 보면 어느새 시간이 훌쩍 지나가기 일쑤다. 이곳은 지브리 스튜디오의 애니메이션 마니아라면 필수 코스다.

### 마메키치혼포 기온시모카와라점 (豆吉本舗 祇園下河原店)

전국 주요 도시에 약 160개의 지점을 보유하고 있는 콩과자 전문점으로 야사카 신사의 남쪽 루몬(八坂神社の南楼門)을 따라 직진하면 위치하고 있다. 말차, 치즈, 매실, 버섯, 검은깨, 벚꽃 등 다양한 재료를 이용해 만든 형형색색의 콩과자는 우리가 상상하는 모든 맛을 전부 갖추고 있다고 해도 과언이 아니다. 콩과자는 남녀노소 할 것 없이 인기를 끌고 있어 일본 현지인들이 선물용으로도 선호하는 품목이다. 가격도 그리 비싸지 않은 편이며 콩과자를 시식한 후 구매할 수 있어 좋다.

**영업시간:** 10:30~18:30 **휴무일:** 연중무휴 **주소:** 京都府京都市東山区高台寺桝屋町363 **전화번호:** 075-541-1116 **홈페이지:** www.benelic.com

**영업시간:** 10:00~19:00 **휴무일:** 연중무휴 **주소:** 京都市東山区下河原安井月見町21 **전화번호:** 075-533-6064 **홈페이지:** www.mame-kichi.jp

### 한 걸음 더 1

히가시야마의 상징
## 야사카노토 八坂の塔

히가시야마 어디에서 보든 우뚝 솟아 있는 약 46m의 고주노토(伍重塔, 오중탑)는 교토의 또 하나의 상징이라 할 만큼 교토 관광포스터에 어김없이 등장한다. 고주노토가 있는 곳은 원래 호칸지(法觀寺)라는 사찰이 있었던 곳이었으나 절은 소실되고 현재는 무로마치시대였던 1440년에 복원한 고주노토만 남아 있다. 호칸지는 592년 쇼토쿠 태자(聖德太子)가 발원한 절로 고구려 사신이었다가 도래인으로 정착한 이리지(伊利之)가 창건했다. 이리지는 일본 왕실에게 야사카노미야쓰코(八坂造)라는 성을 하사받았기에, 원래 이름인 호린지 대신 야사카지(八坂寺)라고도 불리며 탑 역시 야사카노토라고 불리고 있다.

특히 웅장한 야사카노토와 이를 둘러싸고 있는 골목의 주택가와 어우러지는 고즈

넉한 풍경이 교토를 더욱 운치 있게 만들고 있다. 탑의 꼭대기에서 주변 경관을 조망할 수 있다. 또한 야사카노토에서 대로변인 히가시오지도리(東大路通り)까지 이어지는 길을 야사카도리(八坂通)라고 하는데, 이 길은 또 하나의 히가시야마 골목길이라고 할 수 있다. 그러니 시간적 여유가 된다면 골목의 정취를 천천히 음미해보길 바란다.

✚ 이용 안내

▶ **이용시간:** 10:00~16:00   ▶ **휴무일:** 부정기   ▶ **이용요금:** 중학생 이상 500엔   ▶ **주소:** 京都府京都市東山区八坂通下河原東入八坂上町388   ▶ **전화번호:** 075-551-2417   ▶ **홈페이지:** www.ekyoto.idv.tw/kyotowalk/rakutou/rakutou-10.htm   ▶ **구글지도 검색:** Yasaka no To Pagoda(Hokan-ji)

### 한 걸음 더 2
금각, 은각 다음엔 동각이라고!
# 기온가쿠 祇園閣

우뚝 솟은 야사카노토를 지나 네네노미치를 걷다 보면 그 길 끝 왼쪽으로 특이한 모양의 탑이 보인다. 바로 정토종 사찰인 다이운인(大雲院)의 기온가쿠다. 다이운인은 1587년 오다 노부나가(織田信長)와 그의 아들을 기리기 위해 창건한 절로, 원래 데라마치에 있었으나 1973년에 이곳으로 이전했다. 참고로 오다 노부나가는 일본의 전국시대 및 아즈치모모야마시대의 무장이자 다이묘로 일본의 혼란기인 전국시대를 평정했으며 도요토미 히데요시, 도쿠가와 이에야스와 더불어 일본 중세에서 빠지지 않고 언급되는 인물이다.

기온가쿠는 1928년 오쿠라 재벌(大倉財閥)의 설립자인 오쿠라 기하치로(大倉喜八郎)가 지은 별장의 일부로, 전망대로 활용하기 위한 용도였다. 높이 약 36m로 교토의 금각(金閣) 및 은각(銀閣)과 대비되는 동각(銅閣)으로 지어졌으며 가느다란 탑의 꼭대기에는 금계(金鷄)가 서 있다. 여름에 한정된 기간에 특별 공개되며 평소에는 개방하지 않는다.

✚ 이용 안내

▶**주소:** 東山区祇園町南側594-1  ▶**전화번호:** 075-531-5018  ▶**이용안내:** 비공개(단 여름 특별공개 기간에만 개방, 이용요금 성인 600엔, 소학생 300엔 특별개방 날짜와 시간은 교토시관광협회 075-213-1717 문의)

## 한 걸음 더 3

알록달록 원숭이 인형이 매달려 있는
### 야사카 코신도 八坂 庚申堂

코신도는 조그마한 절에 알록달록한 원숭이 인형이 매달려 있어 나라(奈良)에 온 듯한 착각이 들게 만든다. 코신도는 코신상(庚申さん)이라고 불리는 청면금강(靑面金剛)을 모시고 있어 '야사카노코신상(八坂の庚申さん)'이라는 애칭을 가지고 있다. 코신(庚申, 경신)신앙은 중국에서 전해진 도교 및 밀교에 일본 고유의 신앙이 융합되면서 발전했다. 도교에서는 인간의 몸 안에 살고 있는 삼시충(三尸虫)이라는 벌레가 경신일(庚申日)이 되면 몸에서 빠져나와 인간의 악행을 신에게 고해바치고 수명을 단축시킨다고 믿었다. 그래서 사람들은 코신마치(庚申待ち)를 통해 장수를 기원하며 삼시충이 몸에서 빠져나가지 못하도록 밤새 기도를 드리며 잘못을 뉘우쳤다고 한다. 특히 청면금강이 이 벌레를 먹는다고 해서 뜨거운 숭배의 대상이 되고 있다. 지금도 1

년에 6번 공식적인 코신마치를 시행하고 있다.

경내 곳곳에는 알록달록한 원숭이 모양의 인형이 손과 발이 묶여 움직일 수 없는 상태로 걸려 있는 쿠쿠리사루(くくり猿, 묶음 원숭이)를 볼 수 있다. 이는 욕망에 따라 행동하는 원숭이를 움직일 수 없도록 묶어두어 인간이 꿈을 이루고자 할 때 불필요한 욕망과 탐욕에 달려들지 않도록 일종의 경고 메시지 역할을 한다. 이 원숭이에 소원을 담아 적고 욕심을 하나 참으면 소원을 들어준다고 알려져 있다. 또한 경내에는 보지 않고, 듣지 않고, 말하지 않는 3마리의 원숭이도 있으니 찾아보자.

✚ 이용 안내

▶ **이용시간**: 09:00~17:00  ▶ **이용요금**: 무료  ▶ **주소**: 京都市東山区金園町390  ▶ **전화번호**: 075-541-2565
▶ **홈페이지**: www.geocities.jp/yasakakousinndou  ▶ **구글지도 검색**: Yasaka Kōshindō

### 히가시야마 골목길, 무엇을 먹을까?

## 녹차 퐁뒤 함께 드실래요?
# 주반세루 기온점 스위츠카페
#### JOUVENCELLE 祇園 スイーツカフェ

교토 양과자점인 주반세루는 녹차를 이용한 퐁뒤(Fondue)를 맛볼 수 있는 곳이다. 일본인 사이에서도 인기가 높은 카페로 기온마츠리가 시작된 1988년에 오픈했다. '주반세루'라는 이름은 '처녀'라는 뜻의 프랑스어로 그 이름 그대로 상품 기획, 생산, 판매까지 모두 여성의 부드러운 감성과 손길을 거쳐 운영되고 있다. 이곳에서 가장 인기 있는 메뉴는 우지 녹차를 이용한 퐁뒤다. 프랑스 대표음식인 퐁뒤를 교토 스타일로 바꾼 주반세루의 퐁뒤는 제철과일과 단고, 파운드케이크를 걸쭉하게 만든 말차 초콜릿소스에 찍어 먹는다.

흰색의 도기로 만든 찬합에 담긴 메뉴들은 깔끔하고 고급스러운 느낌을 풍긴다. 또한 과일의 단맛에 더해지는 녹차의 맛은 환상적인 궁합을 자랑하고 있어 녹차를

녹차퐁듀(가격 1,458엔)

말차 라테

사가노지 케이크(가격 432엔)

싫어하는 사람들이라 하더라도 충분히 즐길 수 있는 메뉴다. 퐁듀를 다 먹고 나면 남은 말차 초콜릿소스에 우유를 부어주는데 말차 라테로 마지막까지 즐길 수 있다. 가격이 다소 비싼 편이지만 독특한 교토 스타일의 퐁듀를 맛볼 수 있다는 점을 감안하면 될 듯하다. 이 밖에도 홋카이도 치즈를 사용한 사가노지(さがの路) 케이크도 인기메뉴다. 인기가 높은 카페라 경우에 따라서는 꽤 오랜 시간 기다려야 하는 경우도 있으니 참고하자.

### ✚ 이용 안내

▶ 영업시간: 10:00~18:00　▶ 휴무일: 부정기　▶ 주소: 京都市東山区八坂鳥居前南入清井町482 京ばんビル2F
▶ 전화번호: 075-551-1511　▶ 홈페이지: www.jouvencelle.jp　▶ 구글지도 검색: Jouvencelle

## 주반세루
## 어떻게 가야 할까?

① 네네노미치에서 계속 직진한다.

② 네네노미치 골목 끝에서 좌회전한 다음, 골목을 따라 직진한다.

③ 골목 끝까지 걸어 내려오면 도로와 만나는 곳 정면으로 주반세루 건물이 보인다.

④ 초록색 노렌이 있는 곳이 주반세루 입구다.

⑤ 주반세루 옆으로 주차장이 있으며 계속 직진하면 야사카진자의 정문인 미나미로몬(南樓門)이 있다.

기온의 랜드마크

## 야사카진자

八坂神社

기온의 시조도리(四条通り)와 마주하고 있는 야사카진자는 일본 전국 약 3천 여개의 신사를 거느리고 있는 야사카진자의 총본산이다. 원래는 칸진인(感神院) 또는 기온지(祇園社)로 불렸으나, 메이지시대인 1868년에 신불분리 정책에 의해 고대에 사용했던 이곳의 지명을 붙여 야사카진자라는 이름으로 변경되었다. 교토 사람들은 이곳을 부를 때 사람과 같은 친근함으로 기온상(祇園さん)이라는 애칭으로 부르기도 한다. 교토에서 가장 오래된 신사 중 하나인 야사카진자의 창건과 관련해서는 여러 설이 있지만, 고구려 사신이었다가 도래인으로 정착한 이리지에 의해 656년에 창건되었다고 받아들여지고 있다.

야사카진자는 신라에서 건너온 신 '스사노오노미코토(素戔嗚尊)'를 제신으로 모시고 있으며 우리나라와도 밀접한 관련이 있는 곳이다. 이 신은 텐노(牛頭天王, 우두천황)라고도 불린다. 고구려의 사신이던 이리지는 신라의 우두산(牛頭山)에 모셔져 있던 스사노오노미코토의 신위(神位)를 모셔와 지금의 야사카진자를 세웠고, 이리지는 왕실로부터 야사카노미야쓰코라는 성을 하사받았다. 하지만 고구려 사신인 이리지가 왜 신라의 신을 교토로 모셔온 것인지에 대해서는 여전히 미스테리로 남아 있다.

야사카진자는 기온마츠리가 열리는 곳으로 유명하다. 기온마츠리는 일본의 3대 마츠리 중 하나로, 기온마츠리를 즐기기 위해 일본은 물론이고 세계 각지에서 많은 사람들이 교토를 찾고 있다. 기온마츠리는 10세기경 역병에 걸리지 않도록 기원하는 제례인 어령회(御靈會)에서 유래했다. 예로부터 일본 사람들은 재앙을 가져오는 신이라 하더라도 경건한 예배를 통해 수호신으로 바꿀 수 있다고 믿었다. 869년 교토에서 전염병이 유행했을 때 역신을 달래기 위해 야사카진자에서 헤이안신궁의 신센엔(神泉苑)까지 당시 66개였던 소국가(小國家)와 연관된 산 모양을 본뜬 가마인 '야마(山)'에 6m 길이의 호코(鉾, 양쪽 면에 칼날이 있는 창)를 세워 기온의 신을 모시고 가마에 태워 역병 퇴치를 기원한 것이 그 효시다. 이후 기온마츠리는 일본의 수많은 마츠리의 기원이 되었고, 천 년이 넘는 시간을 이어져 내려오며 2009년 유네스코 인류무형문화유산에 등재되었다.

7월 한 달간 열리는 축제에서 주요 볼거리는 7월 14일부터 시작되는 전야제와 7월 17일 오전에 교토 중심가를 순례하는 가마 행렬인 '야마호코(山鉾)' 순행이다. 특히 야마호코 순행은 기온마츠리의 하이라이트로 꽃, 목제, 금속 장신구 등으로 화려하고 정교한 장식을 선보여 '움직이는 미술관'이라고 불린다. 그 밖에도 야사카진자는 한 해의 평안을 기원하기 위해 섣달 그믐 저녁에 열리는 오케라사이(白朮齋)와 정월의 첫 참배를 위한 하쓰모데(初詣, 신년 인사)로 많은 사람들이 찾는 곳이다.

✚ 이용 안내

▶관람시간: 24시간  ▶입장료: 무료  ▶주소: 京都府京都市東山区祇園町北側 625  ▶전화번호: 075-561-6155  ▶홈페이지: www.yasaka-jinja.or.jp  ▶기온마츠리 공식 사이트: www.gionmatsuri.jp  ▶구글지도 검색: Yasaka Shrine

> **Tip.** 야마호코순행 시간 및 노선은 기온마츠리 홈페이지(www.kyoto-np.co.jp/kp/koto/gion)에서 확인 가능하다. 참고로 일본의 3대 마츠리는 교토의 기온마츠리·오사카의 텐진마츠리(天滿祭)·도쿄의 간다마츠리(神田祭)다. 교토의 3대 마츠리는 헤이안신궁의 지다이마츠리(時代祭)·가미가모진자의 아오이마츠리(葵祭)·야사카진자의 기온마츠리다.

기온 거리의 기준이 되는 야사카진자는 교토 사람들이 기온에서 약속을 잡을 때 약속 장소로도 사랑받는 곳이라고 한다. 그만큼 기온의 중심이자 핵심이라고 봐도 좋겠다. 히가시야마 골목길을 따라 걸으면 도착하게 되는 야사카진자. 고구려 사신이 창건하고 신라 신을 모시고 있는 오묘한 야사카진자는 그래서 친근하게 느낄 수밖에 없는 곳이라고 생각했다. 하지만 그것은 혼자만의 착각! 어디에도 우리 것의 흔적은 찾을 수 없었다. 이 땅을 건너간 도래인이 토착민의 신앙과 섞인 뒤 수천 년의 세월이 흘렀으니 우리 것과 같기를 바란다는 것 자체가 어불성설이지 않은가. 다만 그들이 살다간 흔적은 '야사카'라는 지명으로 영원히 남았다. 기온의 중심에 있음에도 불구하고 그리 큰 규모는 아니기에 천천히 둘러봐도 30분이면 충분했다. 한 바퀴를 돌아보고 발길을 그냥 돌리기가 아쉬워 혼덴(本殿) 뒤편으로 이어진 마루야마 공원으로 향했다. 봄에는 봄 축제인 하나미(花見. 일종의 벚꽃구경) 때문에 교토 사람들이 벚꽃 나무 아래에서 밤이 늦도록 먹고 마시며 즐기느라 온통 소란스러웠던 공원이었건만. 가을 낙엽이 뒹구는 마루야마 공원은 그때와 비교하면 상상이 안 될 정도로 한적하고 조용했다. 다음에 다시 교토를 찾는다면 그때는 찌는 한여름 기온마츠리 기간에 맞춰 방문하리라.

# 야사카진자
## 어떻게 가야 할까?

① 시 버스 12번, 46번, 100번, 201번, 202번, 203번, 206번을 이용한다(교토역 출발 기준).

② 기온에서 하차한다.

③ 버스 뒤쪽으로 직진한 다음 건널목을 건너면 야사카진자의 니시로몬(西樓門)이다.

④ 교토역 방면에서 출발한 경우 버스 정류장 C, 긴카쿠지 방면에서 출발한 경우 버스 정류장 A가 기온버스 정류장이다.

⑤ 야사카진자를 관람한 후 주요 관광지로 이동한다면 행선지와 버스 번호를 참고하자.

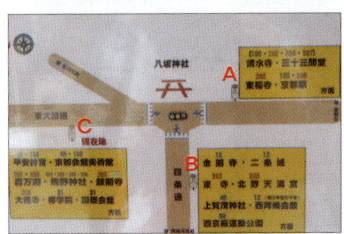

# 야사카진자
# 어떻게 즐겨볼까?

### 니시로몬
야사카진자의 주요 출입구다. 기온의 대로변인 시 조도리와 마주보고 있어 많은 사람들이 이용하지만 정문은 아니다.

### 부덴(舞殿)
봉납행사 외에도 결혼식이 열리는 곳이다. 이곳에 달린 등불은 기온의 요정에서 봉납된 등불로, 밤을 환하게 밝히며 색다른 느낌을 자아낸다.

### 혼덴
야사카진자의 중요문화재로 1070년에 소실된 후 1654년에 세워진 것으로 신덴(神殿)과 레이도(禮堂)가 결합된 건축양식을 띠고 있다.

혼덴은 신불조화 사상의 대표적인 건축물로 정면 7칸, 측면 6칸이다. 전면 중앙 3칸에는 계단이 있으며 특히 부쓰도(佛堂) 건축을 닮은 건물의 외관이 무척 특이하다.

**우쓰쿠시고젠샤(美御前社)**
혼덴의 뒤편에 있는 작은 신사로 아름다움을 관장하는 세 여신을 모시고 있다. 이 신사의 오른편에 있는 미용수(美容水)를 얼굴에 바르면 미인이 된다고 알려져 있다.

혼덴의 뒤편으로 이어진 길을 따라 올라가면 마루야마코엔(円山公園)으로 이어진다.

**미나미로몬**
야사카진자의 정문이다. 니시로몬으로 들어와 혼덴에서 오른쪽 방향에 있다.

미나미로몬 앞에 세워진 석조 토리이는 1666년에 세워졌으며 높이 약 9.5m로 웅장함을 자랑한다. 미나미로몬을 이용해 기요미즈데라가 있는 히가시야마 일대까지 모두 걸어서 이동이 가능하다.

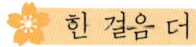 한 걸음 더

교토에서 가장 오래된 공원
## 마루야마 코엔 円山公園

야사카진자의 혼덴 뒤편으로 이어지고 있는 마루야마 코엔은 교토에서 가장 오래된 공원으로 1886년에 만들어졌다. 공원 안에는 약 700여 그루의 벚나무가 있어 봄이면 교토 시민들의 나들이 장소로 인기가 높다. 일본 사람들은 '꽃은 당연히 벚꽃!'이라고 할 정도로 국화인 벚꽃을 매우 특별한 꽃이라고 여긴다. 특히 봄에는 많은 사람들이 하나미를 즐긴다.

하나미(花見, 일종의 벚꽃 구경)는 벚나무에 신이 머문다고 생각했던 고대 사람들이 풍작을 기원하는 봄의 축제가 이어져온 것으로 에도시대에 대중화되었다. 벚나무가 많은 마루야마 코엔 역시 하나미로 유명한 곳으로, 하나미를 즐기는 사람들을 밤늦게까지 만날 수 있는 곳이다. 수백 그루의 벚나무 가운데 유독 눈에 띄는 벚나무가

있으니 바로 시다레자쿠라(枝垂れ桜)다. 가지가 늘어지는 수양벚나무인 시다레자쿠라는 약 12m의 높이로 밤이면 사방으로 조명을 받아 더욱 아름다운 자태를 빛낸다. 벚꽃 아래 삼삼오오 둘러앉아 먹고 마시며 하나미를 즐기는 교토 사람들을 만나는 재미는 교토의 색다른 매력이다. 초여름에는 붓꽃이, 가을에는 단풍이 곱게 물드는 드넓은 마루야마 코엔 안에는 작은 연못과 연못 주위로 찻집 등이 즐비하고, 곳곳에 쉼터가 있어 천천히 산책하며 둘러보기에 좋다. 봄에는 야간 라이트업이 새벽 1시까지 이어진다.

▶ **구글지도 검색:** Maruyama Park

> 야사카진자, 무엇을 먹을까?

## 교토 대표음식
## 사바스시 전문점 이즈주
鯖寿司, さばずし いづ重

바다와 멀리 떨어져 있는 교토는 다른 도시들과 색다른 음식문화를 탄생시켰는데 그 중 하나가 바로 사바스시, 즉 고등어 초밥이다. 바다에서 갓 잡은 생선을 멀리 떨어진 교토까지 운반하게 되면 쉽게 상하기 때문에 이를 보완하고자 소금 간을 한 고등어로 초밥을 만들어 먹게 된 것이다. 우리나라 안동시에서 간고등어가 탄생한 것과 같은 맥락이다. 사바스시는 교토에서 꼭 먹어야 하는 음식 1순위로 꼽히고 있으며 사바스시로 가장 유명한 곳이 바로 이즈주다.

이즈주는 1781년에 창업했으니 무려 220년이 넘는 역사를 이어오고 있다. 이즈주의 사바스시는 고등어 한 마리를 통째로 사용한 스가타스시(姿寿司) 형태로 고등어의 뼈와 내장을 제거하고 소금과 식초로 간을 한 후 다시마에 감싸 숙성시켜 스시를

만드는데, 먹을 때는 다시마를 빼고 먹으면 된다. 이곳은 원래 사바스시보다 이나리스시(유부초밥)로 유명했던 곳으로 이나리스시 안에 우엉, 유자, 삼열매(麻の実) 등이 들어가 맛 또한 일품이다. 사바스시, 이나리스시, 상자 모양의 하꼬스시 등 단품메뉴는 물론이고 다양한 종류의 초밥을 한꺼번에 즐길 수 있도록 인원수에 따라 세트메뉴가 구성되어 합리적인 가격으로 초밥을 즐길 수 있다. 가격은 종류에 따라 다르지만 800~3,500엔 정도로 사바스시가 포함된 2인 세트메뉴는 2,500엔 이내다. 영업시간이 종료되기 전이라도 그날 준비한 스시가 다 팔리면 문을 닫는 곳이니 참고하자. 야사카진자의 니시로몬 바로 맞은편에 위치하고 있다.

✚ 이용 안내

▶영업시간 : 10:30~19:00(마지막 주문 18:30)  ▶휴무일 : 수요일 및 부정기(수요일이 공휴일인 경우 영업하며 그다음 목요일이 휴일)  ▶주소 : 京都府京都市東山区祇園町北側 292-1  ▶전화번호 : 075-561-0019  ▶홈페이지 : www.kyoto-wel.com/shop/S81113

게이코와 마이코가 있는
# 기온 거리
祇園

야사카진자 니시로몬에서 정면으로 가모가와(鴨川)까지 뻗어 있는 약 480m의 시조도리 일대는 교토에서도 관광객들이 가장 많이 찾는 번화가, 즉 기온이다. 기온 일대는 전통을 고스란히 간직하고 있는 마치야(町屋)들이 줄지어 있는데, 이곳에서는 교요리(京料理) 전문점과 전통 찻집 외에도 다양한 음식 전문점을 비롯해 수많은 기념품 가게가 영업을 하고 있다.

무엇보다 교토 여행에서 가장 기대하는 것 중 하나가 게이코(芸妓)와 마이코(舞妓)를 만날 수 있는 하나마치(花街)가 몰려 있는 곳이다. 참고로 게이샤의 정식 명칭은 '게이기(芸妓)'인데 교토에서는 '게이코', 도쿄에서는 '게이샤'라고 부른다. 하나마치는 400년이 넘는 역사를 가진 교토의 유흥가로, 교토에는 5개의 하나마치(伍花街, 고카가이)가 있는데 기온코부(祇園甲部), 미야가와초(宮川町), 본토초(先斗町), 기온히가시(祇園東), 가미시치켄(上七軒)이다.

이 중 가미시치켄을 제외하고 모두 기온 일대에 위치하고 있다. 이들은 모두 각각의 하나마치를 상징하는 그들만의 문양이 있으며 매년 게이코의 무도공연인 오도리(をどり)가 펼쳐진다. 교토 제일의 유흥가라고 할 수 있는 기온 일대를 천천히 걸으며 또 다른 교토의 옛 정취를 만나는 즐거움을 느껴보자.

▶ **구글지도 검색:** Gion

교토의 기온은 뭐니뭐니 해도 게이코와 마이코가 있는 거리로 유명하다. 이는 교토를 대표하는 이미지이기도 하다. 10년 전 교토를 여행했을 때 히가시야마 거리 일대와 기온에서 저녁 나절이면 게이코와 마이코를 쉽게 볼 수 있었다. 그러나 이번 여행에서는 게이코와 마이코를 만나기가 생각만큼 쉬운 일이 아니었다. 메이지시대에 2천여 명이 넘었던 게이코가 이제는 1백여 명 정도 밖에 안 된다고 하니, 이젠 교토에서 게이코와 마이코를 만나는 일을 행운으로 생각해야 할 듯하다. 교토 중에서도 특히나 전통적인 교토를 느낄 수 있는 하나마치는 가장 세속적이면서도 가장 낭만적인 길이었다. 특히 기온 대로변에서 한 골목 안으로 들어오면 실개천인 시라카와(白川)와 접하고 있는 기온신바시의 봄은 두고두고 잊지 못할 풍경이었다. 소위 말하는 화류의 장소인 기온은 그야말로 꽃(花)과 버드나무(柳)가 어우러지는 화류(花柳)로 가득 차 있었다. 벚꽃은 하늘을 온통 덮고 있어 고개를 치켜들어야 했고 사진을 찍기 위해 드러눕다시피 하니 벚꽃 이불이 따로 없었다. 어둠이 내리는 시간, 내친김에 본토초로 향했다. 두 사람 정도가 지날 수 있는 좁은 골목길의 본토초는 기온과는 또 다른 느낌이었다. 그것도 잠시, 저 멀리서 또각또각 빠른 속도로 누군가가 내 등 뒤로 걸어온다. 희미했던 소리는 점점 더 선명해졌고 10cm의 오코보(おこぼ, 게다의 일종)를 신고 회색 칠의 화장을 한 마이코가 바람처럼 지나간다. 그녀가 일으킨 분 냄새가 아찔하다. 교토의 깊은 밤에 취했다.

## 기온 거리 스폿 ①

### 실개천이 흐르는
### 기온신바시 祇園新橋

실개천인 시라카와(白川)가 흐르고 있어 기온 일대에서도 가장 낭만적인 풍경을 만날 수 있는 기온신바시다. 벚나무와 버드나무가 흐드러지고 오래된 마차야가 실개천과 어우러지며 한 폭의 그림이 따로 없다. 이 지역은 전통적 건조물군보존지구(伝統的建造物群保存地区)로 지정되어 있으며, 이곳 역시 전통 목조가옥인 마차야 거리가 질서정연하게 형성되어 있다. 마차야는 정면에서 보면 입구의 정문만 보이기 때문에 매우 작을 것 같지만, 막상 안으로 들어가면 뒤쪽으로 길쭉한 직사각형을 띄고 있다. 옛날에는 건물에 매기는 세금을 도로와 접하고 있는 면에 따라 세금을 책정했기 때문에 이런 구조로 건물을 지었다고 한다.

기온신바시와 어우러지는 시라카와의 주변 풍경이 뛰어나 이 일대는 옛날부터

요지야 기온점에서 한 블록을 지나 RAAK 간판에서 우회전한 다음 계속 직진하면 시라카와가 흐르는 기온 신바시가 나온다.

기온 코부를 나타내는 문양

많은 문인들에게 사랑을 받았다. 기온을 각별히 사랑한 문인 요시이 이사무(吉井勇)의 와카(和歌, 일종의 정형시)를 새긴 가니카쿠니(かにかくに) 시비도 볼 수 있다. 매년 11월 8일에는 요시이 이사무를 기리기 위해 '가니카쿠니 축제'가 기온 코부의 행사로 열리고 있다. 시라카와를 따라 벚나무와 수양버들나무, 단풍나무 등이 골고루 식재되어 봄이면 벚꽃이, 여름이면 수양버들이, 가을이면 단풍이 아름다워 교토 사람들의 웨딩촬영 장소로도 인기가 높은 곳이다. 해 질 녘과 밤 풍경이 아름다운 곳으로, 특히 벚꽃이 휘날리면 봄밤의 정취가 환상적이다.

### 기온 거리 스폿 ②

외국인에게 가장 많이 알려진
## 하나미코지도리 花見小路

하나미코지도리는 시조도리에서 남쪽으로 겐닌지(建仁寺)까지 약 1km 정도 직선으로 이어지는 거리로, 이 일대가 바로 기온 코부다. 에도시대의 옛 모습을 고스란히 간직하고 있는 교토의 전통 거리로 외국에 많이 소개되면서 기온을 방문한 외국인들이 빼놓지 않고 찾는 곳이기도 하다. 이곳에는 전통 오차야를 비롯해 음식점, 찻집 등이 영업하고 있지만 모든 곳에 게이코와 마이코가 있는 것은 아니다. 가게 앞에 걸린 등을 자세히 보면 여러 가지 문양을 볼 수 있는데, 고카가이에 해당하는 그들만의 문양이 있는 곳만 게이코와 마이코가 일을 하는 오차야다.

하나미코지도리의 남쪽 끝부분에는 기온코너가 위치한다. 마이코가 선보이는 교토의 전통 춤 교마이(京舞), 일본 전통 희극인 교겐(狂言), 다도, 거문고, 꽃꽂이 등 일

요지야 기온점 맞은편으로 건널목을 건너면 오른쪽에 커피숍이 보이는데, 이 골목이 하나미코지도리 입구다.

기온코너

하나미코지도리를 나타내는 문양

본의 전통예능 7가지를 한 무대에서 만나볼 수 있다. 정기공연은 오후 6시와 7시, 하루 2차례 공연으로 공연시간은 약 50분 정도다. 하나미코지도리는 낮에는 평범한 교토의 거리와 별로 다를 게 없어 보이지만, 해 질 녘 즈음이면 오차야로 출근하는 게이코와 마이코를 만날 수 있고 교토 제일의 유흥가로 대변신을 한다.

▶ 기온코너 홈페이지: www.kyoto-gioncorner.com

기온 거리 스폿 ③

## 기온의 밤은 낮보다 아름답다
### 본토초 先斗町

시조가와라마치(四条河原町)에서 산조도리 남쪽까지 이어지는 본토초는 2~3명 정도가 겨우 지나갈 정도의 좁은 골목길이다. 다다미돌이 깔린 좁은 골목길을 걷다 보면 어느새 옛 교토 거리의 감성이 느껴지는 곳이다. 교토 대부분의 가게들이 일찍 문을 닫는 것과 달리 본토초는 늦은 시간까지 교토의 밤 문화를 즐길 수 있는 곳으로 오히려 늦은 밤이 더욱 활기찬 곳이라고 할 수 있다.

일본어라고 하기엔 낯설게 느껴지는 본토초는 포르투갈어인 'ponta'에서 유래되었다고 전해지는데, 이곳과 무슨 연관이 있으며 왜 본토초라 부르는지는 자세히 알려져 있지 않다. 이 일대는 가모가와의 범람으로 인해 강을 정비하면서 생긴 매립지에 오차야와 여관이 들어서면서 교토 최고의 유흥가가 되었다. 좁은 골목 양쪽으로

본토초를 나타내는 문양

고급 음식점들이 즐비하며 대부분 가격이 꽤 비싼 편이다. 게다가 환락가 분위기가 여전히 남아 있어 입구와 달리 안쪽으로 이동하면 간혹 성인업소들도 있으니, 이곳에서 유흥을 즐기고 싶다면 음식 가격과 분위기 등을 주의 깊게 살펴봐야 한다.

그럼에도 불구하고 교토에서 제일 번화한 거리인 시조가와라마치에서 한 골목만 들어가면 나오는 좁은 골목길 본토초는 오랜 전통을 간직하면서도 현대적인 문화가 뒤섞여 있어 꽤 매력적이다. 특히 여름이면 시원한 가모가와의 강바람을 맞으며 식사나 차, 주류 등을 즐길 수 있다. 다만 강이 보이는 자리는 별도의 자릿세를 부담해야 하니 참고하자. 본토초 가는 방법은 지도를 참조할 것.

▶ 구글지도 검색: Pontocho Area

# 기온
## 어떻게 즐겨볼까?

### 파르페와 사탕 천국, 기온 고이시(祇園小石)
기온 거리에서 이곳 파르페를 먹지 않으면 서운하다고 할 정도로 일본인들 사이에서도 유명한 디저트 카페다. 기온 고이시 1층은 선물하기 좋은 사탕 가게로, 2층은 디저트 카페로 운영되고 있다. 교토의 사탕은 고온에서 졸인 다음 단시간에 냉각하는 교토만의 사탕 제조방식은 사탕의 표면이 투명하면서도 매끈해 깔끔한 단맛을 자랑, 교아메(京飴)라는 특별한 이름을 붙이고 있다. 기온 고이시는 70년이 넘는 사탕 가게로 3대에 걸쳐 일본 전통 방식을 고집하며 사탕을 만들고 있다. 다양한 디저트 메뉴 중 가장 인기 있는 메뉴는 흑설탕을 재료로 맛을 낸 고쿠도 파르페(黒糖パフェ)와 우지산 녹차를 이용해 맛을 낸 말차 파르페(抹茶パフェ)다. 파르페 가격은 대략 1,000~1,200엔 정도다.

### 기온의 얼굴, 요지야 기온점(よ−じや 祇園店)
전통 화장도구, 기초 화장품, 세안용품, 화장도구 등 요지야의 거의 모든 제품을 선보이고 있으며 1층과 2층으로 운영되고 있다. 1904년에 오픈했으니 그 역사만 해도 100년이 넘는다. 특히 기온에 위치하고 있는 요지야점은 게이코나 마이코도 이곳의 화장품을 사용했다고 한다. 가장 유명한 제품은 요지야에서 처음 만든 기름종이 아부라토리가미(油取り紙)로 한번 써본 사람들은 다른 제품을 사용하지 못할 만큼 피지 제거에 탁월한 효과를 자랑하고 있다. 그 밖에도 향긋한 유자향 립밤, 알로에 추출물이 함유되어 있는 종이비누, 천연보습 성분으로 입소문을 타고 있는 마유고모리 핸드크림 등이 인기가 높다. 또한 칠기 미니 손거울, 요지야 로고가 들어간 손가방, 지갑 등 액세서리들도 살 수 있다. 2층에는 색조나 파운데이션 화장품을 테스트해볼 수 있으며 1층 매장 옆 건물에 요지야 카페가 운영중이다. 교토 기념품으로도 혹은 선물용으로 손색이 없어 여성들에게 특히 후한 점수를 받고 있다.

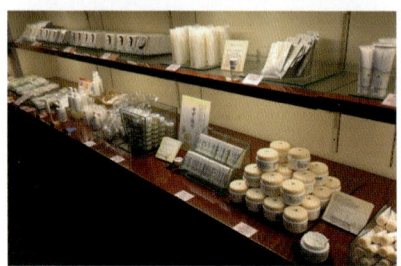

**영업시간:** 10:30~19:00(마지막 주문 18:00) **주소:** 京都市東山区祇園町北側 286-2 **전화번호:** 075-531-0331 **홈페이지:** www.g-koisi.com **가는 방법:** 고등어 초밥 전문점인 이즈주에서 기온 거리로 이동하면 바로 근처에 위치한다. 자세한 위치는 지도를 참조하자.

**영업시간:** 10:30~20:00 **휴무일:** 연중무휴 **주소:** 京都市東山区祇園四条花見小路東北角 **전화번호:** 075-541-0177 **홈페이지:** www.yojiya.co.jp **가는 방법:** 기온의 대로변에 위치한다. 자세한 위치는 지도를 참조하자.

### 시라카와의 낭만을 품은 기온 고모리(ぎおん小森)

기온신바시의 마차야가 궁금하다면 기온 고모리로 가보자. 기온신바시 입구에 놓인 조그만 다리 '다츠미바시(巽橋)'를 건너 바로 정면으로 보이는 마차야가 바로 기온 고모리다. 건물 앞에는 멋들어진 키 큰 버드나무 한 그루가 있어 정면에서 보면 출입문밖에 보이지 않아 아담하게 느껴진다. 그러나 입구에 들어서는 순간 복도를 따라 다다미방이 이어지는 길쭉한 구조에 놀라게 된다. 게이코가 일하던 오차야였던 곳을 카페로 개조해 운영하고 있는데, 맨 안쪽의 다다미방은 한쪽은 중정을 품고 있고 한쪽은 시라카와를 접하고 있어 최고의 명당자리다. 이곳의 주요 메뉴는 고사리 전분을 이용해 만든 와라비모찌, 우지의 녹차를 이용해 만든 파르페, 아이스크림과 젤리, 걸쭉한 팥죽 위에 밤과 경단을 곁들인 고모리 안미츠, 젠자이(단팥죽) 등이 있다. 다양한 디저트 메뉴는 한 끼 식사 가격과 견줄 만하지만 이 정도쯤의 사치는 부려도 좋을 듯하다. 대략적인 디저트 가격은 800~1,500엔 정도다.

### 니신소바 원조집! 소혼케 니신소바 마츠바(總本家 にしんそば 松葉) 본점

바다와 멀리 떨어져 있는 교토의 특수한 지형 때문에 발달한 니신소바는 교토가 원조인 음식이다. 1861년에 창업한 소혼케 니신소바 마츠바는 니신소바가 탄생한 원조집이다. 2대 점주였던 마츠노 요산기치(松野与三吉)는 흉년이 들어 식량이 부족하자 영양실조로 쓰러지는 사람들을 위해 주식과 다름없는 메밀에 단백질을 섭취할 수 있는 방법을 고민하다가 당시에 많이 잡히던 청어를 말려 메밀 소바와 곁들이자 맛도 좋고 영양도 만점인 니신소바가 탄생했다. 달짝지근한 청어와 깊은 맛이 더해진 육수에 주문과 동시에 수타로 만들어지는 쫄깃한 메밀국수의 환상적인 조화는 청어가 비릴 것이라는 고정관념을 단숨에 무너뜨린다. 온 소바를 기본으로 냉 소바 메뉴와 더불어 공깃밥이 추가된 세트메뉴도 있다. 그 밖에 단품메뉴의 소바와 우동도 가능하다. 1층에는 포장된 니신소바를 판매하고 있으며 식사는 2층에서 가능하다. 소바 가격은 대략 1,200~1,400엔이다. 교토역 2층에도 입점해 있다. 자세한 위치는 첫째 날 일정지도를 참조하자.

**영업시간:** 평일 11:00~20:00(마지막 주문 19:30) 일요일 및 공휴일 11:00~20:00(마지막 주문 19:30) **휴무일:** 수요일(수요일이 공휴일인 경우 영업함) **주소:** 京都府京都市東山区新橋通大和大路東入元吉町61 **전화번호:** 075-561-0504 **홈페이지:** www.giwon-komori.com **가는 방법:** 기온신바시 입구의 조그만 다리 '다츠미바시(巽橋)'를 건너 바로 정면에 키 큰 버드나무가 있는 마차야가 바로 기온 고모리다. **구글지도 검색:** 기온 고모리

**영업시간:** 11:00~21:30 **휴무일:** 수요일(단 수요일이 공휴일인 경우에는 영업함. 계절에 따라 영업시간이 변경될 수 있음) **주소:** 京都府京都市東山区四条大橋東入ル川端町192 **전화번호:** 075-561-1451 **홈페이지:** www.sobamatsuba.co.jp **가는 방법:** 게이한전철 기온시조역(祇園四条駅) 6번 출구에 위치하며 미나미자(南座) 옆 건물이다. 자세한 위치는 지도를 참조하자.

### 본토초의 밤은 재즈카페에서, 헬로돌리(ハロードーリィ,Hello Dolly)

모든 곳이 일찍 문을 닫는 교토에서 밤에 즐길거리가 없어 아쉽다면 본토초가 그 답이다. 이런 본토초 골목에는 비슷비슷한 음식점들이 이어지고 있는데 오래된 LP판이 걸린 독특한 카페가 눈에 띈다. 바로 헬로돌리다. 이곳에서 40년 넘게 재즈 카페를 이어오고 있는 헬리돌리는 LP 음악을 들을 수 있다는 점 때문에 교토 피플들이 단골로 찾는 곳이기도 하다. 특히 매주 금요일과 토요일에는 라이브로 재즈를 즐길 수 있어 교토 여행을 좀 더 특별하게 만들어줄 것이다. 라이브 연주는 대략 1시간 정도이고, 연주 시간에는 주문(식음료 및 안주메뉴 등) 금액과는 별도로 라이브 요금 약 1천엔 정도를 별도로 부담해야 한다. 라이브 연주팀과 스케줄은 홈페이지에서 확인이 가능하다.

### Tip. 급행버스

기온이 위치한 시조도리 대로변에서는 JR 교토역 방면으로 이동하는 버스가 없기 때문에 야사카진자나 시조가와라마치로 이동해야 한다. 하지만 밤에는 JR 교토역까지 요루버스(よるバス)가 운행되므로 편리하다. 기온과 교토역을 운행하는 요루버스는 급행과 직행이 있다. 운행시간은 20:00~21:30이고 배차 간격은 10분이다. 버스 탑승은 게이한 전철 기온시조역 6번 출구로 나오면 미나미자라는 건물 앞에 위치한 시조게이한마에(四条京阪前) 버스 정류장을 이용하면 된다.

**영업시간:** 일반 18:00~25:30 일요일 및 공휴일 18:00~24:30(단 공휴일 전날은 25:30까지) 라이브 공연: 매주 금·토 (1회) 20:00 (2회) 21:30 (3회) 23:00 **기타:** 카드 사용 가능 **주소:** 京都府京都市中京区先斗町通四条上る松本町 161 **전화번호:** 075-241-1728 **홈페이지:** hellodolly.hannnari.com **구글지도 검색:** Hello Dolly

## 400년 역사, 교토의 부엌
# 니시키 시장 錦市場

1615년 에도시대에 문을 연 니시키 시장은 교토에서 가장 번화한 데라마치도리(寺町通り)에 위치한 재래시장으로 400년이 넘는 시간 동안 교토의 부엌을 책임지고 있는 곳이다. 거리 양쪽으로 약 400m 줄지어 있는 150여 개의 가게에는 생선, 채소, 건어물, 츠케모노(漬物, 절임반찬), 정육점, 쌀, 해산물은 물론이고 잡화, 주방도구, 그릇, 기념품 등 없는 것을 찾아보기 힘들 만큼 다양한 물건이 사람들을 불러 모으고 있다. 옛날부터 황궁을 비롯해 고급 료칸, 음식점 등에 식자재를 납품했던 곳으로서 재래시장이라고 만만히 볼 수 없는 역사를 지닌 곳이다.

원래 니시키 시장은 지하수를 이용한 우물을 냉장고 대신으로 이용하면서 날것을 차게 보관할 수 있었다. 그래서 처음에는 어시장으로 출발했는데 채소나 반찬 등 교토 사람들의 먹거리를 파는 가게들이 늘어나면서 지금의 모습을 갖추었다. 그러다가 1927년 교토 중앙도매시장이 생기면서 대부분의 가게는 도매시장으로 옮겨갔고 니시키 시장은 소매시장으로 바뀌면서 한때는 없어질 위기에도 처했다. 그러다가 NHK방송을 통해 '교토의 부엌'으로 전국에 소개되면서 유명세를 타기 시작했고 다행히 시장은 활기를 되찾았다고 한다.

오랜 역사를 가진 재래시장답게 교토 현지인들이 많이 찾는 니시키 시장. 특히 일본에서 가장 큰 명절인 신정 연휴가 되면 우리나라의 재래시장이 붐비듯 새해맞이 음식을 준비하는 현지인들로 시장은 발 디딜 틈이 없을 정도로 붐빈다. 이처럼 니시키 시장은 평범한 교토 사람들의 모습을 가장 직접적으로 볼 수 있는 곳으로, 천장에는 아케이드가 설치되어 있어 날씨에 상관없이 시장 구경을 즐길 수 있다. 시장 구경에서 절대 빼놓을 수 없는 것이 바로 시장표 음식일 터. 시식이 가능한 다양한 츠케모노, 뜨끈뜨끈한 어묵, 두부 아이스크림과 두부 도넛, 초콜릿 크로켓, 각종 꼬치구이는 물론이고 스시, 회, 덮밥 등 한 끼 식사까지 모두 가능하다.

니시키 시장은 오후 5시가 넘어가면 문을 닫기 시작해 6시 정도면 대부분 문을 닫는다. 또한 대체로 수요일과 일요일에는 쉬는 점포가 많으니 참고하자. 자세한 위치는 이 책 '교토 메인 스트리트 한눈에 보기' 지도를 참조하자.

✚ 이용 안내

▶ **영업시간:** 대략 09:30~18:00(점포마다 다름) ▶ **전화번호:** 075-211-3882 ▶ **홈페이지:** www.kyoto-nishiki.or.jp ▶ **구글지도 검색:** Hello Dolly

# 니시키 시장
## 어떻게 가야 할까?

① 시 버스 5번을 이용한다(교토역 출발 기준).

② 시조타카쿠라(四条高倉) 정류장에서 하차한다(다이마루 백화점[大丸百貨店前] 앞에 위치한다).

③ 버스에서 하차한 다음 버스 앞쪽으로 직진해 건물(다이마루 백화점)을 끼고 좌회전한다. 그러면 사카이마치도리(境町通リ)로 들어서게 된다.

④ 신생은행(新生銀行)이 있는 골목을 따라 계속 직진하면 니시키 시장이 나온다.

**Tip.** 가와라마치역(河原町駅)을 이용하는 경우 가라스마센(烏丸線) 시조역(四条駅)을 이용하면 된다. 시조가와라마치(河原町) 버스 정류장에서는 약 10분 정도 도보로 이동하면 된다. 다이마루 백화점 뒤쪽 골목이 니시키 시장이다.

# 니시키 시장
## 어떻게 즐겨볼까?

### 니시키 텐만구(錦天滿宮)
데라마치도리와 접하고 있으며 니시키 시장 입구에 위치하고 있는 신사로 헤이안시대에 창건되었다. 원래는 다른 곳에 있었으나 1587년 도요토미 히데요시의 도시계획에 의해 이곳으로 이전했고, 400년이 넘는 시장의 역사와 함께하고 있다. 상업과 학문의 신을 모시고 있어 시장 상인들과 학생들이 많이 찾는다. 신사 입구에는 니시키 노미즈(錦の水)라는 유명한 우물이 있다. 지하 약 30m 아래로 흐르는 지하수가 샘솟는 우물로 연중 17~18℃를 유지하고 있으며 한 번도 마른 적이 없다고 한다. 또한 혼덴 옆에는 동전을 넣으면 움직이는 인형인 가라쿠리(からくり)가 있는데 오미쿠지(おみくじ, 운세 종이)를 뽑을 수 있어 매우 독특한 볼거리다.

관람시간: 08:00~20:30 관람요금: 무료 주소: 京都府京都市中京区新京極通四条上中之町537 전화번호: 075-231-5732 홈페이지: nishikitenmangu.or.jp 구글지도 검색: Nishiki Tenman-gū Shrine

### 아리츠쿠(有次)

무사의 검을 만들던 곳으로 1560년에 창업해 무려 450년이 넘는 칼 전문점으로 대를 이어오고 있으며 현재 18대가 운영하고 있다. 교토에서 내로라하는 시니세로 수제로 만든 주방용 칼의 품질은 교토에서도 명성이 자자하다. 교토 고급호텔이나 레스토랑의 셰프들이 이곳의 칼을 고집할 만큼 매우 좋은 평판을 얻고 있다. 칼의 수명은 약 30~40년 정도이며 칼을 구매하면 칼날에 이름을 무료로 새겨준다. 이 밖에도 냄비를 비롯해 각종 주방기기, 모양 틀 등을 취급하고 있다. 칼의 가격은 우리 돈으로 100만 원을 호가하는 것도 있지만 대략 8,000~11,000엔 정도면 일반적인 칼을 구매할 수 있다. 고가임에도 불구하고 현금 결제만 가능하다.

### 도안 니시키쇼지텐(陶菴 錦小路店)

다이쇼(大正) 10년인 1921년 히가시야마에서 창업을 했으며 교야키(京焼, 교토에서 만들어지는 그릇)를 계승하고 있는 도안은 교토에서도 손꼽히는 도자기 전문점이다. 이곳의 모든 제품은 고급원료를 사용해 숙련된 장인의 손을 거쳐 만들어진다. 고급스러움이 느껴지며 다양한 디자인과 종류의 제품군을 갖추고 있다. 이 중에서도 화초를 모티브로 한 도안의 작품은 화려하면서도 사계절의 풍취가 고스란히 담겨 있어 특히 인기가 높다. 안쪽으로는 카페가 있는데 도안에서 판매되고 있는 찻잔에 커피를 비롯한 음료를 즐길 수 있다. 니시키쇼지텐 외에도 야사카노토 등에 지점이 있다.

관람시간: 09:00~17:30 휴무일: 1월 1일~1월 3일 주소: 京都市中京区錦小路通御幸町西入ル 전화번호: 075-221-1091

영업시간: 10:00~17:00 휴무일: 연중무휴 주소: 京都市中京区錦小路通御幸町西入ル鍛冶屋町215 전화번호: 075-213-5548 홈페이지: www.touan.co.jp

### 츠노키(津之喜酒舖)

니시키 시장에서 전통주를 판매하고 있는 유일한 곳이다. 창업 220년의 시니세로 8대를 이어 영업을 하고 있다. 점주가 전국을 돌며 모은 토속주를 비롯해 다른 곳에서는 보기 힘든 교토산 술을 맛볼 수 있다. 일본 전통주는 물론이고 서양의 와인, 위스키 등 양주까지 다양하게 구비하고 있다. 이곳에서 판매되는 술은 모두 점주의 까다로운 테스팅을 통과한 제품이니 술에 문외한이라고 해도 걱정할 필요는 없다. 특히 오바마 대통령이 일본을 방문했을 때 대접했던 술인 다이긴조(大吟醸)도 판매하고 있다. 교토의 전통주가 궁금하다면 츠노키를 방문해보자.

### 미키케이란(三木鶏卵)

쇼와(昭和) 3년인 1928년에 창업한 다시마키(だしまき, 달걀말이) 가게로, 하루에 사용하는 달걀만도 약 4천 여개나 된다고 한다. 일식 요리의 기본이라고 할 수 있는 달걀말이는 불 조절이 관건인 음식으로 다시마키 전용 팬을 이용한 미키케이란의 기가 막힌 불 조절은 과연 장인의 솜씨라고 할 만하다. 미키케이란의 다시마키는 홋카이도산 다시마와 가쓰오부시를 이용한 육수로 만들기에 카스테라처럼 부드러운 식감과 감칠맛을 자랑한다. 일본에서는 다시마키가 정월 요리에 빠지지 않기 때문에 연말이 되면 미키케이란 앞에는 다시마키를 사기 위해 늘어선 엄청난 줄로 진풍경을 연출하기도 한다. 연말 3일 동안 약 2만 개의 달걀을 사용한다고 하니 그 인기는 상상을 초월한다. 달걀말이 외에도 달걀빵이 인기가 많다.

**영업시간:** 10:00~18:00 **휴무일:** 둘째 주 수요일 **주소:** 京都市中京区錦小路富小路東入ル東魚屋町194 **전화번호:** 075-221-2441 **홈페이지:** www.tsunoki.co.jp

**영업시간:** 09:00~18:00 **휴무일:** 연시를 제외하고 연중무휴 **주소:** 京都市中京区錦小路通富小路西入ル東魚屋町182 **전화번호:** 075-221-1585 **홈페이지:** mikikeiran.com

### 니시키마룬(錦まるん)

알록달록 색깔의 앙증맞은 사탕과 과자, 그리고 잡화를 팔고 있는 기념품 가게다. 화려한 별 사탕, 하트 모양의 사탕, 형형색색의 교토 사탕, 다양한 종류의 녹차 과자 등 재치 넘치는 사탕들이 눈을 즐겁게 한다. 사탕과 과자뿐만 아니라 교토의 특색이 담긴 조미료와 채소잼 등도 취급하고 있다. 아기자기한 기념품들도 있고 진짜 사탕이 들어간 특이한 스트랩도 눈여겨볼 만하다. 니시키점 외에도 니넨자카와 산넨자카, 기온 등에 지점이 있다.

### 라쿠슈안(らくしゅあん)

니시키 시장 중간 즈음에서 한 골목 안으로 들어가면 와시(和紙, 화지)를 취급하는 라쿠슈안이 있다. 와시는 100년 전에는 일반 종이로 사용되었지만 서양에서 들어온 양지가 생활화되면서 현재는 일본 전통 공예품에 많이 사용되고 있다. 교토의 화려함이 담긴 다양한 종류의 와시는 선물용으로 많은 인기를 누리고 있다. 고급스러운 포장지, 종이봉투, 엽서는 물론이고 종이를 이용해 교토의 전통인형으로 만들어진 책갈피 등 다양한 제품들을 보고 있노라면 무궁무진한 종이 활용에 놀라지 않을 수 없다. 교토에서 좀더 색다른 선물이나 기념품을 원한다면 라쿠슈안을 둘러보는 것도 좋겠다.

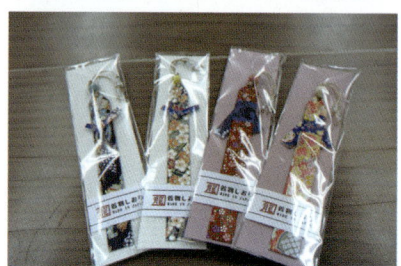

**영업시간:** 10:00~18:00 **휴무일:** 화요일 및 부정기(계절에 따라 변동될 수 있음) **주소:** 京都市中京区錦小路通柳馬場東入ル東魚屋町180 **전화번호:** 075-255-3777 **홈페이지:** www.maisendo.co.jp

**영업시간:** 10:30~17:30 **휴무일:** 일요일 및 공휴일 **주소:** 京都府京都市中京区柳馬場通錦小路上ル十文字町436番地 **전화번호:** 075-231-2386 **홈페이지:** washi-chigirie.jp

### 이노우에츠쿠다니텐(井上佃煮店)

메이지(明治) 17년이던 1884년에 창업해 다양한 종류의 반찬을 취급하고 있다. 원래 생선을 팔던 가게로 출발했으나 집집마다 냉장고가 보급되면서 조림반찬 가게로 전환했다. 교야사이(京野菜, 교토 채소)를 사용한 다양한 교토의 가정식 반찬을 취급하고 있어 교토 현지인들에게 인기가 높은 곳이다. 현지인에게는 반찬이 인기 있지만 관광객들에게는 이 집의 또 다른 명물인 초콜릿 크로켓(チョコレートコロッケ)이 높은 인기를 누리고 있다. 바삭바삭한 튀김옷 안에 초콜릿이 듬뿍 들어 있는 초콜릿 크로켓은 니시키 시장에서 꼭 먹어야 하는 명물로 소문이 자자해 언제나 사람들로 북적인다. 상상이 안 되는 낯선 맛의 느낌은 직접 확인해보자.

### 곤나몬자(こんなもんじゃ)

두유를 디저트로 즐길 수 있는 곳으로 일본 사람들이 교토 여행을 할 때 반드시 찾는 디저트 가게다. 이미 우리나라에도 많이 소개된 곳으로 니시키 시장을 방문한 사람들에게 인기 있는 곳 중 하나다. 이곳의 명물은 두유 도넛과 두유 소프트 아이스크림이다. 두유 도넛은 하루 종일 두유 도넛을 튀겨내야 할 만큼 높은 인기를 누리고 있다. 두유 소프트 아이스크림은 다른 아이스크림에 비해 달지 않아 어른들도 무척 좋아한다. 두유 도넛과 시원한 두유 소프트 아이스크림은 환상의 궁합을 자랑한다. 참고로 니시키 시장에는 테이크아웃 음식 메뉴가 없었는데 곤나몬자가 테이크아웃 메뉴로 도넛과 아이스크림을 팔기 시작하면서 다른 가게들이 이를 따라했다. 그 후 니시키 시장에 테이크아웃 음식 붐이 일었다. 그래도 길거리를 다니면서 먹기가 부담스럽다면 작지만 한쪽 코너에 마련된 실내를 이용하자.

**영업시간:** 09:00~18:00 **휴무일:** 매주 수요일, 매월 첫째·셋째 주 일요일 및 부정기 **주소:** 京都市中京区錦小路通柳馬場西入ル中魚屋町485 **전화번호:** 075-221-4357

**영업시간:** 10:00~19:00 **휴무일:** 연중무휴 **주소:** 京都市中京区錦小路堺町通角中魚屋町494 **전화번호:** 075-255-3231 **홈페이지:** www.kyotofu.co.jp

### 후미야(富美家, FUMIYA)

후미야는 우동·소바 전문점으로 니시키시장 안쪽과 곤야몬자에서 한 블록 위쪽 두 곳이 있다. 이곳의 인기메뉴는 후미야나베이다. 후미야나베는 보글보글 끓는 냄비에 통통한 우동 면발을 비롯해 찹쌀 100%를 이용한 떡, 새우튀김, 어묵, 조림 표고버섯, 청파, 계란 등이 푸짐하게 들어가 있으며 날달걀이 올라가 있어 절로 군침이 돌게 한다. 주메뉴 외에는 기본 반찬 등이 없으며 고명이 푸짐한데 비해 의외로 국물은 다소 심심한 편이라 조금 아쉽다. 하지만 부담 없는 가격은 장점이다. 후미야나베 외에도 기쓰네소바, 카레우동, 니신소바 등의 메뉴가 있으며 식사 메뉴 외에도 디저트로 파르페 등도 취급하고 있다. 우동 가격은 메뉴에 따라 다르지만 600~700엔 정도다.

### 비노카이단(Bの階段)

비노카이단은 일본인이 즐겨 먹는 오차츠케를 맛볼 수 있는 곳이다. 오차츠케는 녹차의 '오차(お茶)'와 담그다는 뜻을 가진 '츠케루(漬ける)'가 합쳐진 말로, 녹차 국물에 밥을 말고 김, 가쓰오부시, 연어, 도미, 우메보시 등 다양한 재료를 곁들여 먹는 음식이다. 국에 밥을 말아 먹지 않는 일본 식문화를 생각하면 오차츠케는 매우 특이한 음식이라고 할 수 있다. 비노카이단은 약 40석 정도 되는 작은 규모로 인테리어도 별로 눈에 띄지 않을 만큼 평범하지만 100년이 넘는 역사를 자랑한다. 가다랑어와 히다카(日高)산 다시마 국물을 이용해 직접 만든 육수는 굳이 다른 재료를 곁들이지 않아도 될 만큼 깊고 진한 맛을 자랑한다. 구운 명란젓, 연어 등의 오차즈케 메뉴가 있으며 교토에서 생산되는 채소로 만든 다양한 종류의 파스타는 또 다른 별미다. 그 밖에 맛깔나는 다양한 디저트들도 맛볼 수 있다. 니시키 텐만구에서 왼쪽 맞은편의 데라마치 거리에 있으며 아식스 건물 2층에 있다. 간판이 작아서 잘 안 보이니 아식스 간판을 찾는 것이 수월하다. 오차츠케 가격은 대략 1,100~1,500엔 정도다.

후미야나베(富美家鍋)

카레우동(牛肉カレーうどん)

**이용시간**: 평일 11:00~16:30(마지막 주문) 주말 및 공휴일 11:00~17:00(마지막 주문 16:55) **휴무일**: 1월 1일, 2일 **주소**: 京都市中京区堺町通蛸薬師下る菊屋町519 **전화번호**: 075-222-0006 **홈페이지**: http://www.kyoto-fumiya.co.jp
**니시키시장 영업시간**: 10:00~18:00 휴무일 1월 1일, 2일

**영업시간**: 평일 11:00~20:30 주말 및 공휴일: 11:00~22:00 **휴무일**: 수요일 및 셋째 주 목요일(셋째 주는 수·목 양일간 휴무일) **주소**: 京都市中京区寺町通錦小路下ル東大文字町294カドマビル2F **전화번호**: 075-241-1786 **홈페이지**: http://www.b-kaidan.jp

둘째 날,
# 낭만열차 타고 가는
## 교토 서쪽!

**둘째 날, 일정 한눈에 보기**

1. 아라시야마
2. 료안지
3. 킨카쿠지
4. 기타노텐만구

일본 사람들도 타보고 싶어하는 교토의 명물, 란덴연선! 벚꽃 사이를 달리는 낭만열차를 타고 교토 서쪽 구석구석을 누비는 찰진 재미. 난 이미 교토 피플!

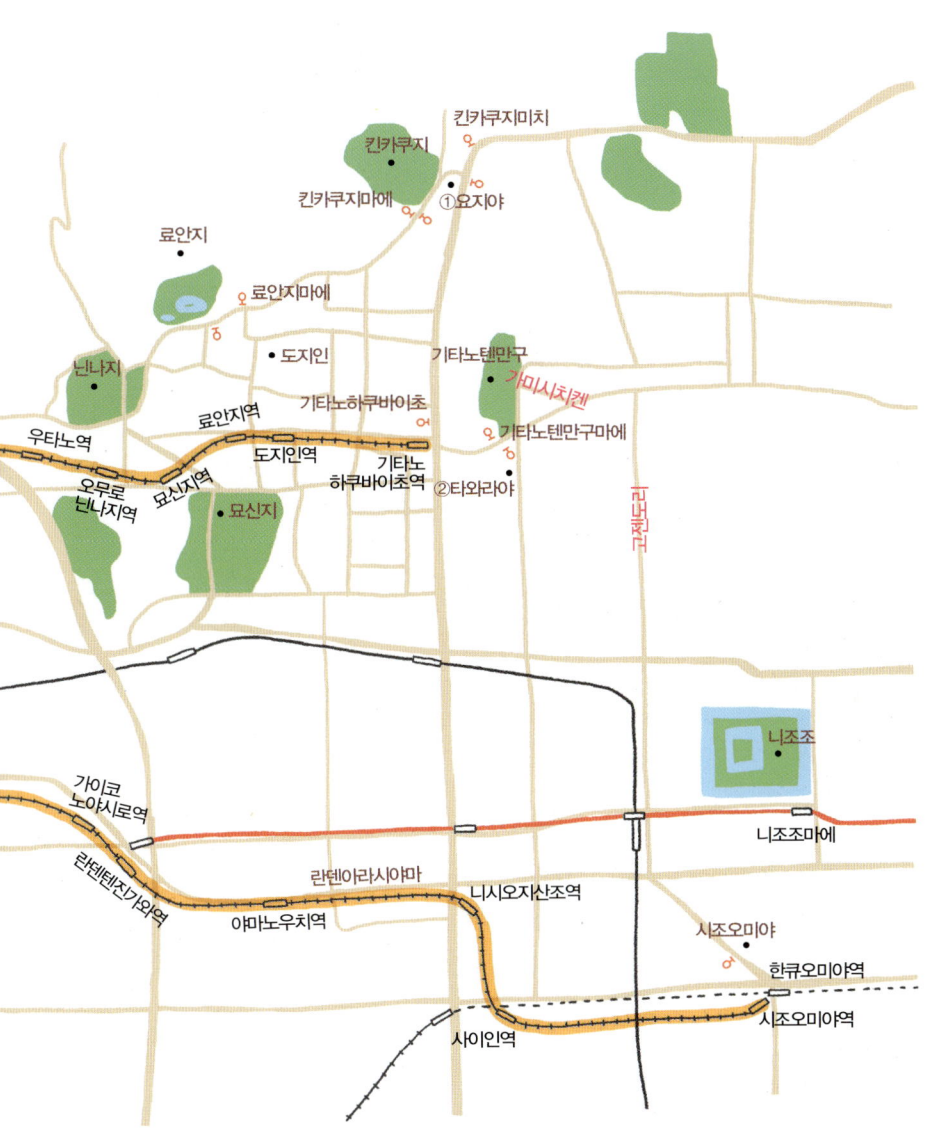

교토 귀족들의 휴양지

# 아라시야마
嵐山

봄에는 벚꽃이, 가을에는 단풍이 장관을 이루는 교토 북서쪽 외곽의 아라시야마. 이곳은 세계문화유산으로 지정된 천년 고찰 덴류지, 달이 건너는 다리 도게츠교, 일본에서 아름다운 길로 손꼽히는 대나무 숲 치쿠린, 인연을 맺어준다는 노노미야진자, 계곡을 가로지르는 도롯코 열차, 가을 단풍이 아름다운 조잣코지 등이 있어 교토의 반나절 혹은 하루 여행지로 각광받고 있다. 산과 계곡, 그리고 강이 어우러지는 그림 같은 풍경의 아라시야마는 헤이안시대 귀족들의 휴양지로 인기 만점이었고, 이들은 앞다투어 별장을 짓고 뱃놀이를 즐겼다. 또한 일본 중세 시기의 문인들은 파란만장한 난세를 피해 이곳으로 숨어들어, 그들의 작품 속에 주옥같은 아라시야마의 풍경을 남기기도 했다.

하지만 아라시야마는 우리에게는 다른 이유로 좀더 특별하게 다가오는 곳이다. 바로 5세기 후반 한반도에서 아라시야마로 도래한 하타씨(秦氏)의 발자취를 찾을 수 있기 때문이다. 교토에 터전을 잡은 하타씨는 우수한 토목과 관개 기술로 아라시야마의 가쓰라가와(桂川) 일대에 큰 제방을 쌓았다. 그 덕분에 잦은 범람으로 사용하지 못했던 땅은 옥토가 되었고 농업 생산량이 크게 늘었다. 그 결과 고대 교토가 비약적으로 발전할 수 있는 기반이 형성되었다고 전해진다. 이 제방은 가쓰라가와에 고스란히 남아 있다.

교토 귀족들의 휴양 관광지이자 우리에게 특별한 인연으로 다가오는 아라시야마는 지금도 여전히 인기를 누리고 있다. 봄이면 앞다투어 벚꽃이 피고, 여름이면 대숲 사이로 바람이 불고, 가을이면 단풍이 곱게 물들고, 겨울이면 흰 눈이 뒤덮는 아라시야마는 언제나 특별할 수밖에 없다. 12월 초 아라시야마에는 조금 더 특별한 광경이 연출되는데, 바로 '하나토로(花燈路)' 때문이다. 등불축제인 하나토로 기간에는 한큐 아라시야마역부터 도게츠교, 노노미야진자, 치쿠린 등 아라시야마 일대의 산책길 곳곳에 약 2,500개의 경관 조명이 설치되어 오후 5시부터 8시 30분까지 매혹적인 겨울밤을 감상할 수 있으니 참고하자.

### 느낌 한마디

어떻게 돌아보느냐에 따라 반나절, 혹은 한나절 여행지인 아라시야마. 란덴연선을 타고 가니 불과 20분 정도 밖에 걸리지 않는데도 왠지 꽤 먼 곳으로 향하는 느낌이 들었다. 가장 먼저 간 곳은 세계문화유산인 덴류지. '정원의 교과서'로 불리는 지천회유식 정원은 상당히 매력적이었다. 나지막한 주변의 산세와 어우러지는 구불구불한 연못의 곡선. 그리고 흰 모래와 아기자기한 돌들로 이루어진 소겐치 정원은 어디에서 보느냐에 따라 그 경치가 달라져 팔색조 매력을 뽐내고 있었다. 이 정원 하나만 본다고 해도 가히 아깝지 않았다. 특히 벚꽃이 흐드러지는 봄과 단풍이 지는 가을에 이곳을 그냥 지나치면 정말 아까울 것 같다는 생각이 절로 들었다. 북문으로 나가니 대나무 숲 치쿠린이 이어진다. 한 무리의 사람들이 북적이는 곳은 노노미야진자였다. 그리 크지 않은 규모의 신사는 인연을 맺어준다고 해서 특히 여성들한테 인기가 많았다. 처음에는 인연을 맺어주는 신사라고 하니 나름은 믿을 만하다 싶었는데, 교토를 여행하다 보니 이곳도 인연을 맺어주고 저곳도 인연을 맺어준다고 하니 왠지 감흥이 떨어진다. 그것보다는 애틋한 사랑을 품고 있는 노노미야진자로 기억하고 싶다. 노노미야진자를 나와 대나무 사이로 바람의 결이 묻어 있는 치쿠린을 걷는다. 한국의 대나무보다 굵기도 굵고 크기도 큰 대나무들이 죽죽 뻗어 있는 치쿠린을 지나 사카 도롯코 역에 도착했다. 계곡을 달리는 도롯코 열차의 낭만은 타본 사람만 알 것이다. 평소 같았으면 이곳에서 되돌아가겠지만 가을에는 조잣코지를 빼놓으면 섭섭하다. 단풍으로 융단을 깔아놓은 것 같은 조잣코지의 고즈넉한 풍경은 아라시야마의 가을을 더욱 특별하게 만들어주고 있었다. 이제 다시 길을 걸어 도게츠교로 향했다. 물소리가 시원하게 들리는 가쓰라가와는 헤이안 귀족이 앞다투어 별장을 지을 만한 풍경이 펼쳐지고 있었다. 달이 건너는 다리를 건너고 있으니, 마치 내가 달이 되어 건너는 듯 착각이 들었던 아라시야마. 이 모든 것을 돌아보느라 정말 숨찬 반나절이었다.

# 아라시야마
## 어떻게 가야 할까?

### 1. 란덴연선(嵐電)을 이용하는 방법

교토에서 아라시야마까지 이용할 수 있는 교통편은 교토 시 버스를 비롯해 JR, 한큐 전차, 란덴연선 등이다. 이 중 아라시야마의 덴류지와 가장 가까운 란덴연선은 교토에서 아라시야마까지 약 25분 정도 소요되며 많은 사람들이 이용하는 교통수단이다. 란덴연선은 게이후쿠 전철(京福電鐵)의 애칭으로 '아라시야마(嵐)까지 운행하는 전차(電)'라는 의미다. 1910년에 개통해 100년이 넘는 역사를 이어오고 있는 게이후쿠 전철은 일본에 몇 대 남아 있지 않은 노면전차로, 간사이 지방에서는 란덴연선을 비롯해 오사카의 한카이 전차(阪堺電車)가 운행되고 있다.

란덴연선은 아라시야마혼센(嵐山本線)과 기타노센(北野線), 두 노선이 운행되고 있다. 아라시야마혼센은 기타노센시조오미야(四条大宮)와 아라시야마까지 약 7.2km를 운행하며 기타노센은 기타노하쿠바이초(北野白梅町)와 가타비라노쓰지(帷子ノ辻)까지 약 5.8km를 운행하는 노선이다. 아라시야마까지 운행하는 아라시야마혼센과 달리 기타노센을 이용해 아라시야마로 이동할 경우 가타비라노쓰지에서 아라시야마혼센으로 환승을 해야 하며 추가운임 없이 무료로 환승이 가능하다. 교토 여행에서 많이 이용되는 교통수단은 아니지만 킨카쿠지, 료안지, 묘신지(妙心寺), 닌나지(仁和寺), 고류지(廣隆寺) 등의 관광지가 란덴연선과 연계되어 있어 아라시야마와 함께 여행할 계획이라면 매우 유용하다. 특히 기타노센의 경우 봄이면 높은 인기를 한몸에 받게 되는데 우타노(宇多野)와 나루타키(鳴滝)역에 이르는 약 200m의 철길 양쪽으로 벚꽃 터널이 펼쳐지기 때문이다. 간사이 스루패스와 교토 관광 1일 승차권은 사용 당일에 란덴연선을 무료로 이용이 가능하나 교토 시 버스 1일 승차권은 사용할 수 없으니 별도로 란덴연선 승차권을 구매해야 한다. 벚꽃터널과 관련된 자세한 내용은 이 장의 '한 걸음 더 1 - 란덴연선' 편을 참조하자.

✚ 이용 안내

▶ 운행시간: 06:00~24:00  ▶ 요금: 편도 성인 220엔, 아동 110엔, 1일 프리패스 성인 500엔, 아동 250엔, 기타 간사이 스루패스 이용시 무료, 이코카 카드 사용 가능, 한국어 관광지도 있음  ▶ 게이쿠후 전철 홈페이지: randen.keifuku.co.jp

▶ 교토역에서 란덴열차 아라시야마혼센역으로 가는 방법

① JR 교토역 A3 버스 정류장에서 206번 버스를 이용한다(기온 방면에서 출발하는 경우 201번을 이용하면 된다. 교토역 D 버스 정류장에서도 206번이 운행되는데 반대편 방향이니 주의하자).

② 시 버스 시조오미야역에서 하차한 후 버스 진행 반대 방향으로 직진한다.

③ 직진하면 시 버스 201번의 정류장이 있고 도로 건너편으로 한큐오미야역이 보인다.

④ 계속 직진하다가 정면으로 건널목을 건너면 시조오미야역에 도착한다.

▶ 교토역에서 란덴열차 기타노하쿠바이초역으로 가는 방법

① 교토 시 버스를 타고 기타노하쿠바이초역으로 이동한다(10번, 26번, 50번, 101번, 102번, 203번, 205번 시 버스를 이용)

② 버스에서 하차한 후 버스의 뒤쪽 방향으로 직진한다.

③ 건널목을 건너면 기타노하쿠바이초역이 보인다.

**Tip.** 란덴열차를 이용해 아라시야마로 이동할 경우 아라시야마혼센의 시조오미야와 기타노센의 기타노하쿠바이초, 두 군데서 모두 출발이 가능하다. 두 노선 모두 소요시간에 별 차이가 없으니 자신의 여행일정에 따라 이동하기 편한 역을 선택하면 된다. 아라시야마를 먼저 여행한 후 기타노센을 타고 킨카쿠지, 료안지 등을 차례로 돌아보거나 반대로 킨카쿠지를 먼저 돌아본 뒤 기타노센을 이용해 아라시야마로 이동해도 상관없다. 이 경우 기타노센 가타비라노쓰지역에서 환승을 해야 한다.

## 란덴열차 이용방법

① 발권은 자동매표기를 이용한다.

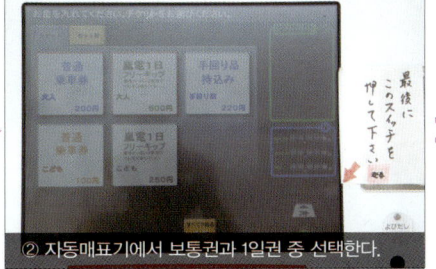
② 자동매표기에서 보통권과 1일권 중 선택한다.

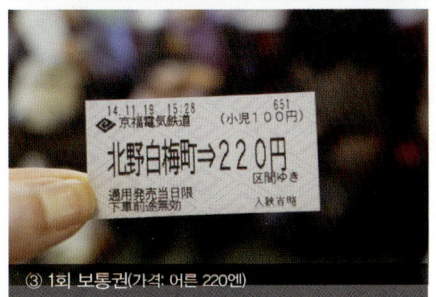
③ 1회 보통권(가격: 어른 220엔)

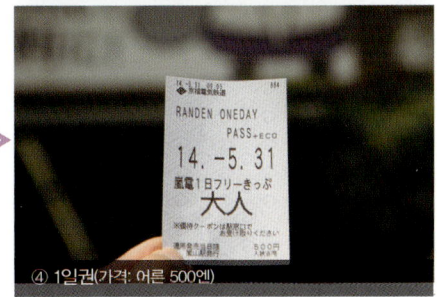
④ 1일권(가격: 어른 500엔)

## 란덴열차

## 2. 교토 시 버스를 이용하는 방법

교토 시 버스를 이용할 경우 시 버스 11번, 28번, 93번은 아라시야마 덴류지마에(嵐山天龍寺前) 정류장에, 시 버스 62번, 64번, 72번, 74번은 아라시야마에키마에(嵐山駅前)에 하차하면 된다. 소요시간은 어디에서 출발하느냐에 따라 시간이 다르지만, 대략 50분~1시간 이상 정도는 예상해야 한다. 란덴연선이나 JR 등 전철에 비해 시간이 더 오래 걸린다. 특히 나들이 철에는 사람들이 한꺼번에 몰려서 교통체증이 심해지니 참고하자.

## 3. JR 혹은 한큐전차를 이용하는 경우

JR의 경우 JR 교토역에서 JR 사가노선을 이용해 JR 사가아라시야마(嵯峨嵐山)역에서 하차하면 된다. 한큐전차의 경우 한큐 가와라마치역에서 출발해 한큐 가쓰라(桂)역에서 환승한 다음, 한큐 아라시야마역에서 하차하면 된다. JR과 한큐전차 모두 덴류지까지 도보로 약 15분 정도 소요된다. 오사카에서 아라시야마를 여행할 경우라면 JR과 한큐전철 모두 이용할 수 있지만 한큐전철이 조금 더 편리하다. 한큐전철을 이용할 경우 오사카 우메다역에서 한큐 교토선을 이용해 한큐 가쓰라역에서 환승하면 된다. JR을 이용할 경우 오사카 우메다역에서 JR을 이용해 JR 교토역으로 이동 후 JR 사가노선을 이용해야 한다. 간사이 스루패스를 이용하면 JR을 제외한 대중교통은 무료로 이용할 수 있으며 한큐 투어리스트패스를 이용하면 한큐전차를 무료로 이용할 수 있다.

## 아라시야마 한눈에 보기

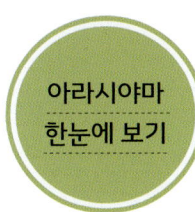

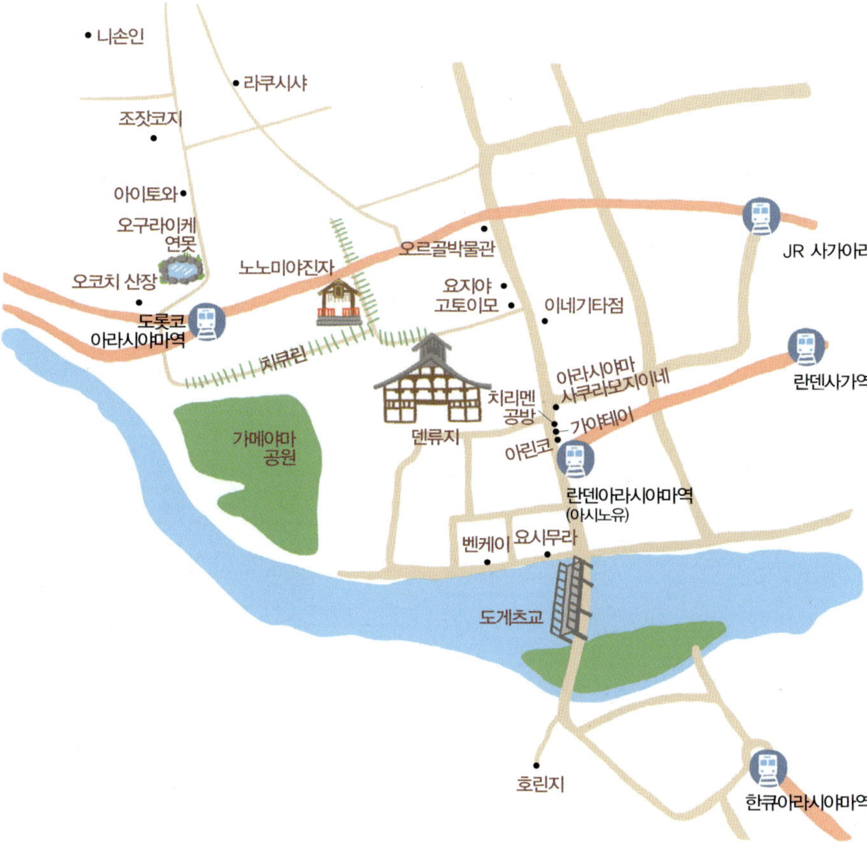

니손인
라쿠시샤
조잣코지
아이토와
오구라이케 연못
오코치 산장
도롯코 아라시야마역
노노미야진자
오르골박물관
요지야
고토이모
이네기타점
치쿠린
JR 사가아라시야마역
란덴사가역
아라시야마 사쿠라모지이네
치리멘 공방
가야테이
아린코
덴류지
가메야마 공원
란덴아라시야마역 (아시노유)
벤케이
요시무라
도게츠교
호린지
한큐아라시야마역

**아라시야마 스폿 ①**

## 아라시야마 최고의 명소!
### 덴류지 | 天龍寺

아라시야마에서 가장 유명한 덴류지는 고다이고 천황(後醍醐天皇)을 기리기 위해 아시카가 다카우지(足利尊氏)가 1339년에 창건한 곳이다. 덴류지는 도후쿠지(東福寺), 쇼코쿠지(相國寺), 겐닌지(建仁寺), 만주지(萬壽寺)와 더불어 교토 오산(伍山, 5대 선종 사찰) 중 하나인데 이 중 제1의 사찰이다. 원래 이곳에는 왕가의 원찰(願刹)과 이궁(離宮)이 있었으며, 이후 헤이안시대에는 단림왕후(檀林皇后)가 창건한 단림사(檀林寺)가 있었다. 그 후 가메야마 천황(亀山天皇)이 머물던 가메야마전(亀山殿)이 건립되었고, 고다이고 천황은 이곳에서 유년기를 보내게 된다. 고다이고 천황이 죽은 1339년에 무소국사의 권유로 아시카가 다카우지가 이곳을 선종 사찰로 개조했다. 무소국사는 사찰 건립에 들어가는 막대한 자금을 중국 원나라 무역선인 '덴류지센(天龍寺船, 천룡

사선'을 통해 조달했다. 1343년에 이르러서야 삼문·불전·법당·방장이 일직선상에 놓인 7당 가람 형식의 대규모 선종사원의 모습을 갖추게 된다. 하지만 1356년에 발생한 화재를 시작으로 오닌의 난(澳仁の亂) 등 8번의 큰 화재를 겪으면서 대부분의 건물이 소실되었고, 현재 남아 있는 건축물은 메이지시대에 재건된 것이다.

덴류지의 가장 큰 볼거리는 조경에 조예가 깊었던 무소국사가 조성한 소겐치(曹源池) 정원이다. 화재로 인해 몇 차례 손을 보긴 했지만 대부분 조성할 당시의 모습이 그대로 남아 있고 그 가치를 인정받아 일본에서 처음으로 국가 사적·특별명승지 제1호로 지정되었으며, 덴류지는 1994년에 세계문화유산에 등록되었다. 또한 료안지, 긴카쿠지 등 교토의 내로라하는 정원이 모두 소겐치 정원을 출발점으로 삼고 있어 '일본 정원의 교과서'로 불리고 있다. 소겐치 정원은 약 1,200평의 규모로 소겐치라는 연못을 중심으로 조성된 산책길을 따라 거닐 수 있게 만든 지천회유식(池泉回遊式) 정원이다. 소겐지 연못의 이름은 정원을 만들기 위해 연못의 진흙 바닥을 팠더니 '소겐잇테키(曹源一滴, 조원일적)'라는 비석이 나온 것에서 유래됐으며 '모든 것의 원천은 한 방울의 물'이라는 의미를 담고 있다. 연못의 안쪽에는 폭포를 표현하고 있는 타키구미이시(瀧石組)가 있는데, 폭포 앞의 돌은 잉어의 모양을 하고 있으며 '잉어가 폭포를 거슬러 올라가 출세해 용이 된다.'는 중국의 고사(故事) '등용문'을 표현한 것이라고 전해진다. 또한 연못 한쪽에는 돌다리가 있는데 3개의 자연석으로 쌓은 돌다리로 일본에서 다리의 형태로 존재하는 가장 오래된 돌다리다. 소겐치를 지나 이어지는 산책로는 다양한 수목들과 함께 돌, 이끼들이 또 다른 풍경을 선물하는 곳이니 놓치지 말자. 본당의 승당 천장에 그려진 운룡도(雲龍図)는 또 하나의 볼거리로 운룡도는 주말과 공휴일에만 특별 공개하며, 봄과 가을에는 일정 기간 매일 공개하는데 홈페이지를 통해 날짜를 공개하고 있다.

✚ 이용 안내

덴류지 ▶관람시간: 08:30~17:30(10월 21일~3월 20일 17:00) ▶요금: 소겐치 정원 고등학생 이상 500엔, 중학생 이하 300엔, 미취학 아동 무료(단, 오호조, 다호텐도 함께 관람할 경우 정원 관람요금 외에 300엔 추가) 운룡도 ▶특별공개 기간: 주말 및 공휴일(단 봄·가을에는 매일 공개) ▶요금: 500엔(덴류지 입장요금 별도) ▶관람시간: 09:00~17:00(10월 21일~3월 20일 16:00) ▶주소: 京都府京都市右京区嵯峨天竜寺芒ノ馬場町68 ▶전화번호: 075-881-1235 ▶홈페이지: www.tenryuji.com ▶구글지도 검색: Tenryū-ji Temple

# 덴류지
## 어떻게 즐겨볼까?

덴류지라고 쓰여진 큰 비석이 있는 곳으로 이동하면 안쪽으로 주차장과 연꽃 연못이 나오는데 연못을 지나면 오른쪽으로 덴류지 입구가 보인다.

### 소우몬(總門)
비석에서 조금 위로 올라오면 사찰로 들어가는 정문인 소우몬이 위치한다. 소우몬에서 직진하면 덴류지 입구에 도착한다. 비석이 있는 쪽 입구나 덴류지 정문인 소우몬, 어느 쪽으로 들어가도 무방하다.

### 쿠리(庫裏, 고리)
종무소가 있는 곳으로 안쪽으로는 주지 스님의 거처인 호조(方丈, 방장)와 연결되어 있다. 쿠리를 통해 오호조 관람이 가능하다(덴류지 관람요금에 100엔 추가된 600엔 입장권을 구매해야 함. 쿠리만 관람은 안 됨).

매표소는 쿠리 왼쪽에 위치하며 이곳에서 표를 산 뒤 출입구로 들어가면 소겐치 정원으로 이어진다.

### 오호조(大方丈)

경내에서 가장 큰 건물로 정면으로 30m, 측면의 20m에 달하며 오호조 옆으로 서원 양식의 고호조(小方丈)와 회랑이 이어진다. 오호조 툇마루와 회랑을 통해 소겐치 정원을 관람할 수 있다.

호조 관람을 원할 경우 매표시에 덴류지 관람 요금에 300엔이 추가된 입장권을 구매하면 된다. 호조 및 회랑만 관람은 안 된다. 쿠리로 입장하면 호조 관람 및 회랑을 통해 소겐치 정원 관람이 가능하다.

### 소겐치 정원

오호조 앞에 자리잡고 있다. 오호조 툇마루 앞에는 수십 미터의 긴 의자가 놓여 있어 소겐치 정원을 관람하는 관람객의 편의를 돕고 있다.

소겐치 정원은 가메야마와 아라시야마의 경치를 정원의 구성요소로 이용하고 있는 샷케이(借景, 차경)기법을 도입해 만든 정원이다. 연못의 남쪽(왼쪽)은 넓게, 북쪽(오른쪽)은 좁게 조성했기 때문에 원근법 효과가 있어 남쪽 너머의 경치는 가깝게, 북쪽 너머의 산은 멀리 있는 것처럼 보이게 한다.

경내에서 소겐치 정원의 위치는 서쪽에 자리 잡고 있는데 이는 서방정토의 구현이라는 의미를 담고 있다. 오호조 앞에 백사(白砂)가 있고 그 앞에 소겐치 정원을 배치했다.

소겐치 연못 안쪽에는 폭포를 형상화한 타키구미이시가 위치한다. 에도시대에는 이 돌에 물이 떨어졌다고 하는데, 돌의 뒤쪽에 그 흔적이 남아 있다고 한다. 이 부근에서 '소겐잇테키' 돌이 출토되었다고 한다.

3장의 자연석으로 쌓은 돌다리로 다리를 형상화했으며 전체적으로 안정감이 느껴진다. 3장의 돌을 쌓아 다리를 표현한 것은 선수업(禪修業)에 있어 필요한 스승·환경·본인의 의지를 나타낸 것이다.

### 다호텐(多寶殿, 다보전)

고다이고 천황상 및 역대 천황 위패가 안치되어 있는 곳으로 소겐치 정원을 지나 북문 쪽으로 이동하면 나온다.

**Tip.** 일반적인 표는 소겐치 정원만 관람이 가능하다. 호조 및 회랑을 관람하려면 표를 구매할 때 300엔을 추가한 입장권을 구매해야 하며 쿠리로 입장을 하면 된다. 소겐치 정원과 호조 및 회랑 둘 다 관람하는 경우라면 호조와 회랑을 먼저 관람한 다음, 소겐치 정원을 둘러보고 치쿠린이 있는 북문으로 나가면 효율적으로 관람할 수 있다. 호조와 회랑 관람만 따로 매표할 수 없으니 참고하자.

덴류지 북문에서도 역시 매표가 가능하다. 북문은 아라시야마의 또 다른 명소인 지쿠린과 바로 연결된다.

덴류지는 벚꽃과 단풍으로도 유명한 곳으로 소겐치를 비롯해 정원 곳곳이 아름답기로 소문이 자자하다.

아라시야마 스폿 ②

인연을 맺어주는
## 노노미야진자 野宮神社

 텐류지의 북문을 지나 대나무 숲길인 치쿠린을 따라 걷다 보면 사람들로 북적이는 조그마한 신사가 나온다. 바로 인연을 맺어주는 신사로 알려져 있는 노노미야진자다. 노노미야진자는 이세신궁(伊勢神宮)에 봉사하는 내친왕(內親王)이 심신의 정결을 위해 거주했던 장소로 3채의 사당이 있다. 중앙에는 일본 신화에 등장하는 태양신 아마테라스 오미카미(天照大神)를 모시고 있고 좌우에 아이고(愛宕), 마츠오(松尾)의 신을 모시고 있다. 역대 천황은 미혼의 공주를 사제로서 신궁에 봉사시켰는데 이를 사이구(斎宮)라고 한다. 사이구로 봉해진 내친왕은 우선 황실 안의 초재원(初齋院)에서 1년 남짓 심신을 정결히 한 후에 노노미야진자로 옮겨와 다시 3년간 정결히 한 뒤에야 이세신궁으로 들어갈 수 있었다. 내친왕이 이세신궁으로 들어갈 때 사이오군코(斎王群行)라는 행렬이 뒤를 따랐는데, 이것을 기념하기 위해 매년 10월 셋째 주에는 100여 명의 사람들이 사이오군코 행렬을 재연하는 축제가 열리고 있다.

다른 신사와 달리 노노미야진자의 입구에는 검은 도리이가 세워져 있다. 구로키(黒木, 나무껍질을 벗기지 않은 목재)로 만든 도리이(鳥居, 신사 기둥 문)로 참나무의 껍질을 벗기지 않고 그대로 사용했는데, 이런 종류의 도리이 중 일본에서 가장 오래된 것이다. 또한 고시바가키(小柴垣, 잡목으로 만든 낮은 울타리) 역시 옛 모습을 그대로 간직하고 있다.

노노미야진자는 인연을 맺어주는 신과 자녀를 점지해주는 신, 그리고 학문의 신 등을 모시고 있기 때문에 여성들에게 인기 있는 신사다. 신사 안에는 1년 이내에 소원이 성취된다고 알려져 있는 오카메이시(お亀石)가 있는데, 어찌나 인기가 많은지 돌의 윗부분이 맨질맨질하게 닳았다. 하지만 교토 사람들에게 노노미야진자는 무엇보다 일본 최고의 장편소설인 겐지모노가타리(源氏物語)의 배경으로 기억되는 곳이다. 겐지모노가타리를 보면 "주인공인 겐지가 이미 결혼한 몸으로 연상의 여인을 흠모했다. 그러나 이 둘은 이루어질 수 없는 사랑이었기에 결국 연상의 여인이 겐지에 대한 미련을 버리고 이세신궁으로 떠날 것을 결심하게 된다. 마지막으로 이들은 만추에 노노미야진자에서 아쉬운 이별을 했다."라고 적혀 있다. 이처럼 애틋한 사랑 이야기를 품고 있는 노노미야진자에 인연을 맺어주는 신을 모시고 있는 것은 당연하게 느껴진다. 노노미야진자는 그리 크지 않은 편으로 약 20분 정도면 충분히 돌아볼 수 있다.

✚ 이용 안내

▶ 이용시간: 09:00~17:00 ▶ 입장료: 무료 ▶ 주소: 京都市右京区嵯峨野宮町1 ▶ 전화번호: 075-871-1972
▶ 홈페이지: www.nonomiya.com

# 노노미야진자
## 어떻게 즐겨볼까?

노노미야진자 입구의 검은색 도리이의 모습. 다른 신사에서 흔히 볼 수 있는 주홍색의 붉은 도리이가 아니라 참나무의 껍질을 벗기지 않고 그대로 사용했다.

노노미야진자의 풍경

**오카메이시**
거북이를 닮은 돌을 어루만지면서 기도하면 1년 이내에 소원을 성취할 수 있다고 알려져 있다.

**노노미야주탄코케(野宮じゅうたん苔)**
이끼를 사용해 아라시야마를 나타낸 미니 정원으로 단풍나무, 동백, 진달래 등이 계절마다 아름답게 피어난다.

아라시야마 스폿 ③

인기 화보촬영 장소
## 치쿠린 竹林

노노미야진자에서 오코치산소(大河内山莊)까지 덴류지 뒤편으로 펼쳐지고 있는 약 200m의 대나무 숲길 치쿠린. 교토 홍보 팸플릿에 어김없이 등장하는 아라시야마의 또 다른 명소다. 치쿠린은 영화 〈게이샤의 추억〉에 등장하면서 동양적인 신비감으로 전 세계인의 마음을 사로잡았으며, 그 외에도 각종 드라마나 연예인들의 화보촬영 장소로도 인기를 더하고 있다. 하늘을 온통 뒤덮은 촘촘한 대나무로 인해 한낮에도 햇빛이 들지 않아 여름에는 청량감을 느낄 수 있는 곳이다.

아라시야마를 여행하는 대부분의 사람들이 빼놓지 않고 치쿠린을 찾는 덕분에 늘 북적이는 곳이지만, 발걸음을 잠시 멈추고 대나무 숲 사이로 불어오는 바람을 느껴보자. 이곳에서 주인공은 바로 당신이다.

아라시야마 스폿 ④

## 아라시야마의 가을을 책임지다
## 조잣코지 | 常寂光寺

만추의 계절이면 아라시야마는 또 한 번의 변신을 한다. 그 중 사람들의 사랑을 독차지하는 곳이 바로 조잣코지(常寂光寺)다. 조잣코지는 가을을 위해 존재하는 곳이라고 해도 과언이 아니다. 오구라야마(小倉山, 소창산) 중턱에 위치하고 있는 조잣코지는 1596년에 지어진 절이다.

가야부키(茅葺き) 양식으로 지어진 니오몬에서 가파른 돌계단의 오르막을 오르면, 경내에는 혼도, 묘켄도(妙見堂), 석가 등을 모신 다보탑(多寶塔)이 있다. 혼도 옆으로 위치한 다보탑은 17세기에 만들어졌기에 그리 오래되지는 않았지만, 화려한 모모야마(桃山) 건축양식으로 중요문화재로 지정되어 있다. 이 다보탑 앞에 서면 아라시야마 일대의 경치를 한눈에 내려다볼 수 있다. 니오몬에서부터 노랑, 빨강의 단풍나무

가 뒤덮여 있는 조잣코지는 여행객들에게 잊을 수 없는 가을을 선물한다. 다른 계절이라면 볼거리 많은 아라시야마이기에 조잣코지는 생략해도 되겠지만, 가을에 조잣코지를 뺀다면 정말 후회하게 되는 곳이다.

✚ 이용 안내

▶ **이용시간:** 09:00~17:00(매표 마감 16:30) ▶ **요금:** 성인 500엔, 중학생 이상 400엔, 초등학생 200엔 ▶ **주소:** 京都市右京区嵯峨小倉山小倉町3 ▶ **전화번호:** 075-861-0435 ▶ **홈페이지:** www.jojakko-ji.or.jp

### 아라시야마 스폿 ⑤

# 달이 건너는 다리
## 도게츠교 渡月橋, 도월교

'달이 건너는 다리'라는 뜻을 가진 도게츠교는 아라시야마의 상징으로, 아라시야마 관광 팸플릿에 어김없이 등장한다. 도게츠교는 가쓰라가와 위에 놓인 왕복 2차선의 다리로 길이는 약 150m다. 9세기경 도창(道昌)스님에 의해 가설된 도게츠교는 원래 현재 위치보다 약 100m 위쪽에 있었다고 한다.

'도게츠교'라는 낭만적인 이름은 1272년 가메야마 상왕(亀山上皇)이 도게츠교를 건너면서 "마치 달이 다리를 건너는 듯하다(くまなき 月の渡るに似る)."라고 읊은 것에서 유래되었다. 도게츠교는 1934년에 안전 문제로 인해 목조 다리를 콘크리트 다리로 보수했기에, 다리 정면에서 보면 흔한 다리처럼 보인다. 그러나 다리 옆에서 도게츠교를 바라보면 다리의 난간 부분과 교각을 받치는 구조물이 나무로 되어 있어

가쓰라가와를 가로질러 놓인 도게츠교

콘크리트 다리지만 다리의 난간과 교각을 받치는 구조물은 나무라서 전통미가 느껴진다.

다리 한쪽에는 다리 이름인 도게츠교가 다른 한쪽에는 오이가와라고 적혀 있다.

봄에서 가을까지 가쓰라가와에서는 뱃놀이를 즐길 수 있다.

여전히 전통적인 느낌을 자아낸다.

 도게츠교가 있는 가쓰라가와는 아라시야마 상류의 계곡 사이로 흐르는 호즈가와(保津川, 보진천)와 도게츠교 주변의 오이가와(大堰川, 대언천)를 합친 공식 행정명칭이다. 다리 한쪽에는 다리 이름인 도게츠교가, 다른 쪽에는 오이가와라고 적혀 있는데, 오이가와라는 이름은 그 옛날 신라계 도래인 하타씨가 큰 제방을 쌓은 곳이란 뜻을 담은 명칭이라고 한다. 도게츠교 주변으로 봄이면 벚꽃이 만발하고 가을이면 붉은 단풍이 물드는 모습에 반한 헤이안시대의 귀족들은 앞다투어 이곳에 별장을 지었으며, 수많은 예술가들 역시 도게츠교의 아름다움에 대해 읊었다. 귀족들 사이에서 유행하던 뱃놀이가 지금은 하나의 관광 코스로 자리 잡아 봄에서 가을까지 뱃사공들은 열심히 노를 젓고, 여행자들은 헤이안시대 귀족들과 예술가들이 그랬던 것처럼 가쓰라가와의 풍류를 즐긴다.

가쓰라가와에는 봄이면 수천 그루의 벚꽃이 펴서 시민들의 나들이 장소로도 인기가 높다.

한큐 아라시야마역에서 하차할 경우 도게츠교를 지나 상점가를 따라가면 덴류지에 도착한다.

하타씨들이 쌓은 오이가와 제방에 관개사업의 흔적도 볼 수 있다.

강가에는 산책로가 조성되어 있으니 천천히 둘러보면 좋을 것이다.

**Tip.** 아라시야마 일대를 여행하다 보면 인력거를 많이 볼 수 있다. 봄에는 인력거를 탄 게이코들이 아라시야마를 누비는 모습을 흔히 만날 수 있다. 인력거를 이용하면 아라시야마 여행지에 관한 설명도 해주는데, 주로 일본어로 설명하지만 간혹 영어가 가능한 사람도 있다. 아라시야마는 사가노 일대까지 이어진 매우 넓은 지역으로 도보로 이동할 경우 상당한 거리를 걸어 다녀야 하기 때문에 인력거를 이용하는 것도 한 방법이다. 인력거는 덴류지 입구, 도게츠교, 치쿠린, 노노미야진자 등 여러 군데에서 이용이 가능하다. 이용시간은 1구간(12~13분, 약 1.2km)부터 2시간 코스까지 다양하다. 1구간의 경우 이용요금은 1인 3,000엔, 2인 4,000엔으로 운행코스는 도게츠교~노노미야진자, 노노미야진자~니손인 등으로 정해져 있고 나머지 구간은 인력거꾼과 상의해 코스 조정이 가능하며 결제는 현금만 가능하다. 자세한 내용은 홈페이지(에스비야 ebisuya.com/kor/)를 참조하자.

가쓰라가와의 여름 풍경

가쓰라가와의 가을 풍경

# 아라시야마 상점가 일대
## 어떻게 즐겨볼까?

### 게이후쿠 아라시야마역
란덴연선의 종착역으로 JR이나 한큐전철을 이용했을 경우 하차 역에서 덴류지까지 도보로 15분 이상을 이동해야 하는 것과 달리 덴류지까지 도보로 5분이 채 걸리지 않는다. 작은 역사 안에는 관광안내센터, 족욕탕을 비롯해 다양한 상점들이 있어 기념품이나 식사 혹은 디저트를 즐길 수 있다 (홈페이지: www.kyotoarashiyama.jp).

### 아라시야마역사 내 기모노 포레스트
아라시야마역에 설치된 조형물로 '빛의 숲'이라고 불린다. 기모노를 만드는 원단을 이용한 약 600개 정도의 기둥이 늘어서 있는데, 이는 숲을 연상시키며 역사를 부드럽고 은은하게 만들어주고 있다. 안쪽에는 덴류지의 용을 수호신으로 삼은 '용의 연못'이 있다. 밤에는 조명이 켜진다.

### 아라시야마온센 아시노유(嵐山温泉 驛の足湯)
아라시야마온센 아시노유는 아라시야마역사 안에 있는 족욕 온천탕이다. 아라시야마 일대는 볼거리가 많고 지역이 넓어 많이 걸어야 하는 곳이니 여행을 마치고 교토로 돌아가기 전 잠시 쉬어가는 것도 여행의 지혜이다.

### 자전거 대여소
아라시야마는 덴류지, 노노미야진자, 치쿠린 외에 사가노 일대까지 생각보다 많이 걸어야 하는 곳이다. 따라서 짧은 시간 안에 사가노 명소까지 돌아볼 계획이라면 자전거를 대여하자. 게이후쿠 아라시야마역 앞에서 자전거 대여가 가능하며 한큐 아라시야마역을 비롯해 여러 군데의 대여소가 있다.

**이용시간:** 09:00~18:00(매표 마감 17:30) **요금:** 200엔(타월 포함) 단 란덴연선 1일권 프리패스 소지자 100엔 **입장권 구입:** 아라시야마역 사무소 **주의사항:** 음식물 반입금지

**이용시간:** 09:00~17:00 **요금:** 2시간 500엔, 1일 1,000엔(각 대여소마다 요금이 조금씩 다를 수 있음) **주의사항:** 여권 필요

### 아린코(ARINCO)
아라시야마역 앞에 있는 수제 롤케이크 전문점이다. 엄선된 재료를 이용한 자연적인 단맛을 추구하고 있으며 교토풍의 디저트를 맛볼 수 있다. 교롤마차즈쿠시(京ロール抹茶づくし) 등이 인기메뉴이며, 샌드위치도 인기가 많다.

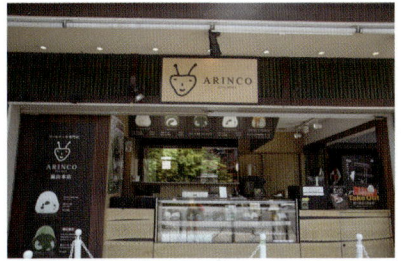

**영업시간:** 12월 하순~3월 중순 10:00~18:00 3월 중순~12월 하순 09:00~20:00 **전화:** 075-881-9520 **홈페이지:** www.arincoroll.jp

### 요지야 사가노 아라시야마점(よーじや嵯峨野嵐山店)
교토의 대표적인 화장품 브랜드로 기요미즈데라, 기온, 철학의 길 등에서 만날 수 있다. 화장품 외에도 화장품과 관련된 소품과 아기자기한 잡화들이 가득하다. 바로 옆에는 요지야 카페가 있어 인기메뉴인 요지야 로고로 만든 라테아트를 맛볼 수 있다.

**영업시간:** 10:00~18:00(마지막 주문 17:30, 단 계절에 따라 영업시간 변동 있음) **휴무일:** 연중무휴 **주소:** 京都市右京区嵯峨天龍寺立石町2-13 **전화번호:** 숍 075-865-2212 카페 075-865-2213 **홈페이지:** www.yojiya.co.jp/pages/sagano.html

### 가야테이(ぎゃあてい)
교토의 가정식 반찬인 오반자이를 뷔페식으로 맛볼 수 있다. 아라시야마의 명물인 두부 요리를 비롯해 신선한 교토 채소로 만든 30여 가지의 반찬 디저트까지 준비된다. 선불제로 60분 이용제한 시간이 있으며 사람들이 붐비는 계절에는 대기시간 30분은 기본이다.

**영업시간:** 11:00~14:30(계절에 따라 시간변동 있음) **가격:** 성인 2,150엔, 중학생 1,850엔, 초등학생 1,450엔, 어린이(3세 이상) 950엔 **휴무일:** 수요일(홈페이지에 공지) **주소:** 京都府京都市右京区嵯峨天竜寺造路町19-8 **전화번호:** 075-862-2411 **홈페이지:** arashiyama-gyatei.com **페이스북:** www.facebook.com/GYATEI/

### 요시무라(よしむら)
도게츠교 입구에서 가메야마 공원 쪽 방면에 위치하고 있다. 2층 창가 자리는 명당으로 유유히 흐르는 가쓰라강과 도게츠교를 바라보며 식사를 즐길 수 있다. 직영 소바 공방에서 하루 사용할 양만 공급받아 100% 수작업으로 소바를 만드는 곳으로 메밀 향이 살아 있다. 가장 인기 있는 메뉴는 자루소바와 튀김덮밥이 함께 나오는 도게츠 요리다.

**영업시간:** 관광 시즌 10:30~18:00 비수기 11:00~17:00 하나토로(12월 등불축제) 평일 19:30까지 주말 20:00까지 **가격:** 대략 1,300~2,200엔 **주소:** 京都府京都市右京区風山渡月橋北詰西二軒目 **전화번호:** 075-863-5700 **홈페이지:** www.arashiyama-yoshimura.com/soba

### 오르골 박물관(オルゴール博物館)

기도 류즈(ギド・リュージュ)가 평생 모은 약 2천여 점의 오르골을 소장하고 있는 박물관이다. 1976년 스위스 시계 장인 안토아 파브르작 '세계에서 가장 오래된 오르골'을 비롯해 약 150점 이상을 상설 전시하고 있으며 전시품을 정기적으로 교체하고 있다. 1층은 언제나 오르골 음악이 흐르는 카페와 다양한 제품의 오르골을 판매하는 숍이고 2층은 박물관이다.

**이용시간**: 3월~12월 10:00~18:00(마지막 매표 17:30), 1월~2월 10:00~17:00 **이용요금**: 대인 1,000엔, 대학생 700엔(학생증 소지자에 한함), 중고등학생 600엔, 아동(7~12세) 300엔 **휴무일**: 월요일 및 부정기(단 공휴일에는 개관하며 부정기 휴무일 경우 홈페이지에 공지) **주소**: 京都市右京区嵯峨天竜寺立石町1-38 **전화번호**: 075-865-1020 **홈페이지**: www.orgel-hall.com

### 아이토와(アイトワ)

창작 인형예술가인 모리 사요코(森 小夜子) 씨가 운영하고 있는 인형공방 겸 카페다. 치쿠린을 지나 도롯코 아라시야마역에서 조잣코지로 향하다 보면 조그만 호수를 지나 앙증맞은 인형이 그네에 매달려 있는 전원주택이 나온다. 이곳이 바로 아이토와다. 시크릿 가든이 연상되는 카페에는 다양한 차가 준비되어 있다. 또한 주인이 직접 만든 인형을 사진으로 찍은 엽서를 기념품으로 판매하고 있다. 아라시야마에서 차분히 차 한잔 마시고 싶다면 바로 이곳이다. 또한 수제 인형이라는 것이 믿기지 않을 만큼, 정교한 인형 작품을 감상할 수 있는 기회는 덤이다.

**영업시간**: 10:00~17:00 **휴무일**: 화요일 및 부정기[(단 연말연시에는 동절기 1월 20일~2월 20일, 하절기(6월 20일~7월 20일에 작품 활동을 위해 임시 휴관함. 연말 휴관(12월 25일~12월 31일) 휴관일은 홈페이지 공지)] **주소**: 京都市右京区嵯峨小倉山山本町1 **전화번호**: 075-881-5521 **홈페이지**: www9.plala.or.jp/aightowa/ **구글지도 검색**: Aightowa

치쿠린

**아라시야마, 무엇을 먹을까?**

## 료칸에서 맛보는 교카이세키 요리(京懷石料理)
## 아라시야마 벤케이

嵐山辨慶

도게츠교 입구에서 가메야마 공원 방향으로 가쓰라가와를 따라 걷다 보면 일본식 전통가옥의 벤케이가 자리잡고 있다. 벤케이는 고급 료칸을 운영하고 있는 일본의 전통여관 숙박 업소다. 객실이 10개 정도로 소규모이지만 서비스만큼은 맞춤형으로 최고 수준을 자랑한다. 료칸에서 숙박을 하지 않더라도 교토 지역에서 생산되는 채소와 제철의 식재료를 이용한 교토의 전통 요리인 카이세키를 맛볼 수 있다.

카이세키는 일본의 정식 코스요리로 식재료의 오미·오색·오감뿐 아니라 계절 감도 고려해 만든 요리다. 또한 진한 맛부터 담백한 맛까지의 조화를 생각해 음식의 순서를 정하고 식재료에 따른 알맞은 조리방법은 물론, 음식을 담을 그릇과 담는 방법, 서비스 타이밍까지 음식에 관한 셰프들의 종합예술이라고 해도 과언이 아니다.

카이세키 덴류지

아라시야마의 가을 풍경이 그려진 교토 지역 맥주

    이처럼 정성이 담뿍 들어간 카이세키는 입도 즐겁지만 눈은 더욱 즐거운 요리로, 비싼 가격에도 불구하고 교토 여행에서 한 번쯤은 먹어야 하는 음식이기도 하다.
    벤케이에는 덴류지, 노노미야 등 네 종류의 카이세키가 있으며 가격은 종류에 따라 1인분에 약 6천 엔부터 1만 3천 엔 정도다. 보통 카이세키 요리는 저녁보다 점심시간에 가격이 좀더 저렴한 편이다. 카이세키 외에도 두부 요리와 교토의 전통요리인 교요리를 함께 맛볼 수 있는 점심메뉴(11:30~14:30)도 인기가 많다. 여러 가지 점심 메뉴가 있지만 교요리가 삼단 도시락에 담겨 나오는 삼단 도시락 세트메뉴(賞嵐三段弁)는 가장 인기 있는 메뉴다. 도시락 가격은 1인분에 대략 3,500엔 정도다. 그 밖에 교토에서 생산되는 지역맥주도 함께 맛볼 수 있다.

### ✚ 이용 안내

▶ **영업시간:** 11:30~15:00(마지막 주문 14:00) ▶ **전화번호:** 075-872-3355 ▶ **주소:** 京都市右京区嵯峨天龍寺芒ノ馬場町34番地 ▶ **홈페이지:** www.benkei.biz ▶ **기타:** 카이세키는 1인분 주문 불가, 간혹 온천과 식사예약이 만석이 되어 점심 고객을 받지 않는 경우도 있다. ▶ **구글지도 검색:** Arashiyama Benkei

아라시야마, 무엇을 먹을까?

## 물 맑은 아라시야마의 두부 요리 전문점
# 사가 도우후 이네 기타점
嵯峨とうふ 稲 北店

이네는 아라시야마에서 부담 없는 가격으로 두부 요리를 맛볼 수 있는 곳이다. 유도후는 두부 자체의 고소한 맛과 향을 즐기는 음식으로, 다시마를 우려낸 뜨거운 육수에 두부를 넣고 알맞게 익었을 때 먹는 요리다. 두부는 주재료인 콩도 중요하지만 물 또한 두부 맛을 좌우하는 데 큰 역할을 한다. 교토는 특히 물이 맑기로 유명해 두부 요리가 발달했고, 유도후 역시 교토에서 한 번쯤은 맛봐야 하는 요리로 아라시야마에도 유명한 가게들이 많이 있다.

유도후, 유바 등을 비롯해 대부분의 메뉴를 직접 손으로 만든다. 이네에서 사용하는 모든 식재료들은 교토 지역에서 생산되는 채소와 제철의 식재료를 사용하며 메뉴는 유도후, 유바, 교토 채소, 츠케모노, 미소된장국, 밥을 기본 구성으로 한 다양한

아라시야마세트

노노미야세트

종류의 두부 요리를 맛볼 수 있다. 인기메뉴는 유도후와 유바를 같이 맛볼 수 있는 아라시야마세트(嵐山御膳)와 노노미야세트(野宮御膳)다. 가격은 대략 1,700~2,500엔 정도다. 이네는 이네본점과 본점 위쪽의 기타점 2곳이 있으며, 덴류지와 마주하고 있는 이네는 아라시야마 사쿠라모찌(嵐山さくら餅) 가게와 나란히 자리하고 있다. 기타점은 아라시야마 사쿠라모찌에서 조금만 더 올라가면 대로변에 위치한다.

✚ 이용 안내

▶ **기타점 영업시간:** 11:00~19:00(마지막 주문, 성수기에는 영업시간 연장 있음) ▶ **휴무일:** 연중무휴 ▶ **주소:** 京都市右京区嵯峨天龍寺北造路町 46-2 ▶ **전화번호:** 075-864-5313 ▶ **본점(嵯峨とうふ 稲 本店) 영업시간:** 11:00~19:00(마지막 주문, 성수기에는 영업시간 연장 있음) ▶ **휴무일:** 연중무휴 ▶ **주소:** 京都市右京区嵯峨天龍寺北造路町 46-2 ▶ **전화번호:** 075-864-5313 ▶ **홈페이지:** www.kyo-ine.com ▶ **구글지도 검색:** Saga Tofu Ine

### 아라시야마, 무엇을 먹을까?

## 아라시야마 특별 간식
# 와라비모찌파르페·아라시야마 사쿠라모찌
#### わらび餅パフェ·嵐山さくら餅

아라시야마에 즐비한 디저트 가게들 중에 좀더 특별한 것을 원한다면 대나무 통에 담긴 와라비모찌 파르페를 맛보자. 대나무 통에 담긴 파르페의 맛은 덴류지와 마주 보고 있는 '아라시야마 사쿠라모찌 이네(嵐山さくら餅稲)'에서 확인해보자. 1층은 기념품 및 아이스크림과 모찌 등을 테이크아웃으로 판매하고 있으며 디저트 메뉴는 2층 차실에서 이용이 가능하다. 특히 창가 좌석은 덴류지를 마주 볼 수 있어서 인기가 많다.

일본에서 매우 대중적인 와라비(わらび, 고사리)는 다양한 디저트로 많이 활용되는데, 제조방법에 따라 종류가 천차만별이다. 특히 이네에서 판매되는 사쿠라모찌는 자체 개발한 고사리 가루를 사용해 교토 전통방식으로 제조하고 있다. 생각보다 넓

와라비모찌 파르페

시원한 아이스크림

봄 시즌에만 판매되는 사쿠라모찌

은 아라시야마 일대를 돌아보고 난 뒤 시원한 것이 먹고 싶다면 주저 말고 들어가보자. 치쿠린을 걷고 난 뒤라면 대나무 통에 담긴 와라비모찌 파르페가 좀더 특별하게 느껴지는 건 당연지사. 파르페 외에도 다양한 디저트가 준비되어 있다. 또한 벚꽃 시즌에만 판매되는 사쿠라모찌도 인기메뉴다.

✚ 이용 안내

▶영업시간: 10:00~18:00(마지막 주문)  ▶휴무일: 연중무휴  ▶가격: 대략 700~1,000엔  ▶주소: 京都市右京区 嵯峨天龍寺造路町 19  ▶전화번호: 075-882-5805  ▶홈페이지: www.kyo-ine.com/arashiyama

## 🌸 한 걸음 더 1
### 벚꽃 터널을 달리는 한 량짜리 낭만열차,
# 란덴연선!

란덴연선은 벚꽃 터널을 달리는 열차로도 유명한데, 교토를 여행하는 사람들에게 봄의 낭만을 선물하는 열차로 인기가 높다. 란덴연선은 아라시야마혼센과 기타노센, 이렇게 두 노선으로 운행하고 있다. 아라시야마혼센은 시조오미야에서 아라시야마까지, 기타노센은 기타노하쿠바이초에서 가타비라노쓰지까지 운행하고 있다. 벚꽃 터널은 기타노센의 우타노역과 나루타키역에 이르는 약 200m의 철길 양쪽으로 펼쳐진다. 료안지, 묘신지, 오무로닌나지, 우타노역을 차례로 지나고 나면 서서히 벚꽃 터널에 진입하게 되고, 열차에 탄 사람들은 약속이나 한 듯 일제히 감탄사를 쏟아낸다. 벚꽃 터널 구간을 통과할 때는 속도를 늦추어 천천히 달리기 때문에 눈앞을 스치며 지나가는 벚꽃 풍경은 특별한 봄 풍경으로 기억하게 한다. 벚꽃이 피는 시기에는 벚꽃 터널을 달리는 열차의 모습을 사진으로 담기 위해 선로 근처에서 사진을 찍고 있는 사람들을 쉽게 볼 수 있다. 또한 밤에는 벚꽃 터널에 야간 조명을 켜는 라이트업을 실시한다. 벚꽃 터널을 지날 때에는 열차 내의 전등을 모두 소등하고 오로지 벚꽃 터널에만 조명을 밝혀 황홀한 낭만을 선물한다. 야간 라이트업 시기는 3월 하순~4월 상순, 이용시간은 19:00~20:50, 요금은 일반 승차 요금과 동일하다. 다만 기타노센으로 아라시야마로 이동하려면 가타비라노쓰지역에서 아라시야마혼센으로 환승해야 한다.

### 한 걸음 더 2

호즈강을 따라 달리는
# 도롯코 열차 トロッコ列車

도롯코 아라시야마역

일명 '로맨틱 트레인'이라고 불리는 도롯코 열차는 벚꽃 시즌과 단풍 시즌에 아라시야마 관광객의 인기를 한몸에 받는다. 도롯코 열차는 시속 25km로 천천히 달리지만, 최고의 라이벌은 시속 300km로 달리는 신칸센이라고 하는 우스갯소리가 있을 정도다.

호즈강을 따라 달리는 도롯코 열차 창밖으로 봄에는 벚꽃이, 여름에는 녹음이, 가을에는 단풍이, 겨울에는 설경이 펼쳐져 아라시야마의 매력을 제대로 느낄 수 있다. 원래 광산 열차가 다니던 구간이었으나 한동안 폐지되었다가 1991년 관광 열차로 재탄생했다. 도롯코 사가역(トロッコ嵯峨)을 출발해 도롯코 아라시야마역(トロッコ嵐山), 도롯코 호즈쿄역(トロッコ保津峡)을 거쳐 도롯코 카메오카역(トロッコ亀岡)까지 총 4개의 역을 지나며 운행 소요시간은 약 25분 정도다.

도롯코 사가역은 JR 사가노선 사가아라시야마역 바로 옆에, 도롯코 카메오카역은 JR 사가노선 우마호리역에서 걸어서 약 10분 거리에 위치하고 있다. 도롯코 아라시야마역은 대나무 숲인 치쿠린 끝에서 언덕을 따라 내려오면 오른쪽에 위치하고 있

다. 어느 역에서 출발하든 이용요금은 동일하며 총 5량의 열차 중 5호차인 '더 리치 (ザ・リッツ)'는 창문이 없고 바닥까지 볼 수 있는 특별한 객차로, 기차가 달리는 동안 자연의 풍요로움을 한껏 느낄 수 있다. 더 리치 객차 승차권은 당일 판매한다. 도롯코 열차를 미리 예매한 경우라면 승차 당일 도롯코 호즈쿄역을 제외한 도롯코 각 역 창구에서 리치호 좌석권과 교환하면 된다. 다만 당일 판매상황에 따라 더 리치 승차권이 매진되는 경우도 있다. 객차의 좌석은 도롯코 사가역 출발기준으로 호즈강이 왼쪽에 위치하고 있으니 갈 때는 왼쪽 좌석, 돌아올 때는 오른쪽 좌석을 선택하면 좀 더 멋진 풍경을 감상할 수 있다. 출발할 때 왕복으로 표를 끊으면 조금 더 편리하다.

승차권 예매는 승차일 1개월 전 오전 10시부터 JR 서일본 주요역의 매표소, 일본 국내의 주요여행사, 주부국제공항 센트럴 재팬 트래블 센터, 간사이 투어리스트 인포메이션 센터(교토, 다이마루 신사이바시)에서 가능하다. 당일 승차권 판매 개시시간은 토롯코 사가역은 08:35분경, 도롯코 아라시야마역 08:40분경, 도롯코 가메오카역 08:50분경이다. 입석의 경우 지정석이 매진된 후 일정수량만 판매한다.

✚ 이용 안내

▶ **이용시간: 사가역 출발기준** 09:01 ~ 16:01(1시간 간격으로 운행. 성수기·주말 등 17시 7분 임시열차가 운행되기도 한다. 열차 운행과 시간에 관한 자세한 내용은 홈페이지를 참고할 것) ▶ **운행일:** 3월 1일~12월 28일(12월 운행 최종일은 매년 달라지며 홈페이지에서 확인 가능하다) ▶ **정기휴일:** 수요일(수요일이 공휴일인 경우 운행하며 벚꽃 및 단풍 시즌, 여름방학은 정상운행) ▶ **이용요금:** 편도 대인 620엔, 소인 310엔 ▶ **전화번호:** 075-861-7444 ▶ **홈페이지:** www.sagano-kanko.co.jp

> **Tip.** 교토는 일본에서 유명한 3개의 기차 노선을 가지고 있다. 산속을 달리는 에이잔 전철(298쪽 설명 참고)과 교토 서쪽의 관광지를 이어주는 란덴연선, 그리고 계곡을 달리는 도롯코 사가노열차. 볼거리 많은 교토에서 굳이 기차여행이냐고 하겠지만, 기차여행이야말로 다른 사람들과 차별되는 색다른 교토 여행을 만들어줄 것이다.

## 안 보이는 돌을 찾으려 애쓰지 말라!

### 료안지
龍安寺

15개의 돌과 흰 모래만으로 구성된 가레이산스이(枯山水) 방식의 석정(石庭, Rock Garden)이 유명한 료안지는 1994년 세계문화유산에 등록된 곳이다. 원래 도쿠다이지 가문(德大寺家)의 별장이었으나 1450년에 호소카와 카츠모토(細川勝元)에 의해 선종 사원으로 창건되었다. 호소카와는 무로마치 막부의 관령(管領)으로 상당한 파워를 가지고 있었기에 창건 당시에는 게이후쿠 전철이 있는 곳까지 경내였을 만큼 상당한 규모였다. 그러나 1467년 오닌의 난으로 전부 소실된 후 1499년에 재건되었다. 이후 1797년 또 한 번의 화재로 인해 대부분 소실되었고 얼마 남지 않은 건물 중 세이겐인(西源院)의 호조를 지금의 호조 자리로 옮겨와 지금의 료안지가 되었다. 료안지는 임제종(臨濟宗) 묘신지(妙心寺)의 말사로 일반적인 절들이 산몬, 법당, 불전 등을 갖추고 있는 것과 달리 호조와 호조 정원, 그리고 교요치(鏡容池)라는 연못이 핵심을 이루고 있다.

료안지는 1975년 일본을 방문한 영국의 엘리자베스 여왕이 "석정을 보고 싶다."라고 한 것이 전 세계에 보도되면서 유명세를 탄 곳이며 〈타임〉지가 선정한 아시아 명소 29곳 중 하나로 소개되기도 했다. 그 덕분인지 료안지는 교토에서 유독 서양인 관광객들이 많이 찾는 곳이기도 하다.

이 석정은 동서로 25m, 남북으로 10m의 약 80평 정도인 직사각형의 공간에 유토(油土, 유채기름을 넣어 반죽한 흙)로 만든 나지막한 담이 삼면을 둘러싸고 있다. 석정에는 15개의 돌이 왼쪽부터 5개, 2개, 3개, 2개, 3개씩 배치되어 있다. 이 돌들은 어느 쪽에서 보더라도 1개의 돌은 가려서 보이지 않는 것으로도 유명하다. 그래서 이 석정은 보는 사람에 따라 저마다 해석이 분분하다. '원하는 것을 다 가질 수 없는 것이 인생이다.'라고도 하고 '우리는 세상의 모든 이치를 다 알 수 없는 불완전한 인간이란 존재지만 참선을 통해 다 알 수 있다.'라고도 하며 '깨달음을 얻은 자는 15개의 돌을 볼 수 있다.'라고도 한다. 심지어는 호랑이가 새끼를 보호하면서 강을 건너는 모습이라고 해서 '도라노코와타시(虎の子渡し) 정원'이라고도 한단다.

어찌됐건 중요한 건 15개의 돌을 한꺼번에 다 볼 수 없다는 것이다. 그래서 그런 것일까? '1개의 돌은 보이지 않는다.'라고 강조하고 있음에도 굳이 15개의 돌을 찾아보겠다고 애쓰는 관람객에게 오죽하면 돌 15개가 배치된 석정 모형을 미니어처로 제작해 친절히 알려주고 있을 정도다. 이처럼 동서양을 막론하고 찬사를 쏟아내고 있는 석정이건만 정작, 언제 누가 만들었는지는 추정만 할 뿐 명확하지 않다. 이처럼 료안지의 정원은 물 없이 15개의 돌과 흰 모래만으로 채워진 가레산스이 방식으로 매우 단순하게 구성되어 있으며, 전체적으로는 선(禪)사상을 표현하고 있다. 깊은 철학적 사유를 담은 함축적이고도 상징적인 일본 정원의 가장 대표적인 원형이자 '정원 미학의 극치'로 평가받고 있다. 또한 서양인들에게 이런 석정의 '비움(空)'은 경이로운 찬사의 대상이 되고 있다.

호조 뒤쪽을 돌아가면 '오유지족(吾唯知足)'이란 글씨가 새겨진 엽전 모양의 쓰쿠바이(蹲踞, 다실 입구 등에 있는 손을 씻거나 입을 축이는 용도)가 있다. 자세히 살펴보면 가운데에 입 구(口) 자를 놓고 오(吳)·유(唯)·지(知)·족(足)의 글자를 만들고 있어 특이하다. 이것은 '나는 오직 만족할 줄 안다.'라는 의미로 석가모니의 마지막 가르침을 담은 『유교경(遺教經)』에 나오는 말이다. 호조 관람을 끝내고 밖으로 나오면 교요치라는 연못을 한 바퀴 돌아서 나가게 되어 있다. 연못이라고 하기에는 규모가 상당해 출구까지 한참 걸린다. 연못의 풍경과 어우러지는 주변의 산책로는 석정과는 또 다른 한 폭의 그림으로 다가오는 곳이다.

**+ 이용 안내**

▶**관람시간:** 3월~11월 08:00~17:00, 12월~2월 08:30~16:30  ▶**요금:** 성인 및 고등학생 500엔, 중학생 이하 300엔  ▶**휴무일:** 연중무휴  ▶**주소:** 京都市右京区龍安寺御陵下町13  ▶**전화번호:** 075-463-2216  ▶**홈페이지:** www.ryoanji.jp

료안지가 있는 곳은 여느 관광지와 달리 한적한 곳이었다. 그도 그럴 것이 오닌이 난이 있기 전에는 게이후쿠 전철 료안지역이 있는 곳까지 료안지 경내였다고 하니, 다른 명소가 있을 이유가 없지 않은가. 아라시야마에서 란덴열차를 타고 벚꽃 터널을 지나 료안지역에서 하차해 료안지까지 걷는 길은 교토의 평범한 골목이었다. 15개의 돌만 있다는 단순한 정원이 왜 그렇게 인기가 있는 것인지 궁금증을 가지고 료안지에 들어서니, 엘리자베스 여왕에 의해 유명세를 탄 덕분인지 경내에는 외국인들이 훨씬 더 많았다. 15개의 돌 중 1개의 돌은 보이지 않는다는 이 정원을 두고 의심하는 사람들을 위해 입구에는 료안지의 정원을 축소해 놓은 모형까지 만들어 놓고 15개의 돌을 확인시켜주고 있었다. 드디어 료안지의 정원과 마주하는 순간, 단순해도 정말 단순한 정원을 어떻게 봐야 하는지 당황스러운 생각마저 들었다. 돌과 모래로만 이루어진 가레산스이 정원은 나무나 꽃 등으로 장식을 하는 경우도 있는데 이곳은 아무 장치 없이 돌만 있었다. 그렇다고 그 돌이 특이한 것도 아닌 듯했다. 이렇게 텅 빈 정원을 보겠다고 북적이는 사람들을 비집고 마루에 앉아 있자니 뭐라도 한 가지 대단한 점을 찾아내거나 남들이 느끼지 못하는 무언가를 느껴야 할 것 같은 의무감이 짓누른다. 그저 보이는 건 돌이요, 모래요, 담장에 걸린 벚나무가 간간이 바람에 흔들릴 뿐이다. 아! 이게 답을 찾아야 하는 수수께끼도 아니고 설령 수수께끼라고 하더라도 꼭 답을 찾아야 할 필요는 없지 않은가? 세상사 모든 이치가 정답이 있었던가? 설령 정답이 있다고 한들, 그게 어디 진짜 정답이었던가? 아차! 싶었다. 굳이 답을 찾지 말고 안 보이는 것에도 만족하라는 듯 무심히 석정의 벚꽃은 바람에 휘날리며 '오유지족'이라고 웃고 있었다. 료안지는 석정이 워낙 알려져 있다 보니 석정이 전부인 줄 알았다. 석정을 보고 천천히 출구로 향하는 길에 펼쳐지고 있는 정원도 상당했다. 벚꽃 찬란한 계절은 가을 단풍이 궁금해졌고, 연못을 따라 천천히 걷다 보니 석정뿐 아니라 어쩐지 료안지 전체가 수수께끼 같이 느껴지며 여운이 오래도록 따라다닌다.

# 료안지

## 어떻게 가야 할까?

▶ 란덴연선을 이용하는 방법

① 란덴연선 기타노센 료안지역에 하차 후 료안지 방향 화살표를 따라 직진한다.

② 계속 직진하다가 료안지 방향 왼쪽 화살표가 가리키는 방향으로 좌회전한다.

③ 좌회전 후 계속 직진하면 료안지 방향 안내 화살표가 보인다. 화살표가 가리키는 방향으로 직진한다.

④ 길을 따라 계속 직진한다.

⑤ 계속 직진하면 건널목이 나오는데, 건널목을 건너 직진하면 료안지 입구에 도착한다.

▶ **킨카쿠지에서 료안지 가는 방법**

① 킨카쿠지 입구에서 건널목을 건너면 오른쪽으로 킨카쿠지마에 A 버스 정류장이 위치한다.

② 시 버스 59번을 이용해 료안지마에(龍安寺前)에서 하차한다(배차간격 약 15분).

③ 버스에서 하차한 후 건널목을 건너 정면으로 직진한다.

④ 길을 따라 직진하면 료안지 입구다.

▶ **료안지에서 킨카쿠지 가는 방법**

① 료안지 입구에서 길을 건너지 말고 킨카쿠지 방향으로 도로를 따라 직진한다(건널목 건너편에 있는 버스 정류장이 킨카쿠지에서 출발한 버스가 하차하는 료안지마에 버스 정류장이다).

② 길을 따라 계속 직진하면 료안지 주차장이 나오는데 계속 직진하면 된다.

③ 주차장에서 앞쪽에 사람들이 모여 있는 곳이 료안지마에 버스 정류장이다.

④ 시 버스 59번을 이용해 킨카쿠지마에 정류장에서 하차하면 된다. 킨카쿠지는 버스에서 하차한 다음 앞으로 직진 후, 대로변에서 왼쪽 방향으로 꺾으면 된다.

**Tip.** 료안지와 킨카쿠지까지 버스로는 몇 정거장 안 되는 가까운 거리고 지도상으로도 가깝게 느껴지지만 걸어가면 족히 30분 이상은 걸린다. 따라서 버스를 이용하거나 시간이 없다면 차라리 택시를 이용하는 것이 현명하다.

# 료안지
## 어떻게 즐겨볼까?

산몬(山門), 료안지로 향하는 정문이다. 정문 옆으로 매표소가 위치하고 있다.

료안지의 입장권에는 석정이 표시되어 있다.

쿠리(庫裏)는 선종에서 볼 수 있는 건축양식으로 주지스님의 거처인 호조와 연결된 건물이다.

쿠리 입구에서 신발을 벗어 신발장에 넣은 다음 마루를 따라 관람하게 된다.

쿠리 입구에는 앞면에는 '운관(雲關, 선종 사찰로 들어가는 입구)'이 뒷면에는 '통기(通氣, 기운이 통한다)'라고 쓰인 쓰이타테(衝立, 가림막)가 있다. 이는 유학자인 데라니시 겐잔(寺西乾山, 1860~1945년)의 글씨다.

호조 옆의 12폭 병풍 역시 데라니시 겐잔의 작품으로 도연명의 '음주(飮酒)'라는 시(詩)를 적은 것이다. 참고로 도연명의 '음주'는 모두 20수가 있다. 도연명이 술을 마시고 난 후에 지은 것이라고 해서 붙여진 제목이다.

호조는 선종사원의 승려가 거주하던 곳으로 호조 정원은 호조에 딸린 정원을 말한다.

호조의 후스마(襖, 미닫이문)에는 운룡도와 금강산 그림이 그려져 있다. 금강산을 그린 화가는 사츠키 가쿠오(皐月鶴翁)로 1926년부터 1942년까지 무려 18차례나 금강산을 다녀온 후, 1953년에 그림을 그리기 시작해 1957년까지 5년 만에 완성한 그림이다.

호조와 연결된 마루에는 호조정원에 15개의 돌이 어떻게 배치되어 있는지 미리 살펴볼 수 있도록 미니어처로 제작되어 있다.

석정은 유채기름을 넣어 반죽한 흙인 유토가 둘러 싸고 있다. 유토는 시간이 지날수록 배어 나오는 기름에 의해 특이한 색깔의 디자인을 만들어내며 석정의 멋스러움을 더하고 있다.

동서로 25m, 남북으로 10m로 약 80평 정도의 직사각형의 공간에 조성된 석정을 바라보고 있는 관광객들의 모습이다.

나무나 풀 없이 오로지 돌과 흰 모래만의 단순한 구성으로 조성된 석정은 비움의 선사상을 표현하고 있다.

석정에는 15개의 돌이 놓여 있지만 어느 위치에서 보든 14개밖에 보이지 않는다.

마루를 따라 뒤쪽 정원으로 이동하게 되는데 뒤쪽 정원은 석정과 또 다른 풍경을 볼 수 있는 곳이다.

호조 뒤쪽에서 볼 수 있는 쓰쿠바이는 워낙 높이가 낮아서 손을 씻거나 입을 축이기 위해서는 몸을 낮출 수밖에 없다. 이것은 저절로 기원과 경의를 표하게 하는 역할을 한다.

가운데 새겨진 입 구(口) 자와 조합하면 오(吾)·유(唯)·족(足)·지(知)라는 글자가 된다. '나는 오직 만족할 줄 안다.'는 의미로 해석된다.

호조와 석정 관람을 마치고 나면 순로를 따라 이동한다. 정원의 주변 산책로를 따라 교요치를 한 바퀴 돌아 출구로 향한다.

료안지는 경내에 수양 벚나무가 많아 벚꽃이 피는 4월 초·중순이 가장 인기가 있다. 료안지는 가을에는 울긋불긋 단풍나무가 많아 봄과는 또 다른 정취를 느낄 수 있는 곳이다.

료안지의 유도후 전문점 세이겐인. 료안지의 멋진 정원을 바라보며 유도후와 일본 사찰요리인 쇼진요리(精進料理)를 즐길 수 있다.

교요치라는 연못 이름은 글자 그대로 보면 '얼굴을 비추어 보는 연못'이라는 뜻인데 료안지에 들어갈 때 나올 때와 연못에 비치는 얼굴이 다르다는 속설이 있다. 물론 사색한 뒤의 얼굴 표정이 더욱 충만해진다고 하니 재미삼아 확인해보는 것도 좋겠다.

### 화려한 금빛 누각의 치명적인 매력

# 킨카쿠지
金閣寺

화려한 금박을 입힌 사리전(舎利殿)인 '킨카쿠(金閣)'가 너무나 유명해 정식 이름인 로쿠온지(鹿苑寺) 대신 킨카쿠지로 불리고 있다. 킨카쿠지는 임제종 쇼코쿠지(相国寺)파의 선종사원으로 무로마치시대에 쇼코쿠지와 킨카쿠지를 주축으로 기타야마(北山) 문화의 중심지로 발전했다. 원래 이곳은 가마쿠라(鎌倉)시대에 사이온지 긴츠네(西園寺公経)의 별장인 '기타야마(北山)' 저택이었다. 그러다가 무로마치 막부의 3대 장군 아시카가 요시미츠(足利義満)가 1397년 사이온지 가문으로부터 물려받아 10년 동안 별저로 '기타야마도노(北山殿)'를 조성했다. 요시미츠 사망 후 그의 유언에 의해 이곳은 무소 소세키 국사를 초대 주지로 한 선종 사찰로 바뀌었고, 요시미츠의 법호 로쿠온인도노(鹿苑院殿)에서 두 글자를 따서 로쿠온지라고 이름 지었다.

로쿠온지의 얼굴인 킨카쿠는 3층 누각으로 옻칠을 한 위에 금박을 입혔고, 널지붕 위에는 극락세계를 상징하는 봉황이 빛나고 있다. 1층은 헤이안시대의 귀족주의 건축양식인 침전식(寢殿式) 건축물로 호스이인(法水院)이라 부르며, 2층은 무가식 건축물로 조온도(潮音洞)라고 부른다. 또한 3층은 중국풍의 선종 불전 건축물로 구쓰코초(究竟頂)라고 불리는데 불전에는 부처님의 사리가 안치
되어 있다. 이처럼 킨카쿠지는 왕실 귀족문화, 막부, 선종의 3가지 문화가 아름다운 조화를 이루는 초기 기타야마 문화를 대표하는 건물이자 무로마치시대의 대표적인 건축물로 그 가치를 인정받고 있다.

1467년 오닌의 난으로 인해 킨카쿠지 대부분의 건축물이 소실되었음에도 킨카쿠만은 원형을 유지했었다. 그러나 1950년에 한 젊은 승려의 방화로 인해 무려 550년 동안 자리를 지키고 있던 킨카쿠가 소실되는 거짓말 같은 일이 발생했다. 방화의 주범인 젊은 승려는 하야시 쇼켄(林承賢)으로 방화 이유에 대해 "사찰이 관람객의 입장료로 운영되니 승려보다 사무관의 영향력이 더 커진 속물주의에 대한 반발심이었다."라고 진술했지만, 실제로는 심한 말더듬이에 정신분열증이었던 것으로 밝혀졌다. 방화 직후 수면제를 복용하고 절 뒷산에서 자살을 시도했으나 응급처치로 목숨을 구했고 형무소 수감생활을 하던 중 병사했다. 믿기 힘든 방화 사건이었던 만큼 이 사건을 다룬 여러 편의 문학작품이 탄생했는데, 그 중 미시마 유키오(三島 由紀夫)의 소설 『금각사』가 가장 유명하다. 미시마 유키오는 '말더듬이로 불행한 성장배경을 가진 젊은 청년이 킨카쿠의 아름다움에 대한 동경과 질투심으로 킨카쿠의 아름다움을 영원히 간직하기 위해 불을 지른다.'라는 내용으로 소설 『금각사』를 발표했고 큰 화제를 모았다.

이렇게 불타버린 킨카쿠를 복원하기 위해 대대적인 모금이 이루어졌고 5년간의 복원 공사를 마치고 1955년에 창건 당시의 모습으로 재건되었다. 하지만 제대로 복원이 되지 않아 군데군데 떨어진 금박이 생겼고, 1986년에서 1987년에 다시 한 차례의 복원 공사가 이루어졌으며, 그 결과 지금의 화려한 모습을 갖추게 되었다. 당시 금박 복원에만 소요된 순금이 20kg, 금박 20만 매에 공사비는 약 7억 4천만 엔이나 들었다. 그리고 가장 최근인 2003년 봄에 지붕을 새로 이어 지금의 킨카쿠에 이르고 있다. 킨카쿠 누각을 중심으로 연못이 둘러싸고 있는 지천회유식 정원인 교코치(鏡湖池)는 불교의 극락정토를 표현하고 있으며, 교코치 주위의 산책로를 따라 다양한 각도에서 킨카쿠를 감상할 수 있다.

✚ 이용 안내

▶ 관람시간: 09:00'~17:00  ▶ 이용요금: 고등학생(16세) 이상 400엔, 초 · 중학생(7세~15세) 300엔  ▶ 휴무일: 연중무휴  ▶ 주소: 京都府京都市北区金閣寺町1  ▶ 전화번호: 075-461-0013  ▶ 홈페이지: www.shokoku-ji.jp
▶ 구글지도 검색: Kinkakuji

수많은 볼거리를 가진 교토에서 드라마틱한 곳을 꼽으라면 킨카쿠지를 1순위로 꼽고 싶다. 화려한 금각이 연못에 비치는 풍경은 많은 작품 속에 등장할 만큼, 그리고 절의 원래 이름 대신 금각(킨카쿠)이라는 이름으로 불리고 있을 정도로 아름답다. 엄청난 전란과 화재에도 유일하게 살아남았던 금각이었건만, 한 승려의 어이없는 방화로 불타버린 금각. 이를 모티브로 한 『금각사』라는 소설은 금각의 치명적인 아름다움이 방화의 동기였다고 말하고 있으니 킨카쿠지가 더욱 드라마틱하게 느껴지지 않는가? 도대체 금각이 어느 정도의 화려함과 아름다움을 지니고 있는 것인지 두 눈으로 꼭 확인하고 싶었다. 부적과 같이 생긴 입장권은 특이했고 기대감을 높이기에 충분했다. 하지만 얼마 걷지 않아 연못 한가운데 금빛으로 번쩍이는 금각과 눈을 마주친 것도 잠시, 정신을 바짝 차리지 않으면 사람들에게 떠밀릴 정도였고 일본 사람들의 질서정연함은 '아름다움' 앞에선 예외였다. 하필이면 수학여행 시즌에 찾은 것이 문제라면 문제였다. 그러나 교토를 대표하는 금각이니 굳이 수학여행 시즌이 아니어도 그 인기는 이와 다르지 않을 것 같았다. 누구에게는 없애고 싶을 만큼 치명적으로 번쩍이고 있는 금각이라는데, 사람이 많아도 너무 많았기에 그런 고상한 감상을 느낄 여유라고는 눈꼽만치도 주어지지 않았다. 그래도 금각이 가장 잘 나오는 포인트이니 사람들을 물리치고 호수와 함께 겨우 사진 한 장을 남겼다. 관람로를 따라 걷다 보면 금각의 조망이 한 번에 그치지 않는다는 것은 큰 위로였다. 이동하는 것에 따라 시시각각 달라지는 금각의 표정은 아름다웠다. 특히 가까이에서 보게 되니 조금만 더 가까웠다면 손을 뻗어 만져보고 싶을 만큼 유혹적이었다. 정원을 따라 셋카테이(夕佳亭)에 도착했다. 저녁 노을에 비친 금각이 멋있다고 해서 붙여진 이름인데, 정작 노을이 지는 시간까지 개방을 하지 않으니 그저 상상에 맡길 뿐. 드라마틱한 상상력을 자극했던 금각을 생각하며 출구에 있는 후도도에 도착했다. 그런데 이게 웬일. 운세 자판기가 킨카쿠지의 마지막을 장식할 줄이야.

# 킨카쿠지

## 어떻게 가야 할까?

▶ **시 버스를 이용하는 방법**(교토역 출발 기준)

① 킨카쿠지미치(金閣寺道)에서 하차한다(101번, 102번, 204번, 205번 시 버스를 이용).

② 버스 하차 후 뒤편으로 직진한다(버스 진행 반대 방향으로 직진).

③ 요지야가 보이는 대로변에서 금각사 표지판이 가리키는 오른쪽 방향으로 직진한다.

④ 금각사 입구가 보인다.

⑤ 라쿠버스 안의 모니터에는 금각사로 이동하는 방법이 그림으로 안내되고 있으니 이를 참고하자.

▶ 란덴연선을 이용하는 방법

① 란덴연선 종점인 기타노하쿠바이초역에서 하차한다.

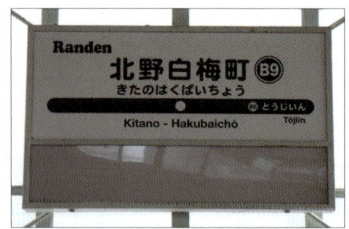

② 기타노하쿠바이초역을 나오자마자 왼쪽 방향으로 건널목을 건넌 다음 직진한다.

③ 기타노하쿠바이초 버스 정류장에서 시 버스 101번, 102번, 204번, 205번을 이용한다.

④ 킨카쿠지미치 버스 정류장에서 하차한다. 이후 방법은 교토 시 버스를 이용했을 때와 동일하다.

**Tip.** 킨카쿠지(금각사) ↔ 긴카쿠지(은각사) 방면은 102번 또는 204번, 킨카쿠지에서 니조조 또는 한큐시조가라스마 방면은 12번 혹은 101번, 교토역 방면은 101번 또는 206번, 기온 방면은 12번, 료안지 방면은 59번, 산조가와라마치 방면은 205번을 이용하면 된다. 버스 정류장 이름은 모두 킨카쿠지미치로 동일하지만, 어느 방향으로 이동하는지에 따라 길 건너편의 버스 정류장을 이용해야 하는 경우도 있으니 버스 정류장 위치에 주의하자.

# 킨카쿠지
## 어떻게 즐겨볼까?

**소우몬**
킨카쿠지의 정문으로 선종에서는 절의 입구를 소우몬이라 부른다.

소우몬을 지나면 매표소가 있다.

가운데 금각사리전어수호(金閣舍利殿御守護, 금각 사리전을 부처님이 수호한다)와 좌우로 개운초복(開運招福), 가내안전(家內安全)이 적혀 있는 부적 형식의 입장권

입구에 들어서 조금만 걸으면 바로 금각을 볼 수 있는데, 이곳이 금각 사진이 가장 잘 나오는 뷰포인트 지점이다. 그래서 금각을 보기 위한 사람들로 항상 북적거린다.

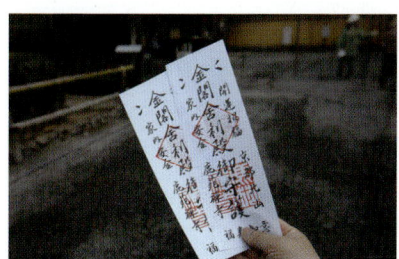

교코치와 어우러지는 금빛 찬란한 킨카쿠가 바로 보인다. 교코치를 따라 이동하면서 여러 각도에서 금각을 조망할 수 있다. 교코치를 따라 호조까지 이동하면 호조에서는 금각을 좀더 가까이에서 볼 수 있다.

### 금각 사리전(金閣舍利殿)
3가지 양식으로 이루어진 무로마치시대의 대표적인 건축물이다. 1987년에 순금 20kg, 금박 20만 매를 들여 금박을 보수했다. 아쉽게도 내부는 관람 불가다.

1층은 침전식 양식으로 요시미츠 좌상과 석가여래상이, 2층은 무가식 양식으로 관음좌상과 사천왕상, 3층은 중국풍의 선종 불전 양식으로 부처님의 사리가 안치되어 있다.

금각 사리전의 맞은편에는 호조가 위치한다.

호조의 북쪽에 위치한 소나무 리쿠슈노마쓰(陸舟之松)는 교토 3대 소나무 중 하나다. 이 소나무는 특이하게도 배 모형을 하고 있다. 요시미츠가 직접 심은 소나무라고 전해지고 있으니 그 수령이 무려 600년이나 되었다.

금각의 관람이 끝나면 교코치를 따라 정원으로 이동하게 된다.

교코치는 전체 경내 약 4만 평 중 약 2천여 평 정도를 차지하며 곳곳에 여러 개의 연못이 있다. 아시하라시마(葦原島) 등 크고 작은 섬과 당시 지방의 번주(藩主)인 다이묘(大名)가 헌납한 명석(名石)들이 배치되어 있다.

킨카쿠의 뒤편에 위치하고 있는 긴가센(銀河泉). 요시미츠가 차를 끓일 때 사용했던 물로 전해지고 있다. 그 옆에는 요시미츠가 손을 씻을 때 사용한 물인 간카스이(厳下水)가 있다.

류몬타키(竜門滝, 용문폭포)와 리교세키(鯉魚石, 잉어석) 긴가센을 지나면 2.3m 높이의 폭포 류몬타키가 있다. 그리고 그 옆으로 '잉어가 폭포를 거슬러 올라가면 용이 된다.'는 중국 고사 '등용문'을 표현한 잉어석인 리교세키가 놓여 있다.

산책로를 따라 걷다 보면 지장보살을 만나게 되는데, 사람들이 소원을 빌며 던져 놓은 동전이 가득하다.

셋카테이로 향하는 곳에 위치한 안민타쿠(安民澤) 연못으로 한가운데 작은 섬에는 석탑이 세워져 있다. 우사택(雨賜沢, 비를 내려주는 연못)이라고 해서 가뭄에도 마르지 않아 기우제의 장소로 이용되었다. 한가운데 있는 탑은 백사(白蛇)무덤이다.

정원을 모두 지나면 셋카테이에 도착한다. 에도시대의 유명한 다도가인 가나모리소와(金森宗和)가 지은 것으로 스키야 스타일(다실풍의 건축양식)의 다실로 17세기에 지어졌다. 이곳에서 바라보는 저녁노을에 비친 킨카쿠가 특히 멋있다고 해서 셋카테이라고 불리게 되었다.

다실의 정면 기둥은 재앙을 피하게 한다는 난텐노도코바시라(南天の床柱)의 장식 기둥이고 오른쪽에 위치한 삼각형 선반은 싸리로 만든 지가이다나(違棚)선반으로 유명하다.

차를 마실 수 있는 작은 정원이 위치한다(차 가격은 500엔).

### 후도도(不動堂)

돌로 만든 부동명왕본존은 홍법대사가 만들었다고 전해진다. 부동명왕은 불교 8대 명왕 중 하나지만 비불(秘佛)로 평소에는 개방하지 않는다. 후도도를 지나 계단을 내려가면 킨카쿠지 입구로 연결된다.

합격기원!
# 기타노텐만구
北野天滿宮

　기타노텐만구는 입시철이 되면 수많은 학생들이 합격기원을 위해 방문하기 때문에 발 디딜 틈이 없는 곳으로, 일본 학생들이라면 교토 수학여행 코스에서 꼭 들른다. 기타노텐만구는 947년에 창건되었으며 규슈(九州)의 다자이후텐만구(太宰府天滿宮)와 함께 일본 전국의 약 1,200여 개 텐만구(天滿宮)신사의 총본산이다. 텐만구신사는 스가와라노 미치자네(菅原道真, 845~903년)라는 학문의 신을 제신으로 모시고 있다.
　기타노텐만구가 스가와라노 미치자네라는 학문의 신을 모시게 된 것에는 다음과 같은 이야기가 전해지고 있다. 스가와라노 미치자네는 헤이안시대의 유명한 학자이자 정치가로, 어린 나이에 관료시험에 합격하는 등 글재주가 매우 뛰어난 충신으로서 이름이 높았다. 우다 천황(宇多天皇)에게 중용되어 신임을 받았고 다이고 천황시대에 우리나라 우의정이라고 할 수 있는 우대신(右大臣)의 자리까지 올랐다. 그러나 좌대신 후지와라노 도키히라(藤原時平)의 참소로 죄를 얻어 규슈의 다자이곤노소치(大宰權帥)직으로 좌천되고 그곳에서 사망했다. 그가 죽은 후 교토에 잇따라 천둥과 번개가 치고 황족들이 연이어 죽으며 역병이 돌게 되자 민중은 물론이고 조정에서도 그가 원령이 되어 저주를 내린 것이라고 여겼다. 그의 저주를 두려워한 조정에서 미치자네의 죄를 사면하고 태정대신으로 추대했다. 또한 황궁의 청량전(淸涼殿) 낙뢰사건은 미치자네의 원령을 '뇌신(雷神, 벼락의 신)'으로 인식하는 계기가 됐고, 미치자네의 원혼을 달래기 위해 화뢰천신(火雷天神)을 제사 지내던 교토에 기타노텐만구를 지었다. 이후 일본에서는 100년에 한 번 일어날까 말까 한 재해가 발생할 때마다 미치자네의 저주

로 여겨 두려워하게 되었고 미치자네를 '텐진(天神)신앙'의 대상으로 삼으며 전국적으로 퍼져 나갔다. 과학이 발달하면서 재해에 대한 인식이 점차 바뀌자 천신신앙의 대상이었던 미치자네에 대한 인식도 바뀌게 되었는데, 생전에 뛰어난 학자이자 시인이었던 점이 부각되면서 '학문의 신'으로 받들게 되었다.

기타노텐만구에서 가장 큰 볼거리는 국보인 신덴(社殿)으로 교토 사람들은 '텐진상(天神さん)'이라고 부르며 친근감을 표하고 있다. 신덴은 957년에 만들어졌으며 정면 3칸, 측면 3칸과 차양간이 있다. 경내 곳곳에는 신의 사자(神使)인 소의 동상을 볼 수 있는데, 특히 머리 부분이 반질반질하다. 학문의 신을 모시고 있는 만큼 소의 머리를 문지르면 수험생에게는 합격의 기운이, 학생들에게는 학업 능력 향상의 기운이 있다고 전해져 이곳을 방문한 사람들이 소원을 빌면서 소의 머리를 문지르기 때문에 그렇다. 경내 한쪽에는 다양한 부적을 팔고 있는데 그것을 증명이라도 하듯 경내 곳곳은 해마다 10만 명 이상의 다녀간 사람들이 합격기원은 물론이고 자신의 소원을 적어 놓은 에마로 가득하다. 또한 매월 25일 엔니치(縁日, 젯날)에 열리는 프리마켓도 또 하나의 볼거리다. 이 프리마켓의 이름은 텐진상노고엔니치(天神さんのご

縁日)로 약 1천여 개의 셀러들이 참가하는 대규모다. 전통가구, 골동품, 살림 도구를 비롯해 먹거리 등 정말 다양한 물건들을 볼 수 있어 교토 현지인들에게 높은 인기를 얻고 있다.

## ✚ 이용 안내

기타노텐만구 ▶관람시간: 4월~9월 05:00~18:00, 10월~3월 05:30~17:30 (매월 25일 06:00~21:00) ▶입장료: 무료. 호모초덴(보물전) ▶개관일시: 매월 25일, 1월 1일, 매화시즌(2월 상순~3월 하순), 4월 10일~5월 30일, 단풍시즌(11월 상순~12월 상순) ▶관람시간: 10:00~16:00, 매화. 단풍시즌 라이트업 20:00까지 ▶관람요금: 성인 500엔, 중·고등학생 300엔, 초등학생 250엔 ▶주소: 京都府京都市上京区馬喰町 ▶전화번호: 075-461-0005 ▶홈페이지: kitanotenmangu.or.jp ▶구글지도 검색: kitanotenmangu

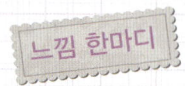
느낌 한마디

교토 취재를 몇 번 갔었지만 워낙 볼거리가 많은 교토이기에 갈까 말까 망설이다가 늘 다른 우선순위에 밀렸던 기타노텐만구였다. 허나, 기타노텐만구 계곡을 따라 펼쳐진 가을 단풍 사진을 보는 순간, 바로 마음이 움직였다. 학문의 신을 모시고 있는 덕분에 학생들이 많이 찾는 곳이었고 그들은 어김없이 소의 동상을 문지르며 진심을 다해 기도하고 있었다. 어머니들 역시 자녀를 위해 기도하는 모습에는 간절함이 담겨 있었다. 얼마나 많은 사람들이 소를 만졌는지 소의 머리는 반질반질했다. 어느 나라를 막론하고 자식들이 잘되기를 바라는 건 어머니의 공통된 마음일 터. 왠지 숙연해졌다. 경내는 생각보다 크지 않았고 수학여행 기간이 아니니 생각보다 고즈넉한 편이었다. 이젠 고대하던 단풍을 볼 차례. 가을 단풍을 보기 위해 별도의 관람료를 내고 정원으로 입장하는 순간 입이 쩍 벌어졌다. 이미 사진으로 계곡의 풍경을 보긴 했지만 절의 규모가 그리 크지 않아 반신반의했었다. 그러나 정원으로 입장해 한 계단을 올라 내려보니, 펼쳐지는 깊은 계곡은 기대했던 것 이상이었다. 수령이 족히 수백 년은 넘어 보이는 아름드리 단풍나무가 가득 차 있는 이곳이 도심이라는 사실이 믿기지 않을 정도였다. 새가 한가로이 지저귀고 울긋불긋 붉은 단풍의 색깔이 내 얼굴에 그대로 옮겨왔다. 한나절을 머물러 있어도 좋을 것 같았다. 단풍 구경을 마치고 나서는 길에 기타노텐만구는 단풍보다 2월 홍매화가 더 유명하다는 것에 생각이 미쳤다. 계절마다 이렇게 멋진 풍경을 볼 수 있는 교토 사람들이 갑자기 부러워졌다. 여기까지 왔는데 그냥 가기 아쉬워 히가시몬(남문)과 연결된 가미시치켄을 잠시 걸었다. 교토에서 가장 오래된 하나마치로 아직 오픈을 한 상태가 아니라 그저 평범한 골목길이었지만 그마저도 좋았다. 실로 가을빛에 만취한 날이었다.

# 기타노텐만구
## 어떻게 가야 할까?

① 시 버스 50번, 101번, 102번, 203번을 이용한다.

② 시 버스 기타노텐만구마에(北野天満宮前)에서 하차한다.

③ 킨카쿠지나 기타노하쿠바이초 방면에서 오는 경우에는 기타노텐만구마에 버스 정류장(A)에서 하차 후 앞쪽으로 직진하면 된다. 기온이나 교토역 방면에서 오는 경우 기타노텐만구마에 버스 정류장(B)에서 하차 후 기타노텐만구 방향으로 건널목을 건넌다.

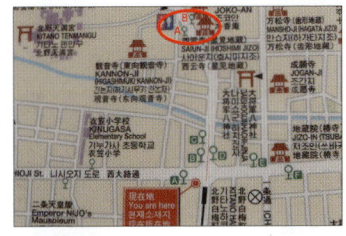

④ 기타노텐만구 입구다(버스 정류장에서 바로 보인다. 도보 1분 이내).

**Tip.** 란덴연선을 이용한 경우 기타노하쿠바이초역에서 버스로 한 정거장이므로, 도보로 10분 이내에 도착이 가능하다.

# 기타노텐만구
## 어떻게 즐겨볼까?

기타노텐만구 입구

석등을 따라 계속 직진하면 된다.

기타노텐만구의 상징이기도 한 다양한 소 모양의 동상

기타노텐만구에 소의 상이 있는 이유는 규슈에서 사망한 미치자네의 유해를 교토로 옮기던 중 다자이후에서 소가 더이상 움직이지 않자 소가 멈춘 자리에 그의 묘를 만들고 다자이후텐만구를 세웠고, 이후 소를 기념하기 위해 소 조각상을 세웠기 때문이다.

소의 머리를 쓰다듬으며 합격을 기원하거나 소원을 빌면 이루어진다고 한다. 많은 사람들이 소의 머리를 쓰다듬었기에 반질반질한 소의 머리를 볼 수 있다.

손이나 입을 씻는 데미즈샤(手水舍)에서도 소의 상을 볼 수 있다.

**로몬**(楼門)
2층 누각의 건축양식으로 로몬에는 문학의 신인 후게츠(風月)를 나타내는 편액이 걸려 있다.

**호모츠덴**(宝物殿, 보물전)
1927년에 지어졌으며 일본식과 서양식을 절충한 건물이다. 국보인 기타노텐진연기 두루마리 그림을 비롯해 스가와라노 미치자네가 애용했다고 전해지는 송풍벼루, 천여 년의 텐진신앙을 말해주는 보물류, 봉납품 등이 소장되어 있다(일정 기간에만 개방, 입장료 별도는 성인 500엔).

#### 산코몬(三光門, 삼광문)
중문(中門)이면서 중요문화재로 지정되어 있다. 텐만궁이라는 편액은 고사이 천황(後西天皇)의 친필로 문에 새겨진 조각 중에 태양(日)·달(月)·별(星)이 있어 산코몬으로 불린다.

#### 혼덴(本殿)
스가와라노 미치자네를 모시고 있는 본전으로 국보로 지정되어 있다. 1607년 도요토미 히데요리가 조영했다. 호화로운 모모야마시대를 대표하는 건축물로 약 500평의 노송피즘 지붕이 웅대하고 장엄하게 느껴진다.

#### 히가시몬(東門)
신덴의 오른쪽에 위치한 문으로 이 역시 중요문화재다. 이 문으로 나가면 바로 가미시치켄(上七軒)으로 연결된다.

가미시치켄은 잘 정비된 골목길임에도 불구하고 오래된 교토를 느껴볼 수 있는 독특한 곳이다. 골목길을 걸으면 어디선가 문득 마주칠 것 같은 마이코와 게이코를 기대해도 좋겠다.

**Tip.** 하나마치가 있는 골목길, 가미시치켄: 가미시치켄은 무로마치시대에 기타노텐만구를 재건하고 남은 건축 자재로 인근에 7개의 오차야(お茶屋)를 세운 것에서 시작되었다. 교토의 5개 하나마치(花街, 게이코와 마이코가 일하는 곳) 중 가장 오래된 하나마치로, 매년 3월 25일이면 기타노 오도리(北野をどり)라는 게이코와 무희들의 무도공연이 열리는 것으로도 유명하다. 기타노텐만구 히가시몬에서 정면으로 보이는 골목이 가미시치켄으로 몇 백 미터 되지 않는 짧은 거리에 약 45개의 점포가 옹기종기 줄지어 있다.

### 한 걸음 더

봄 매화, 가을 단풍이 유명한
# 기타노텐만구

학문의 신을 모시고 있어 학생들에게는 꼭 방문해야 할 곳이기도 하지만 매화 정원(梅苑)과 단풍으로도 유명하다. 벚꽃으로 유명한 교토에서 유일하게 매화정원을 가지고 있는 타노텐만구는 약 2천여 그루의 홍매화가 2월 하순부터 앞다투어 꽃망울을 터뜨리며 은은한 봄 향기를 피운다. 미치자네가 매화를 각별히 사랑했다고 하며 매년 2월 25일에는 매화 축제가 개최된다.

　매화정원을 관람하려면 따로 입장료를 지불해야 하지만 매화정원에 입장하지 않아도 경내 곳곳에서 매화꽃을 감상할 수 있다. 그러나 가을이면 사정은 달라진다. 반드시 입장료를 따로 내고 정원에 입장해야만 한다. 그건 바로 수령 400년에서 600년이 된 단풍나무들이 계곡을 따라 펼쳐지는 울긋불긋한 단풍을 볼 수 있는 비밀의 계곡이 있기 때문이다. 이곳은 국가 사적인 도요토미 히데요시가 쌓은 토성(오도이, 御土居)이 남아 있는데 토성과 계곡 그리고 단풍이 어우러지는 풍경이 환상적이다. 특히 가을 단풍 시즌에는 라이트업이 실시되기에 더욱 특별한 가을을 느낄 수 있다. 봄・가을 정원 입장료는 성인 700엔, 어린이(7~12세) 350엔으로 입장권에는 가미시치겐(上七軒)의 게이마이코(芸舞妓)가 제공하는 말차(抹茶)와 간단한 다과가 포함된다.

오도이(御土居) 단풍

기타노텐만구, 무엇을 먹을까?

## 400년 전통의 한 줄 우동

# 타와라야

たわらや

어른 손가락 굵기 만한 우동으로 무려 400년 동안 교토 사람들을 사로잡은 곳이다. 일명 '가래떡 우동'이라고 불리는 타와라야 우동은 배고팠던 시절 배를 든든하게 하려고 굵고 길게 만들어졌다. 무려 60cm 길이나 되는 우동은 면을 먹을 때 끊지 않고 한 번에 먹으면 장수한다는 속설이 있다. 타와라야 우동은 맑은 국물에 굵은 두 줄의 우동이 전부다. 유명세에 비해 너무 단순한 타와라야 우동이지만 생강을 풀면 감칠맛이 더해져 국물 맛이 깔끔하면서도 깊이가 있다. 워낙 인기가 많아 오픈하자마자 가지 않으면 늘 줄을 서서 기다려야 하는 곳이다.

한 끼 식사로는 양이 부족한 편이니 유부가 듬뿍 올라간 기츠네 우동으로 구성된 세트메뉴를 주문하면 된다. 그 밖에 다양한 우동과 단품메뉴가 있으며 만주와 젠자

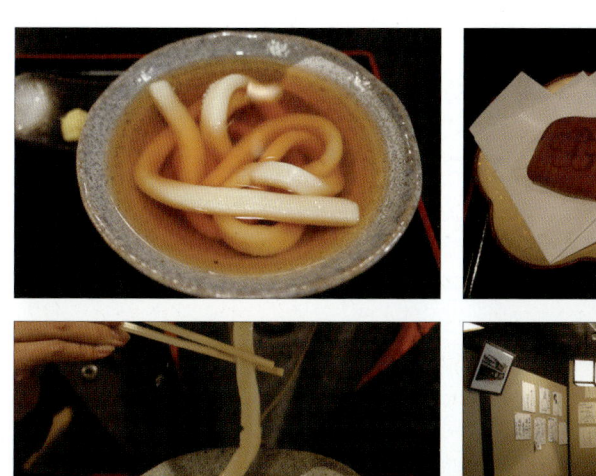

이 등 간단한 디저트도 맛볼 수 있다. 기타노텐만구 근처에 위치하고 있어 '합격'이라는 글씨를 새겨 넣은 만주가 특히 인기다. 타와라야의 우동을 먹고 싶다면 일찍 문을 닫는 곳이니 되도록 일찍 방문하자. 가격은 대략 800~1,300엔 정도다.

### ✚ 이용 안내

▶**영업시간:** 11:00~16:00(마지막 주문 15:30) ▶**휴무일:** 수요일 ▶**주소:** 京都市上京区馬喰町918 ▶**전화번호:** 075-463-4971 ▶**홈페이지:** www.geocities.jp/tawaraya_udon ▶**구글지도 검색:** Tawaraya[가미교구(Kamigyo)의 타와라야를 선택할 것]

아주 **특별한** 교토

교토의 메인 스트리트
# 시조四条, 그리고 산조三条

교토의 시내 중심에 위치한 시조 거리와 산조 거리 일대는 교토에서 가장 번화한 거리다. 이 일대는 당나라 장안을 모델로 삼은 도시답게 모두 바둑판으로 구획되어 있으며 가로(동서)와 세로(남북) 방향에 따라 지명을 붙이고 있다. 시조가와라마치 일대는 가모가와를 중심으로 세로 방향의 대로에 '도리(通, 통)' 자를 이용해 데라마치도리(寺町通), 다카쿠라도리(高倉通), 가라스마도리(烏丸通) 등의 지명으로 사용하고 있다. 또한 가로 방향의 대로는 아라비아 숫자와 '죠(条, 조)'를 이용해 산조, 시조 등의 지명이 붙어 있다. 따라서 세로(도리)와 가로(조)로 난 길의 지명을 알고 있으면 길 찾기가 수월하다.

시조 거리와 가와라마치 거리가 교차하는 시조가와라마치(四条河原町) 일대는 가장 번화한 거리로 다카시야마백화점(Takasiyama 百貨店), 다이마루백화점(大丸百貨店) 등이 몰려 있다. 그 밖에도 신쿄고쿠(新京極) 쇼핑 거리와 데라마치(寺町) 쇼핑 거리를 비롯해 니시키 시장(錦市場) 등도 위치하고 있다. 또한 일본 3대 축제 중 하나인 기온 마츠리의 야마호코 행렬이 이 일대를 지나가며 호화로운 행사가 펼쳐지는 곳이기도 하다. 이처럼 교토에서 가장 번화가인 시조가와라마치 일대는 교토 시내 교통 요충지로 대부분의 버스 노선이 지나가는 곳이다. 이 일대는 고문서에 '시조오지(四条大路)'라고 기록한 것을 볼 수 있는데, 교토가 수도였던 헤이안시대에도 이미 교토의 메인 스트리트였음을 짐작하게 한다.

산조 거리는 메이지시대 메인스트리트답게 교토시 문화박물관(京都市文化博物館), 나카교우체국(中京通郵使局) 등 근대 건축물들이 많이 남아 있어 또 다른 독특한 풍경을 만날 수 있다. 산조 거리 역시 교토에서 가장 오래된 쇼핑 지역 중 하나로 산조 거리의 북쪽 부분은 카페나 차, 일본 종이 등을 판매하는 전통적인 시니세들이 줄지어 있다. 일본에서는 산조 거리만 따로 소개하고 있는 책이 발행될 정도로 교토 피플들 사이에서는 인기 있는 거리다. 산조 거리를 걷다 보면 지명의 유래를 알 수 있는 한글 표지판이 설치되어 있어 교토가 좀 더 친근하게 다가온다.

시조 거리에서 산조 거리까지 번화한 상점 거리를 비롯해 오래된 가옥들과 근대의 건축물들이 있는 골목길을 따라 걷다 보면 어느새 교토의 또 다른 매력에 빠지게 된다. 설렁설렁 걷다 보면 이 길은 그 길로, 그 길은 다시 이 길로 한없이 이어진다. 어디 그뿐인가. 어느 골목을 걷더라도 마주치게 되는 개성 넘치는 가게들은 교토 여행의 또 다른 즐거움을 선물한다.

## 교토의 메인 스트리트
# 어떻게 즐겨볼까?

### 우나기(うなぎ, 장어) 전문점 가네요(かねよ)
여름 보양식이자 스태미나식인 장어 전문점이다. 입구의 투명한 유리창으로 40년된 장인이 장어를 숯불에 굽는 모습을 볼 수 있는데 특제소스로 8번 구운 장어구이로 유명한 가게다. 특히 정종과 환상의 궁합을 자랑하는 타레(たれ, 간장 소스)는 100년 전 창업 당시의 맛을 그대로 유지하고 있다. 전쟁중에 건물이 화재에 휩싸였을 때에도 주인이 소스 단지만 들고 도망쳤다는 일화가 전해질 정도다. 고슬고슬한 밥 위에 특제소스를 발라 숯불 위에 구워진 장어를 올리고 다시마 육수로 부친 두꺼운 달걀지단으로 덮은 긴시동(きんし丼)은 이 집의 최고 인기메뉴다. 밥, 우나기, 달걀지단을 한꺼번에 먹을 때 가장 맛있다고 한다. 건물은 1층과 2층으로 나눠져 있으며 1층은 안쪽으로 정원이 있고 2층은 신발을 벗고 들어간다. 그 밖에 우나기동도 인기메뉴로 런치타임에는 미니 우나기동을 좀더 저렴한 가격(1,200엔)으로 맛볼 수 있다. 긴시동 세트메뉴는 2,100엔이다.

### 마츠토미야고토부키이치에(松富や壽 いちえ)
교토의 전통가옥에서 교토 스타일의 가정식 밥상 메뉴를 맛볼 수 있는 오반자이 전문점이다. 100년이 넘은 전통가옥 교마치야(京町家)를 그대로 이용하고 있으며 오반자이를 뷔페식으로 즐길 수 있다. 이곳은 교토에서 생산되는 제철 채소를 주요 재료로 대부분은 유기농 재료를 사용하고 화학 조미료 대신 천연 조미료를 사용하는 곳이다. 그래서 교토에서도 건강식 오반자이로 인기가 높은 곳이다. 열린 주방에서 음식을 분주히 만드는 것을 직접 볼 수 있다. 반찬은 조금씩 만들어두고 떨어지면 바로 먹을 수 있도록 그 자리에서 만든다. 특히 각 요리마다 어떤 재료를 사용했는지 자세하게 모두 표시되어 있다. 평일에는 약 15가지, 주말·공휴일에는 약 20여가지 요리가 제공된다. 간혹 부정기로 휴일에 문을 닫을 수도 있으니 반드시 홈페이지에서 휴일 공지를 확인하자.

**영업시간:** 11:30~21:00 (마지막 주문 20:30), 런치타임 11:30~14:00 **휴무일:** 연중무휴 **주소:** 京都府 京都市中京区 六角通新京極東入松ヶ枝町456 **전화번호:** 075-221-0669 **홈페이지:** www.kyogokukaneyo.co.jp **가는 방법:** 교토 시 버스 가와라마치산조(三)에서 하차 후 로프트(Loft)를 끼고 우회전한 다음 직진하면 왼쪽에 있다.

**이용시간:** 평일 11:30~14:30(입장마감 13:50) 주말 및 공휴일: 11:30~15:30(입장마감 14:30) **이용시간:** 60분 금액 평일 1,080엔 주말·공휴일 1,490엔 **주소:** 京都市中京区 竹屋町通西洞院西入東竹屋町422 **전화번호:** 075-221-6699 **홈페이지:** www.obanzai-ichie.com/

### 이에몬살롱(IYEMON SALON KYOTO)

(주)산토리 그룹에서 운영하고 있는 카페다. 일본에서 흔히 살 수 있는 녹차 음료로 유명한 이에몬(伊右衛門)을 생산한다. 일본이 세계적으로 자랑하는 '차'를 통해 새로운 라이프 스타일을 제안하다는 콘셉트를 가지고 2008년 6월에 오픈한 모던하면서도 캐주얼한 분위기의 카페다. 대부분 일찍 문을 닫는 다른 가게와 달리 늦은 시간까지 영업을 하고 있는 덕분에 외국인 관광객들에게 인기가 많은 곳이기도 하다. 말차와 녹차로 유명한 이에몬답게 카페 입구에는 차와 차에 관한 서적 및 차기들을 비롯해 다양한 종류의 상품을 판매하고 있다. 홀 중앙은 오픈 키친으로 요리 만드는 모습을 직접 볼 수 있으며 안쪽에서는 정원을 볼 수 있다. 이에몬은 녹차를 기본으로 하지만 녹차맥주 등 퓨전 스타일의 아이디어 넘치는 메뉴들이 눈길을 끈다. 차로 유명한 곳이지만 아침부터 저녁까지 다양한 식사메뉴 또한 인기다. 식사메뉴는 일본 전통 식사인 오차즈케를 비롯해 현대식 스타일까지 다양하며 브런치 메뉴도 인기가 많다. 무엇보다 저녁 늦게까지 부담 없이 맥주 한잔 즐기기에 좋은 곳이다. 음료나 주류는 대략 600엔, 단품메뉴는 500엔 정도다. 아침 식사메뉴는 대략 600~1,000엔 정도, 디저트류는 1천 엔 이하다(단 부가세는 별도).

녹차맥주

유부피자

**이용시간:** 모닝 08:00~11:00, 런치 11:00~15:00, 간식 15:00~23:00, 디너 17:00~23:00(마지막 주문 음식 22:30 음료 및 주류 23:00) **주소:** 京都市中京区三条通烏丸西入御倉町80番地 千總ビル1階 **전화번호:** 075-222-1500 **홈페이지:** www.iyemonsalon.jp/concept **구글지도 검색:** IYEMON SSALON KYOTO **가는 방법:** 지하철 가라스마오 이케역(烏丸御池駅) 6번 출구에서 나와 정면의 스타벅스를 끼고 우회전 후 직진하면 맞은편에 위치한다.

### 교토 사람들의 한잔 명소! 교토테판 다치바나 (京都鉄板 たちばな)

교토테판 다치바나는 교토 사람들이 퇴근 후 한잔을 즐기는 곳으로 철판구이 전문점이다. 우리나라에서 이곳은 5장의 오코노미야키를 5층으로 쌓아올린 고주노토라는 오코노미야키가 있는 곳으로 유명하다. 비싼 가격에도 불구하고 모두 다른 재료가 들어가기 때문에 한번에 5가지의 오코노미야키를 맛볼 수 있어서 인기가 많다. 하지만 고주노토는 방문 하루 전날까지 미리 예약해야만 맛볼 수 있는 메뉴다. 꼭 오코노미야키가 아니어도 스테이크, 해산물, 제철 채소 등 안주로 곁들이기에 그만인 다양한 철판요리들이 있으며 그날그날 주방장의 추천 메뉴도 준비되어 있다. 교토의 각종 매체에 맛집으로 소개되는 곳으로 유명인들도 많이 다녀가는 곳이다. 평균 예산 3,000~5,000엔 정도다.

### 교토 커피의 역사! 스마트커피점

'스마트런치(スマートランチ)'라는 이름으로 1932년에 창업한 이후 '스마트커피'로 이름을 바꾸었으며 80년이 넘는 역사를 이어오고 있다. '스마트'란 이름은 '멋진 서비스'라는 의미를 담고 있으며 오랜 세월 스마트커피를 지켜온 어르신들의 서비스는 감동이다. 창업 당시부터 직접 로스팅한 오리지널 블랜디드 커피를 변함없는 맛으로 제공하고 있다. 당초 런치메뉴를 팔던 곳답게 2층은 오므라이스와 햄버거 스테이크 등 레스토랑을 운영하고 있다. 인기 커피 메뉴는 가장 기본인 커피(Smart Original Blended Coffee)와 비엔나커피(Viennese Coffee)다. 그 외 프렌치 토스트와 핫케이크는 커피와 곁들이기 좋은 인기메뉴다. 무엇보다 창업 당시의 맛과 느낌을 유지하고 있어 교토 사람들에게는 변하지 않는 맛과 더불어 향수를 불러일으키는 곳으로 인기를 누리고 있다. 커피 원두를 비롯해 스마트커피 관련 제품도 구매가 가능하다. 커피 가격은 대략 450~600엔 정도고 식사는 600~800엔 정도다. 핫케이크 혹은 프렌치 토스트 세트메뉴는 1천 엔이다.

**영업시간:** 평일 점심 11:30~14:00 저녁 18:00~25:00(마지막 주문 24:00) 주말·공휴일 12:00~25:00(마지막 주문 24:00) **휴무일:** 부정기(임시휴업이 있을 수 있음) **주소:** 京都市下京区仏光寺通室町東入ル釘隠町237 Daido烏丸ビル1F **전화번호:** 075-351-7888 **홈페이지:** www.teppan-tachibana.jp **가는 방법:** 지하철 시조가라스마(四条烏丸) 6번 출구로 나온 다음 뒤를 돌아 직진 후, 첫 번째 대로변에서 우회전 후 직진하면 된다.

**영업시간:** 일반 08:00~19:00 2층 런치 11:00~14:30 **휴무일:** 연중무휴(단 2층 런치는 화요일 휴무) **주소:** 京都市中京区寺町通三条上る 天性寺前町537 **전화번호:** 075-231-6547 **홈페이지:** smartcoffee.jp

## 교토 토종 브랜드 카페, 마에다커피(MAECO, 前田珈琲) 가라스마오이케점(烏丸御池店)

아시아 국가 중 커피 소비량이 단연 으뜸인 일본에 교토 토종 커피 브랜드가 많은 건 어쩌면 당연하다. 마에다커피 역시 교토 토종 브랜드 카페로 직접 로스팅한 4종류의 오리지널 블렌드 커피를 판매하고 있다. 그 외 브라질, 과테말라 등 다양한 종류의 커피도 취급하고 있다. 커피를 비롯해 식사메뉴, 디저트 등이 모두 맛있는 곳으로 소문난 카페다. 1971년에 오픈했으며 교토에 총 5개의 지점을 보유하고 있는데, 교토문화박물관 별관(京都文化博物館別館)점, 고다이지(高台寺)점 등 유서 깊은 곳에 지점이 위치하고 있어 독특한 분위기를 자랑하고 있다. 가라스마오이케점은 2014년 7월 1일 오픈한 곳으로 다른 지점과 달리 모던한 느낌을 콘셉트로 하고 있다. 마에다커피가 위치한 대로변에서는 산조와 시조 일대 대로변의 이름 유래를 알 수 있는 한글 안내판이 있어 또 하나의 볼거리로 교토를 폭넓게 이해하는 데 도움이 된다. 커피 가격은 300~500엔 정도, 식사는 700~1,400엔 정도다. 브런치 세트메뉴를 비롯해 오므라이스, 돈가스, 파스타 등 다양한 종류의 식사 메뉴와 디저트 메뉴가 있다.

스페셜 모닝세트와 로스트 비프

스페셜 모닝세트

로스트 비프

**영업시간**: 07:00~21:00(마지막 주문 20:30) **휴무일**: 연중무휴 **주소**: 京都市中京区衣棚通御池下がる長浜町159番地イーグルコート烏丸御池1F **전화번호**: 075-252-1515 **홈페이지**: www.maedacoffee.com **가는 방법**: 시 버스 61번, 62번, 63번, 64번 이용, 가라스마오이케 버스 정류장에서 하차 및 지하철 가라스마오이케역 4-1번 출구, 도보 5분 이내

### 교토 스타벅스 콘셉트 스토어 산조오하시점(スターバックス 三条大橋店)

스타벅스를 좋아하는 사람이라면 교토 산조오하시점은 끌릴 수밖에 없다. 교토 시민들의 휴식처인 가모가와에 위치하고 있어 남다른 경관을 자랑한다. 스타벅스 산조오하시점은 여름에 가장 인기가 높다. 여름이면 가모가와와 접하고 있는 곳에서 강변을 바라보며 음식이나 디저트를 즐길 수 있도록 강 쪽에 평상 비슷한 가와유카(川床)가 있기 때문이다. 별도의 자릿세를 부담해야 하는 다른 곳의 가와유카와 달리 스타벅스 산조오하시점은 별도의 자릿세가 없어 언제나 인기 만점이다. 스타벅스 콘셉트 스토어라는 이유로 많은 관광객들이 방문하는 곳으로 테이블은 만석일 때가 많으니 참고하자. 1층과 지하 1층, 2개의 층이 있다. 스타벅스 앞으로 흐르고 있는 가모가와는 연인들의 데이트 장소로도 인기가 높으며 산조오하시 또한 오랜 역사를 느낄 수 있는 다리다.

**영업시간:** 08:00~23:00 **휴무일:** 부정기 **주소:** 京都府京都市中京区 三条通河原町東入ル中島町113 近江屋ビル 1F **전화번호:** 075-213-2326 **홈페이지:** www.starbucks.co.jp/store/concept/kyoto

셋째 날,

## 나긋나긋 그 길 따라
### 교토 산책!

**셋째 날, 일정 한눈에 보기**

1 긴카쿠지    2 철학의 길    3 난젠지    4 헤이안진구

교토에서 가장 아름다운 산책길을 따라 걷는 하루! 봄에는 벚꽃이, 가을에는 단풍이 길동무를 자처한다. 오늘 하루 교토를 산책하자!

셋째 날
일정 지도

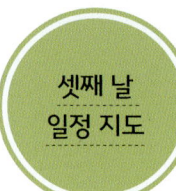

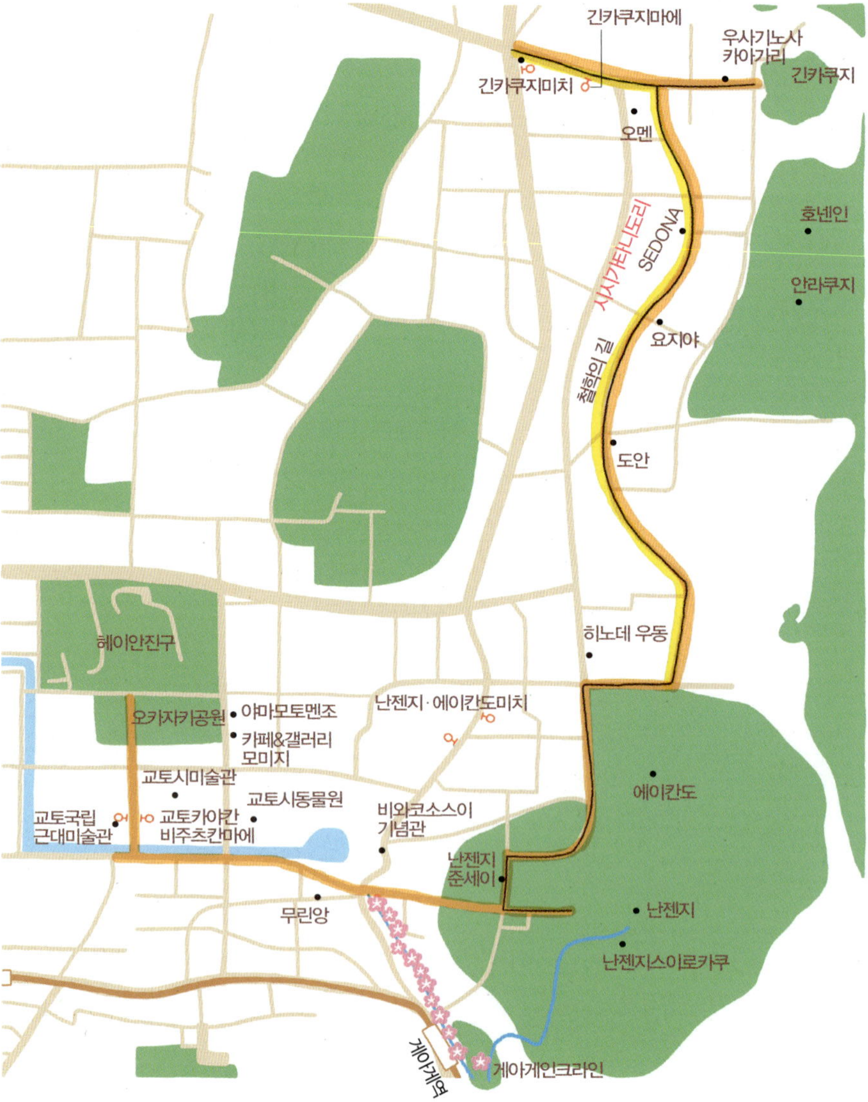
긴카쿠지마에
우사기노사
카아가리
긴카쿠지
긴카쿠지미치
오멘
호넨인
시시가타니도리
SEDONA
안라쿠지
요지야
철학의 길
도안
히노데 우동
헤이안진구
오카자키공원
야마모토멘조
카페&갤러리
모미지
난젠지 · 에이칸도미치
에이칸도
교토시미술관
교토시동물원
교토국립
근대미술관
교토카야칸
비주츠칸마에
비와코소스이
기념관
난젠지
준세이
무린앙
난젠지
난젠지스이로카쿠
게아게역
게아게인크라인

## 금빛이 아니어도 좋아!
# 긴카쿠지
銀閣寺

킨카쿠지와 함께 교토를 대표하는 긴카쿠지 역시 임제종 쇼코쿠지파의 선종사원으로, 1482년 무로마치 막부 제8대 장군인 아시카가 요시마사(足利義政)에 의해 건립되었다. 장군 요시마사는 조부인 제3대 장군 아시카가 요시미츠가 건립한 기타야마도노 별저인 킨카쿠지를 모방해 자신이 은퇴 후 살 저택으로 히가시야마도노(東山殿)를 조영했고, 그것이 긴카쿠지의 시초가 되었다. 아시카가 요시마사 사망 후 유언에 따라 선종에 기증된 히가시야마도노는 그의 법명을 따와 지쇼지(慈照寺)로 이름 지어졌고 정식 명칭 히가시야마 지쇼지(東山慈照寺)로 창건되었다. 킨카쿠지를 모델로 삼아 관음전(긴가쿠, 銀閣)의 외벽을 은박으로 장식하려고 했기에 긴카쿠지로 불리고 있다. 하지만 원래 계획과 달리 1467년 오닌의 난으로 인해 관음전인 긴카쿠와

도구도(東求堂, 동구당)만 남고 모두 불타버렸고 이후 1615년에 다시 복구되었다. 하지만 건물 전체를 장식할 만큼 은을 구하기 쉽지 않았고 경제 상황도 좋지 않아 현재 상태로 남았다.

긴카쿠지는 귀족문화인 기타야마 문화로 대표되는 긴카쿠지와 약 50년이 넘는 시간차를 두고 선종의 문화가 결합되면서 귀족문화보다 선종문화가 우세해진 히가시야마 문화를 볼 수 있다. 이는 건축양식으로 확인할 수 있는데 킨카쿠 1층에 존재하는 귀족주의 건축인 침전식 공간이 긴카쿠에는 존재하지 않으며, 무가사회의 생활패턴을 고려한 무가건축의 전형인 서원식 건축을 긴카쿠지에서 볼 수 있다. 요시마사가 평생을 바쳐 직접 조성한 긴카쿠지는 옻칠로 마감된 검은색 건축물인 긴카쿠, 요시마사의 서재인 도구도, 그리고 흰 모래 정원과 연못정원이 함께 어우러지며 천하제일의 아름다운 정원으로 평가받고 있다. 이렇게 미완으로 남은 긴카쿠지이지만 히가시야마 문화의 정수라고 칭하며 다른 의미로 '와비사비(わびさび)'라는 설명을 덧붙인다. 와비사비는 사전적으로는 '훌륭한 상태에 대한 열등한 상태'를 의미하지만, 선종의 영향으로 '평범한 사물을 감상할 때 아무리 불완전하고 초라한 것일지라도 거기서 아름다움을 발견할 수 있다.'라는 의미로 현재는 일본 미학을 대표하는 말로 사용되고 있다. 무로마치시대를 대표하고 있는 긴카쿠지는 킨카쿠지와 서로 닮은 듯 보이지만, 화려한 금빛 누각이 가질 수 없는 고결한 모습으로 자신만의 아름다운 매력을 한껏 뽐내고 있다.

➕ 이용 안내

▶관람시간: 3월~11월 08:30~17:00, 12월~2월 09:00~16:30  ▶휴무일: 연중무휴  ▶요금: 성인 500엔, 초·중고생 300엔  ▶주소: 京都府京都市左京区銀閣寺町2  ▶전화번호: 075-771-5725  ▶홈페이지: www.shokoku-ji.jp  구글지도 검색: Higashiyama Jisho-ji

**Tip.** 아시카가 요시마사는 1460년에 은퇴 후 자신이 살 저택과 정원을 직접 조성한 후 그곳에서 머물면서 정치보다 문화에 심취했다. 그러면서 예술가들을 적극적으로 지원했고, 그 결과 히가시야마 문화가 꽃피우게 된다. 하지만 쇼군인 요시야마의 정치에 대한 무관심으로 막부정치는 중심을 잃을 수밖에 없었고, 거기에 쇼군의 후계 문제까지 얽히면서 막부의 실권을 잡기 위해 결국 1467년 부하들에 의한 '오닌의 난'이 일어나게 된다. 호소카와(細川)를 총수로 하는 동군과 야마나(山名)를 총수로 하는 서군으로 나뉘어 약 11년간 소득도 없는 싸움을 벌이는 동안 교토는 불바다가 되었고, 이때 대부분의 문화재를 비롯해 중요한 보물이나 기록 등이 모두 화재로 소실되었으며 교토는 황폐해졌다. 이처럼 요시마사는 오닌의 난을 불러일으킨 장본인으로 후세 역사학자들에게 종종 비판을 받고 있다.

긴카쿠지 역시 교토를 대표하는 사찰로 금각 대신 은각으로 장식했다는 점만 다를 뿐 킨카쿠지와 닮아도 어찌 이리 닮았을까 싶었다. 아무런 준비 없이 훅! 다가오던 금각과 달리, 키를 훌쩍 넘기는 생나무 울타리가 이끄는 긴카쿠지는 품격이 느껴지는 곳이었다. 호쇼칸을 지나자 방장 앞에는 무릎 높이 정도의 모래 정원인 은사탄이 바다처럼 펼쳐져 있다. 한쪽에는 원추형의 모래산인 향월대가 솟아 있다. 그리고 은각이 위치한다. 모든 것이 단아한 느낌을 풍기는 경내 분위기와 달리 모래정원은 굉장히 화려한 느낌이었다. 방장 마루에 앉아 이 모든 것을 한눈에 보고 있자니 파도가 일렁이는 듯 절로 넋을 놓고 모래정원만 바라보게 하는 묘한 매력이 있었다. 정원을 따라 이동하면서 문득 뒤를 돌아보니, 모래 파도가 발 앞까지 밀려온 듯 착시현상은 놀라웠다. 그리고 다시 바라본 은각의 모습. 킨카쿠지를 모델로 해 그대로 지어진 곳이지만 할아버지격인 킨카쿠지와 손자격인 긴카쿠지 사이에는 엄연한 차이가 있었다. 관람로를 따라 언덕의 전망대에 오르니 저 멀리 교토 시내가 보이고 긴카쿠지의 전체적인 모습을 조망할 수 있었다. 에이, 몹쓸 사람들. 달빛 아래의 모래정원이 그렇게 아름답다고 찬사를 보내면서도 왜 달빛이 비치는 밤에는 개방을 하지 않고 숨겨 놓는 것인지 몹시 아쉬웠다. 금빛이 아니어도 충분히 매력 넘치는 긴카쿠지 아닌가.

# 긴카쿠지
## 어떻게 가야 할까?

① 시 버스 100번을 이용해 긴카쿠지마에(銀閣寺前)에서 하차한다. 버스에서 하차 후 버스 반대 방향으로 직진하면 왼쪽으로 긴카쿠지다리가 위치한다(⑤번 참조).

② 시 버스 100번 외에 다른 버스(5번, 17번, 32번, 102번, 203번, 204번)들을 탔다면 긴카쿠지미치(銀閣寺道)에서 하차한다.

③ 긴카쿠지미치는 버스 번호에 따라 버스 정류장이 조금씩 다르지만, 사거리에 있는 긴카쿠지 안내판을 따라가면 된다. 혹시 안내판을 발견하지 못하더라도 사람들이 많이 가는 방향으로 따라가면 된다.

④ 긴가쿠지미치에서 하차하면 데츠카쿠노미치(哲学の道, 철학의 길) 입구에서 길을 따라 직진하자. 긴카쿠지까지 도보 약 10분 이내다(철학의 길 입구에서 조금 걸어 올라오면 긴카쿠지마에 버스 정류장이 위치한다).

⑤ 철학의 길을 따라 직진하다가 왼쪽으로 긴카쿠지다리(銀閣寺橋, 은각사교)를 건너 직진한다.

⑥ 긴카쿠지 입구까지 상점가를 따라 직진한다.

⑦ 긴카쿠지에 도착

**Tip 1.** 긴카쿠지(은각사) ↔ 킨카쿠지(금각사) 방면은 킨카쿠지마에 버스 정류장에서 102번 또는 204번 버스를 이용하면 되지만 버스 정류장 위치가 다르니 주의하자. 참고로 102번은 기타노텐만구를 거쳐 킨카쿠지로 가는 노선이다. 교토역에서 출발하는 경우 시 버스 100번을 이용하면 긴카쿠지마에 버스 정류장이 긴카쿠지와 조금 더 가깝지만, 관광객이 몰리는 시즌에는 기다리는 줄이 너무 많아 대기시간이 길어질 수 있다. 이 경우 굳이 100번을 고집하기보다 긴카쿠지미치행 다른 버스를 이용하는 것이 효율적일 수 있다.

**Tip 2.** 교토에서는 8월 16일 저녁 8시가 되면 한바탕 불장난이 벌어지는데 바로 다이몬지오쿠리비(大文字送り火)마츠리다. 교토를 동서남북으로 둘러싸고 있는 5개의 산에서 각각 대(大)와 묘(妙), 법(法), 그리고 배 모양, 도리이 모양에 5분에서 10분 간격으로 불을 붙이고 일 년 동안 무병장수를 기원한다. 여름 밤의 불놀이는 무로마치시대 이후에 시작된 것으로 추정되며 은각사와 금각사 뒷산에서는 큰 대(大) 자 모양의 글씨를 선명하게 볼 수 있다. 이 불구경을 위해 각각의 글자가 있는 산에 오르기도 하는데, 데마치야나기(出町柳)의 가모가와 다리에서 여섯 군데의 불을 한꺼번에 볼 수 있으니 여름에 교토를 여행할 예정이라면 축제에 참가해보는 것도 특별한 추억이 될 것이다.

# 긴카쿠지
## 어떻게 즐겨볼까?

**소우몬**
긴카쿠지의 정문이다.

**긴카쿠지키카키(銀閣寺樹垣)**
소우몬에서 중문에 이르는 약 50m의 산도(参道, 참도) 좌우는 높이가 약 7~8m인 생나무 울타리로 꾸며져 있어 관람객들의 시선을 끌고 있다.

산도의 끝에는 매표소가 있다. 매표소 옆으로 중문을 통과하면 긴카쿠지 경내로 연결된다.

부적 모양의 입장권에는 은각관음전과 더불어 오른쪽에 개운초복, 왼쪽에 가내안전이 적혀 있다.

긴카쿠지 입구로 들어서면 왼쪽에 쿠리가 위치하고 있다. 쿠리는 선종에서 볼 수 있는 건축양식으로 주지스님의 거처인 호조와 연결되어 있는 건물이다.

### 호쇼칸(寶處關)

'보배가 있는 관문'이라는 뜻으로 풀이되며 이곳을 지나면 혼도와 모래정원이 펼쳐진다.

호쇼칸의 창은 가토마도(華頭窓, 화두창)로 창의 윗부분이 곡선으로 꾸며져 있으며, 옆 테두리는 위에서 아래로 부채꼴 모양을 하고 있다. 중국에서 전래되었으며 선종 사원의 건축양식으로 많이 이용되었다.

### 혼도(正殿)

주지스님의 거주 공간인 호조로 1624~1644년에 건립되었다. 호조를 비롯해 서원과 다실은 맹장지(방과 방 사이, 방과 마루 사이에 칸을 막아 끼우는 문)의 그림으로 유명하다. 호조에는 에도시대를 대표하는 수묵 화가인 이케노 다이가(池大雅)와 요사부손(與謝蕪村)의 작품이, 서원에는 남화(南畫)의 대가인 도미오카 뎃사이(富岡鉄斎)의 작품이다.

호조에 걸린 현판 '동산수상행(東山水上行)'은 '동산이 물 위를 간다.'는 의미다. 한 스님의 "부처님이 나온 곳이 어디냐."라는 질문에 운문선사(雲門禪師)가 답한 내용으로 선사상이 담겨 있다.

### 긴샤단(銀沙灘, 은사탄)
호조 앞에 펼쳐진 물결 무늬의 모래정원으로 긴카쿠지의 핵심이라고 할 수 있다. 바닥에 쌓인 모래의 높이는 60cm나 된다. 모래정원은 에도시대에 조성되면서 기하학적인 직선과 동심원이었던 원래 모양보다 훨씬 화려하게 조성되었다.

모래 정원의 한쪽에는 후지산을 상징하는 높이가 약 180cm 원추형 모래산이 조성되어 있는데 고게츠다이(向月台. 향월대)다. 고게츠다이를 통해 모래정원에 비치는 달빛을 감상하기 위해 만든 것이라고 한다.

### 도구도(東求堂)
국보로 팔작지붕 양식에 노송나무 껍질로 인 지붕을 하고 있으며 현존하는 가장 오래된 서원양식의 건물이다. 남쪽으로 툇마루와 정방형 2칸의 불당이 있으며 북쪽으로는 다다미 6장과 4장 반 크기의 방이 2개 있다. 특히 북동쪽의 다다미 4장 반 크기의 방인 도진사이(同仁齋. 동인재)는 히가시야마 문화를 탄생시킨 무대로, 일본 집의 원형이자 초암다실(草庵茶室)의 효시가 된다.

도구도와 함께 조성 당시의 모습을 그대로 간직하고 있는 관음전(긴카쿠)이다. 국보로 무가의 서원양식과 불교의 선종양식의 2층 구조다. 1층은 서원양식의 신쿠덴(心空殿, 심공전)이고 2층은 꽃잎 모양의 가토마도 창과 중국식 미닫이문이 달린 중국식 사찰양식의 조온카쿠(潮音閣, 조음각)로 관세음보살상을 모셨다. 유일하게 현존하는 무로마치시대를 대표하는 누각 건축물로 하얀 모래가 반짝이는 긴샤단과 고게츠다이의 대비가 압권이다.

누각 위에는 금동 봉황이 동쪽을 바라보고 있는데 관음보살을 모시고 있는 긴카쿠를 수호하고 있다.

### 긴쿄치(錦鏡池, 은경지)

긴샤단과 도구도를 지나면 중앙에 긴쿄치가 있다. 긴쿄치는 연못 주위에 바위들이 배치되어 있는 지천회유식 정원으로, 연못을 따라 걸으며 긴카쿠지를 돌아보게 된다.

'비단 거울 못'이란 뜻을 가지고 있는 긴쿄치에는 총 7개의 돌다리가 있다. 긴쿄치 역시 초기에 조성된 정원과 달리, 에도시대에 새로 조성되면서 모습이 많이 바뀌었다. 긴쿄치에 배치된 바위에는 각각의 이름이 표시되어 있다.

요시마사는 이곳을 건축하는 데 일생을 바쳤다. 아름드리 소나무와 함께 다양한 나무들이 식재되어 있어 계절을 오롯이 느낄 수 있다. 인공적인 것과 자연적인 것이 건축물과 편안하게 어우러지고 있어 천하제일의 아름다운 정원이라는 평가를 받고 있다.

정원을 한 바퀴 돌아보고 난 후 순로를 따라가보자. 야트막한 산을 오르면 전망대로 이어진다. 단풍나무가 많아서 가을에는 단풍 명소로도 인기가 많다.

전망대에서는 아기자기한 긴카쿠지의 전체 모습을 조망할 수 있다. 저 너머로 교토 시내가 한눈에 들어온다.

### 한 걸음 더 1

토끼로 한가득
# 우사기노사카아가리 공방 은각사점
うさぎのさかあがり 銀閣寺店

'토끼의 언덕 오르기 수제공방'이란 뜻의 우사기노사카아가리는 그야말로 토끼 디자인으로 가득 찬 선물가게라고 할 수 있다. 토끼의 도약은 인생의 도약이자 매사 좋은 방향으로 빠르게 나아감을 상징한다. 또한 일본 사람들은 토끼의 상냥하고 온화한 모습을 가정의 안녕과 평화를 의미한다고 생각하며, 긴 귀를 가지고 있어 정보에 밝고 사람의 의견을 잘 따르기에 인간관계 또한 원만하다고 믿는다. 이런 이유로 일본에서는 토끼와 관련된 아이디어 상품들을 많이 볼 수 있다. 이 공방은 긴카쿠지로 향하는 상점 거리 초입에 위치하고 있으며, 토끼 이미지로 만든 현대적인 상품과 전통적인 상품들을 비롯해 실용적인 상품들이 즐비하다. 가격도 합리적인 편이라 여행 기념품이나 선물을 구매하기에도 좋은 곳이다.

✚ 이용 안내

▶ 영업시간: 10:00~17:00  ▶ 휴무일: 연중무휴  ▶ 주소: 京都府京都市左京区銀閣寺町15-7  ▶ 전화: 075-752-5686  ▶ 가는 방법: 긴카쿠지 지도를 참고할 것

> 긴카쿠지, 무엇을 먹을까?

# 평범한 우동은 가라!
# 오멘 긴카쿠지 본점

おめん 銀閣寺本店

고급 다시마와 가다랑어를 사용한 진한 육수에 푸짐한 양념 채소를 넣어 먹는 우동의 절묘한 맛은 오멘에서만 가능하다. 그래서 긴카쿠지에서 식사를 해야 한다면 단연코 오멘이다. 우동 면은 국산 밀 100%를 사용해 직접 만들었으며 탱글탱글한 굵은 면발은 윤기가 좌르르 흐른다. 진한 육수에 우동, 무, 파 등 채소와 깨를 듬뿍 넣은 다음, 면을 살짝 담가 먹는 나다이(名代) 오멘은 식감 또한 일품이라 오멘의 최고 인기메뉴다. 텐푸라(天ぷら) 오멘은 나다이 오멘과 튀김을 함께 맛볼 수 있다.

　나다이 오멘은 일반 사이즈와 큰 사이즈로 주문이 가능하니 취향에 따라 주문하면 된다. 그 외에도 다양한 우동 메뉴가 있으며 교토의 신선한 제철 채소로 구성된 계절세트 메뉴도 괜찮다. 깔끔한 상차림은 정갈하고, 채소와 면이 어우러진 독특한

실내

계절 세트메뉴

덴푸라 오멘

우동 맛에 고소한 깨의 향이 더해지니 절로 호로록 호로록 면발이 게눈 감추듯 사라진다. 모든 우동은 냉우동과 온우동 중 선택할 수 있으며 옛 쇼와시대의 분위기가 물씬 풍기는 실내 공간과 일러스트 메뉴판이 눈길을 끈다.

우동 가격은 대략 1,200~2,000엔 정도로 일반적인 우동 가격에 비해 다소 비싼 편이지만, 충분한 값어치를 하는 곳이다. 식사 시간에는 항상 긴 줄이 늘어서는 곳이니 가급적 식사 시간을 피하면 조금 덜 기다린다. 휴일이 대부분 목요일이지만 지점에 따라 변경이 있을 수 있으니 홈페이지에서 휴무일 공지를 반드시 참고하자.

### ✚ 이용 안내

**긴카쿠지본점** ▶**영업시간:** 11:00~16:00(마지막 주문 15:30) 17:00~21:00(마지막 주문 20:30) ▶**휴무일:** 목요일 및 부정기 ▶**주소:** 京都市左京区銀閣寺バスプール南隣 ▶**전화번호:** 075-771-8994 **시조본토초점** ▶**영업시간:** 11:30~22:00(마지막 주문 21:30) ▶**휴무일:** 목요일 ▶**주소:** 京都市中京区四条通先斗町西入ル ▶**전화번호:** 075-253-0177 **고다이지점** ▶**영업시간:** 11:00~21:00(마지막 주문 20:30) ▶**휴무일:** 수요일 및 부정기 ▶**주소:** 京都市東山区高台寺通下河原東入ル枡屋町358 ▶**전화번호:** 075-541-5007 ▶**홈페이지:** www.omen.co.jp ▶**가는 방법:** 긴가쿠지미치에서 하차한 다음 긴카쿠지로 직진하다가 신호등이 있는 대로변에서 시시가타니도리(鹿ヶ谷通)로 우회전한 후 직진하면 맞은편에 위치한다. 자세한 위치는 일정 지도 참조 ▶**구글지도 검색:** 오멘(긴카쿠지 본점)

너와 걷고 싶다!

# 데츠카쿠노미치
哲学の道, 철학의 길

교토를 산책의 도시로 만든 일등 공신은 바로 데츠카쿠노미치로, 비와코(琵琶湖) 수로를 따라 이어지는 약 1.8km의 걷기 좋은 길이다. 이 길은 교토대학교의 교수이자 철학자인 니시다 기타로(1870~1945년)가 사색하며 걷던 곳이라고 해서 '철학의 길'이란 이름이 붙었다. 사실 이런 종류의 '철학의 길'은 독일 하이델베르크에 있는 '철학자의 길'이 매우 유명하다. 하이델베르크의 철학자의 길은 독일을 대표하는 철학자인 괴테, 헤겔 등이 사색을 하며 걸었던 길이다. 교토의 철학의 길 역시 니시다 기타로 교수가 사색을 즐기며 걸었던 길로, 하이델베르크 철학자의 길에 버금갈 정도로 명성이 자자하다. 니시다 기타로 교수는 동양의 정신적 전통에 서양철학을 융합시키기 위해 노력했던 철학자로, 일본을 대표하는 철학자 중 한 사람이다.

거창한 이름과 달리 소박한 동네 산책로라는 표현이 더 어울리는 철학의 길은 비와코 수로 주변에 식재된 약 450여 그루의 벚나무를 비롯한 다양한 수목들과 화초들이 계절마다 다른 표정으로 반기며 기꺼이 사색에 잠기도록 도와준다. 그뿐만 아니다. 산책로 주변에는 교토의 가옥들과 함께 아기자기하면서도 개성 강한 가게와 카페들이 자리 잡고 있어, 단순히 관광지 배회가 아니라 교토 피플 속으로 한 걸음 더 깊이 들어간 느낌을 자아내는 곳이다. 누구라도 반할 수밖에 없는 이 길은 니시다 기타로 교수 외에도 노벨화학상을 받은 교토대학교의 후쿠이 겐이치(福井謙) 교수를 비롯해, 교토가 배경이 되는 판타지 소설을 꾸준히 발표하고 있어 '교토의 소설가'라는 별명을 가지고 있는 모리니 도미히코(森見登美彦) 등의 명사들이 무척 사랑한 길이다.

철학의 길은 사계절 내내 사랑받는 곳이지만 특히 봄에는 많은 사람들이 즐겨 찾는다. 수로를 따라 산책로 입구에서부터 끝까지 벚꽃 터널이 펼쳐지는 철학의 길은 교토에서도 내로라하는 벚꽃 명소이기 때문이다. 봄에 교토를 방문하는 사람들 대부분이 이 길을 걷는다고 해도 과언이 아닐 정도로 엄청난 인파로 붐비는 곳이다.

철학의 길은 긴카쿠지에서 시작해도 좋고 난젠지에서 시작해도 좋다. 어느 방향이어도 상관없다. 화사한 봄이 물러간 뒤 또 다른 선물처럼 찾아오는 푸른 신록의 계절을 거쳐 그리움을 담뿍 담고 있는 가을과 눈 내리는 고즈넉한 겨울, 그 겨울을 지나 다시 찾아오는 찬란한 봄, 어느 계절에 어떤 색깔의 사색과 마주할지 두근거리는 마음으로 일단 걸어보자.

**Tip.** 긴카쿠지 버스 정류장에서 하차한 다음 긴카쿠지 방향으로 직진하다 보면 긴카쿠지 다리가 나온다. 다리를 건너 왼쪽으로 올라가면 긴카쿠지가 위치한다. 긴카쿠지 다리를 건너지 않고 곧장 직진하면 철학의 길이 계속 이어진다. 계속 직진하다가 철학의 길 끝에서 오른쪽으로 꺾어져 아래방향으로 직진 후 큰 사거리에서 좌회전한 다음 직진하면 에이칸도를 지나 난젠지까지 이어진다. 따라서 이동 동선은 긴카쿠지를 먼저 관람한 후 철학의 길을 따라 난젠지까지 도보로 이동하면 편리하다. 난젠지에서 출발할 경우는 위 순서와 반대로 이동하면 된다.

## 느낌 한마디

이름조차 무척이나 낭만적인 철학의 길. 사실은 교토에서 가장 먼저 이 길을 걷고 싶었다. 수로 옆으로 벚나무 가지가 늘어진 벚꽃이 피는 봄. 이 길을 걷기 위해 전 세계에서 교토를 찾은 관광객들과 교토 사람들로 인산인해를 이루고 있어 누가 관광객이고 누가 현지인인지 구분조차 할 수 없을 정도로 벚꽃에 취해 있었다. 한국에서도 내로라하는 벚꽃 명소는 다 가보았지만 그야말로 절정의 벚꽃을 선물하는 철학의 길이었다. 수로 양옆으로 끝없이 늘어진 벚꽃은 바람이 불면 벚꽃이 눈처럼 날리다가 어느새 꽃비로 변했다. 마음은 심하게 울렁거렸고 정말 아름다운 풍경 앞에 이 좋은 것을 함께 보고 함께 나눌 이가 없어 슬퍼지리라 이 길을 걷기 전에는 몰랐다. 적당히 긴 철학의 길은 너무 호들갑스러워 기꺼이 사색을 포기해야 했고, 누구와도 나누지 못하고 혼자 만끽해야 하는 절정의 봄이 아쉬울 뿐이었다. 벚꽃 지고 잠잠해진 여름의 철학의 길은 이 길을 봄에 걸어보지 않았다면 십중팔구 그저 그런 길이었을지도 모르겠다 싶을 만큼 한적하고 조용했다. 그러나 그 한적함의 끝엔 봄에는 느낄 수 없었던 사색이 있었다. 그리고 다시 찾은 늦가을의 철학의 길. 스산함이 내려앉은 그 길은 긴 겨울을 채비하고 있었고 나는 앞선 마음으로 다가오는 봄을 기대했다. 어찌 보면 꽃 피는 한철만 가장 아름다운 길이라는 고정관념이 있지만 철학의 길은 이렇게 매 계절 다른 모습으로 나에게 걸어보라며 사색의 길로 이끌고 있었다.

## 철학의 길
# 어떻게 가야 할까?

▶ 긴카쿠지미치에서 가는 방법

① 시 버스 긴카쿠지미치에서 하차한 다음 긴카쿠지 방면으로 건널목을 건넌다.

② 철학의 길 입구를 가리키는 안내판이 있는 길을 따라 직진하면 된다(100번의 경우 긴카쿠지마에서 하차한 후 버스 반대 방향이 긴카쿠지 방면이고 수로길 옆이 철학의 길이다).

③ 계속 직진하면 긴카쿠지로 향하는 긴카쿠지다리가 나온다.

④ 다리 옆으로 철학의 길이 계속 이어진다.

⑤ 수로를 따라 철학의 길이 이어진다.

▶ **난젠지에서 가는 방법**

① 난젠지 입구를 등지고 오른쪽으로 직진한 다음 안내판 화살표를 따라 다시 오른쪽으로 꺾는다.

② 담벼락을 따라 왼쪽으로 직진한다.

③ 계속 직진하면 노무라 미술관과 에이칸도를 지나 철학의 길을 가리키는 안내판이 나온다. 이곳에서 오른쪽으로 꺾는다.

④ 경사가 있는 오르막길을 따라 계속 직진한다.

⑤ 오르막 끝부분 삼거리에서 좌회전하면 철학의 길 입구고, 이 길을 따라 계속 직진하면 긴카쿠지로 이어진다.

# 철학의 길
## 어떻게 즐겨볼까?

**교토 여인의 얼굴을 마시자, 요지야 카페 긴카쿠지점(よーじやカフェ 銀閣寺店)**
화장품 브랜드로 유명한 요지야에서 운영하고 있는 카페로 긴카쿠지점 외에도 교토 주요 관광지 어디에서나 만날 수 있다. 철학의 길 중간에 위치한 긴카쿠지점은 일본 전통가옥의 카페로 넓은 다다미방에서 작은 소반을 앞에 두고 일본 정원의 경치를 감상하며 차와 디저트를 즐길 수 있어 인기가 높은 곳이다. 철학의 길이 가장 붐비는 벚꽃이 피는 봄에는 30분~1시간 정도는 기다리겠다는 각오가 필요한 곳이다. 굳이 차를 마시지 않아도 카페 안쪽의 정원을 둘러볼 수 있으며 정원에 위치한 화장품 매장을 이용할 수 있다. 다른 요지야와 달리 화장품숍보다는 카페에 더 많은 비중을 두고 있는 곳이니, 철학의 길을 걷다가 차 한잔이 생각난다면 방문해보는 것도 좋겠다. 음료와 디저트 가격은 대략 500~900엔 정도다.

**영업시간:** 10:00~18:00(마지막 주문 17:30) 영업 시작 시간의 경우 계절에 따라 변동있으며 4월과 5월에는 일찍이 오픈함. 자세한 내용은 홈페이지 참조 **휴무일:** 연중무휴 **주소:** 京都市左京区鹿ヶ谷法然院町15 **전화번호:** 075-754-0010 **홈페이지:** www.yojiya.co.jp **가는 방법:** 위치는 일정별 지도 참조할 것

## 봄·가을에만 오픈하는 카페 도안 데츠카쿠노미치점

철학의 길을 따라 흐르는 비와코 수로변에 위치하고 있으며 1층은 그릇을 구입할 수 있는 공간, 2층은 카페로 운영되고 있다. 카페에서는 교야키, 기요미즈야키(清水焼)의 스타일이 담긴 찻잔을 이용하고 있어 교토 오랜 전통인 도자기 문화를 경험해볼 수 있다. 도안은 교토에서도 손꼽히는 도자기 전문점으로 니시키 시장과 야사카노토 등 몇 군데에 지점이 있다. 이곳은 철학의 길이 가장 아름다운 벚꽃이 날리는 봄과 가을 단풍 기간에만 문을 열기 때문에 더욱 특별한 느낌이 드는 곳이다. 아름답고 화려한 교토의 도자기에 담긴 차 한 잔과 함께 비와코 수로가 만들어내는 그림 같은 풍경을 감상하며 이곳에서 잠시 쉬어가는 것도 좋겠다. 메뉴는 커피, 말차, 아이스크림, 과일칵테일 등이 있으며 가격은 600~1,000엔 정도다. 도안에 관한 자세한 내용은 앞장의 도안 니시키점을 참조할 것

**영업시간:** 10:00~17:00(봄·가을에만 오픈) **주소:** 京都府京都市左京区鹿ヶ谷寺の前町10番地2 **전화번호:** 075-752-7611 **홈페이지:** www.touan.co.jp **가는 방법:** 일정별 지도 참조할 것

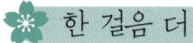 한 걸음 더

## 철학의 길에 이런 곳이 있다니!
# 호넨인 法然院

벚나무가 전부라고만 생각했던 철학의 길에서 빠져, 한적한 길을 따라 한 블록 정도만 올라오면 놀라운 광경이 펼쳐진다. 철학의 길에서는 볼 수 없었던 키 높은 나무들이 하늘을 향해 뻗어 있으며 울창한 숲 한가운데 홀연히 호넨인이 위치하고 있어서다. 불과 한 골목만 벗어났을 뿐인데 말이다.

호넨인은 호넨(法然, 법연)이 창시한 정토진종(浄土真宗)의 사찰이다. 본당은 4월과 11월에만 특별 개방된다. 그리 유명한 곳은 아니지만 호넨인 산문의 지붕과 대비되는 강렬한 붉은 단풍으로 인해 가을 단풍 명소로 알려져 있다. 다른 계절에는 그냥 지나친다고 하더라도 가을에 철학의 길을 걷는다면 꼭 추천하고 싶은 곳이다. 호넨인은 규모가 아담한 편이라 30분 정도면 충분히 돌아볼 수 있다. 긴카쿠지에서 난젠지 방향으로 철학의 길을 걷다 보면, 길가 오른편에 '세도나(SEDONA)'라는 카페가 나오는데 카페를 등지고 정면으로 완만한 경사로를 따라 직진하면 된다. 자세한 위치는 지도를 참조하자.

### ✚ 이용 안내

▶ 이용시간: 06:00~16:00 ▶ 입장료: 경내 무료(단 4월 및 11월 본당 특별개방 기간시 본당은 유료) ▶ 주소: 京都府京都市左京区鹿ケ谷御所ノ段町 30 ▶ 전화번호: 075-771-2420 ▶ 홈페이지: www.honen-in.jp ▶ 구글지도 검색: 호넨인

> 철학의 길, 무엇을 먹을까?

## 카레우동의 원조
# 히노데 우동
日の出うどん

일본의 대표적인 면 요리인 우동은 무로마치시대에 밀가루를 제분하는 기술과 기리면제법(切り麺製法, 밀 반죽을 자르는 기술)이 보급되면서 대중음식으로 자리를 잡았다. 지역에 따라, 먹는 방법에 따라, 곁들이는 재료에 따라 우동의 종류는 다양하다. 이 중 히노데의 카레우동은 카레우동의 원조로, TV나 잡지 등에 교토 맛집으로 늘 소개되는 곳이라서 이미 일본 전역에 그 명성이 자자하다. 이를 증명이라도 하듯 벽에는 일본 유명인사의 사인들이 빼곡하게 남겨져 있다. 무엇보다 오랜 세월 교토 사람들에게 사랑받고 있는 히노데 우동은 관광객들보다 현지인들이 더 즐겨 찾는 곳으로, 관광 시즌에는 늘 긴줄이 늘어서 있어 보통 1시간 정도 기다려야 한다.

가장 인기 있는 메뉴는 소고기가 들어간 니쿠이리(肉入) 카레우동이다. 진한 카레

니쿠이리 카레우동

니쿠 우동(肉うどん)

향과 함께 걸쭉한 육수는 히노데만의 비법을 자랑하고 있다. 또한 입천장이 데일 만큼 뜨거운 우동은 후후 불어가며 식혀 먹어야 하니, 절로 그 맛을 음미하게 한다. 소고기 외에도 유부와 쇠고기 혹은 닭고기가 들어간 카레우동도 있다. 만약 카레우동이 싫다면 일반 우동도 괜찮다. 명성에 비해 우리 입맛에는 카레가 너무 진해 짠맛이 강한 편이니 감안하자. 하지만 그 짠맛마저도 살짝은 중독성이 있다는 것이 함정이다. 공깃밥 추가 주문이 가능하고, 가격은 대략 850~1,000엔 정도다. 한 사람당 무조건 메뉴 하나를 주문해야 하며 현금 결제만 가능하다. 영업 종료시간 전이라도 재료가 떨어지면 영업을 마감한다. 히노데 우동에서 한 블록 떨어진 곳에 100번 버스 정류장이 있어 기온, 교토 방면 혹은 은각사 방면으로 버스로 이동이 가능하다. 버스 정류장 위치는 히노데 우동 입구의 벽면에 지도가 있으니 참고하자. 난젠지에서 이동하는 경우 에이칸도를 지나 철학의 길 방향으로 직진한 다음 철학의 길의 표지판이 나오는 곳(우회전하면 철학의 길)에서 계속 직진하면 된다.

### ✚ 이용 안내

▶**영업시간**: 11:00~15:00(마지막 주문 14:30)　▶**휴무일**: 일요일 및 첫째·셋째 주 월요일(단 7월·8월·12월은 부정기 휴무)　▶**주소**: 京都府京都市左京区南禅寺北ノ坊町 36　▶**전화번호**: 075-751-9251　▶**구글지도 검색**: 히노데 우동

## 히노데 우동
## 어떻게 가야 할까?

① 긴카쿠지 방향에서 철학의 길을 따라 직진하면 철학의 길이 끝나는 삼거리가 나온다. 삼거리에서 우회전한다.

② 길을 따라 아래 방향으로 직진한다.

③ 철학의 길을 가리키는 표지판이 있는 큰 사거리 대로변에서 커피숍을 끼고 우회전한다(난젠지에서 오는 경우 직진하면 된다).

④ 길을 따라 계속 직진하면 히노데 우동에 도착한다.

⑤ 100번 버스를 이용하는 경우 버스 정류장 위치를 참조하자.

### 유럽식 수로각으로 더 유명한
# 난젠지
南禅寺

난젠지는 동양과 서양이 조화를 이루는 이국적인 풍경 때문에 일본 드라마의 단골 촬영지다. 이뿐 아니라 많은 볼거리를 가지고 있어 교토 현지인들이 가장 사랑하는 곳이기도 하다. 난젠지는 임제종 난젠지 절 계파의 본산으로 일본 황실에서 세운 첫 선종 사찰로, 본격적인 선종시대를 개막한 곳으로도 큰 의미를 지닌다. 가마쿠라막부(鎌倉幕府)인 1291년에 카메야마(龜山) 천황이 상황(천황의 좌를 물러난 후의 명칭)이 되면서 자신이 살던 이궁(離宮, 왕궁이나 황궁과는 별도로 별장으로 세운 궁전)을 사찰로 고치고 선종사원으로 창건했다.

　카메야마 상황은 자신이 40세가 되던 해 출가해 법황(法皇)이 되었고, 2년 후 도후쿠지(東福寺)의 주지스님인 다이민(大明)국사를 개산조로 모시고 난젠지를 창건했으며 정식 명칭은 다에헤이코우코쿠난젠젠지(太平興国南禅禅寺)다. 이후 난젠지는 무로마치시대에 사세를 과시하며 고우다 천황(後宇多天皇)으로부터 난젠지의 친필 현액을 받았고 덴류지, 도후쿠지 등 교토 선종 5대 사찰(伍山, 오산)보다 높은 특별사원으로 최고의 영예를 얻었다. 이처럼 일본의 선종사원 중에서 가장 높은 격을 가지고 있는 난젠지는 약 10만 평 부지의 대규모 사찰이었다.

그러나 오닌의 난 등으로 모든 가람(伽藍)이 소실되었다. 16세기 말에 이르러서야 도요토미 히데요시의 복구 명령이 내려졌고, 이후 도쿠가와 이에야스의 지원으로 '검은 옷의 재상(黑衣宰相)'으로 불리던 고승이자 정치인인 곤치인스덴(金地院崇伝)에 의해 복원되었다. 따라서 지금의 난젠지는 대부분 모모야마시대의 건축과 정원의 모습을 간직하고 있다.

난젠지는 산몬, 핫토(法堂, 법당), 호조가 일직선의 가람배치를 하고 있는데, 높이 22m의 산몬에서 관람이 시작된다. 난젠지의 산몬은 일본 3대 산몬 중 하나로 산몬에서 바라보는 풍경이 아름다워 교토에서도 경치가 아름답기로 손꼽힌다. 음악과 무용, 기예가 어우러지는 일본 전통연극인 가부키(歌舞伎)의 '산몬고산노키리(楼門五山桐)'라는 작품 내용 중 전설적인 도둑으로 등장하는 이시카와 고에몬(石川伍右衛門)이 이곳에 은신하면서 산몬에서 교토 풍경을 내려다보고 "젯케이카나, 젯케이카나(絶景かな, 絶景かな, 절경이로다, 절경이로다!)." 하고 감탄하는 장면이 등장할 정도다.

국보로 지정된 오호조와 고호조에는 장지문에 그려진 그림인 후스마에(襖絵)가 유명하며 모두 중요문화재로 지정되어 있다. 고호조의 후스마에를 장식하고 있는 '물 마시는 호랑이(水呑みの虎, 미즈노미노토라)' 등의 군호도(群虎図)는 가노단유(狩野探幽)의 작품으로 화려한 모모야마시대의 문화를 엿볼 수 있다. 오호조 앞에는 난젠지에서 가장 중요한 볼거리라고 할 수 있는 가레산스이 형식의 호조정원이 위치한다. 일본 정원의 대가로 알려진 고보리엔슈(小堀遠州)가 만든 정원으로, 료안지와 마찬가지로 '도라노코와타시정원(虎の子渡しの庭, 호랑이 새끼 물 건너기)'을 표현하고 있는데 초기 에도시대를 대표하는 정원 양식이다. 호조 옆에는 거대한 아치형의 스이로카쿠(水路閣, 수로각)가 있는데, 일본 드라마의 단골 촬영지이자 배우 이준기 주연의 영화 〈첫눈〉의 촬영지 중 한 곳이다. 이국적인 풍경으로 인해 최고의 선종 사찰

로 불리는 난젠지에서 가장 인기 있는 곳이기도 하다. 이 밖에도 난젠지는 일반인들에게 공개되고 있지는 않지만 고려의 초조대장경(初雕大藏經)이 보관되어 있어 우리나라와도 관련이 깊다고 할 수 있다. 경내는 무료 관람이지만 수로각을 제외한 주요 볼거리 산몬, 호조정원, 난젠인(南禅院)은 모두 유료 관람이다.

✚ 이용 안내

▶ 관람시간: 3월~11월 08:40~17:00 12월~2월 08:40~16:30(관람 접수마감 20분 전까지) ▶ 휴무일: 12월 28일~12월 31일 ▶ 요금: 경내 무료, 산몬 및 호조정원 일반 500엔, 고등학생 400엔, 초·중학생 300엔, 난젠인 일반 300엔, 고등학생 250엔, 초·중학생 150엔 ▶ 주소: 京都市左京区南禅寺福地町 ▶ 전화번호: 075-771-0365 ▶ 홈페이지: www.nanzen.net ▶ 구글지도 검색: 난젠지

Tip 1. 난젠지 입구에 위치하고 있는 준세이 본점은 교토의 대표요리인 유도후를 가이세키 형식으로 선보이는 곳으로 유명하다. 정성이 깃든 음식은 물론이고 정원을 비롯해 기품이 넘치는 곳곳은 또 하나의 즐거움을 만끽하게 한다. 저녁 메뉴는 점심 메뉴에 비해 가격이 비싼 편이니 참고하자. 점심 메뉴의 가격은 3,500~4,000엔 정도다.

▶ 영업시간: 11:00~21:30(마지막 주문 20:00) ▶ 휴무일: 부정기 ▶ 주소: 京都市左京区南禅寺福草川町 60 ▶ 전화번호: 075-761-2311 ▶ 홈페이지: www.to-fu.co.jp

Tip 2. 난젠지는 대중교통으로 바로 입구까지 연결되지는 않는다. 시 버스 100번을 이용할 경우 히가시텐노초(東天王町), 진구미치(神宮道), 미야노마에초(宮ノ前町) 등의 버스 정류장을 이용하면 되지만 시 버스 5번의 버스 정류장인 난젠지 에이칸도미치가 제일 가깝다. 지하철을 이용할 경우 도자이선 게아게(蹴上)역에서 도보로 약 10~15분 정도 소요된다. 참고로 게아게역은 게아게 인크라인과도 접하고 있다.

### 느낌 한마디

긴카쿠지에서부터 도보로 난젠지에 도착할 즈음에는 피곤에 지쳐 있었다. 그리고 땀은 또 왜 그렇게 나는지 무조건 쉬고 싶었다. 담장이 없는 난젠지는 높은 산몬을 지나면 핫토까지 일직선으로 이어지며 중간에 정원이 있었다. 정원에는 아름드리 나무가 많아 시원한 그늘을 곳곳에 제공하고 있었고, 무엇보다 엄청난 크기의 산몬은 충분한 그늘을 제공해주었다. 그늘이 필요했던 건 비단 나만이 아니었다. 그늘이 드리운 산몬 아래에서 사람들이 옹기종기 모여 시원하게 불어오는 바람을 쐬고 있었고, 누구는 아예 드러누웠다. 그렇게 한참을 쉬고 난 뒤 핫토를 지나 수로각이 있는 곳으로 향했다. 교토인 듯 교토 아닌 듯, 난젠지의 풍경은 교토 현지인들이 제일 좋아하는 곳이라고 했다. 전통미가 가득한 곳에서 눈에 띄는 건축물인 수로각은 세월이 더해진 붉은 벽돌 덕분에 이국적인 고풍스러움마저 느껴졌다. 이 수로각이 만들어질 당시에는 교토의 경관을 해친다고 해서 반대가 심했다고 하지만, 결국 시간이 흐르고 나니 이 수로각은 난젠지를 찾는 이유 중 하나가 되었다고 한다. 그러고 보면 역사는 시간이 지나고 볼일이다. 난젠지에서 가장 큰 볼거리를 가진 오호조로 발길을 옮겼다. 국보로 지정된 오호조는 밖에서 본 난젠지와는 달랐다. 산몬이나 수로각이 유명하다고 해도 다른 곳에 비해 다소 심플하게 느껴졌기에 오호조는 다르게 느껴질 수밖에 없었다. 화려한 금색의 후스마에는 화려함보다 금색과 어우러지는 사실감에 더해진 정교함이 더 눈길을 끌었다. 호랑이, 소나무, 대나무, 바위 등 무사의 정신세계를 화려한 문화적인 장치로 치장해야 했던 무사들. 회랑을 따라 연결된 건물 곳곳에 배치된 각기 다른 모습의 정원은 무사들의 또 다른 얼굴인 듯했다. 무사들의 가치관에 종교가 더해진 가레산스이 정원은 이 모든 것이 맞아떨어진 결과물이 아니었을까.

# 난젠지
## 어떻게 가야 할까?

① 시 버스 5번을 이용한다.

② 난젠지에이칸도미치(南禅寺永観堂道)에서 하차한다. 교토역에서 출발한 경우 B 정류장, 긴카쿠지 방면에서 출발한 경우 A 정류장에서 하차한다.

③ 대로변에서 에이칸도 방향으로 직진한다.

④ 길을 따라 직진하면 에이칸도 정문이다.

⑤ 에이칸도에서 오른쪽으로 직진하면 난젠지 입구가 나온다.

# 난젠지
## 어떻게 즐겨볼까?

산몬은 중요문화재로 높이 22m의 '천하용문(天下竜門)'으로 치온인산몬(知恩院三門), 히가시혼간지 미에이도우몬(東本願寺御影堂門)과 함께 교토 3대 다이몬(三大門) 중 하나다. 정면 5칸, 측면 3칸, 그리고 2층의 누각으로 창건 당시의 건물은 화재로 소실되었다. 1628년 도쿠가와 이에야스와 도요토미 히데요시 사이에서 벌어진 오사카 여름전투(1614년)에서 죽어간 장수들의 명복을 빌기 위해 토우도우타카토라(藤堂高虎)의 기증으로 재건되었다. 2층은 고오후로우(五鳳楼, 오봉루)라고 하며 석가여래와 십육나한상을 비롯해 토우도우케(藤堂家)의 역대 위패 및 오사카 여름전투의 전사자 위패 등을 안치하고 있다.

산몬을 지나면 핫토까지 일직선으로 길이 이어지며 경내는 벚나무, 소나무, 단풍나무 등 다양한 나무가 식재되어 있다. 여느 교토의 관광지가 그렇듯 이곳 역시 봄 벚꽃, 여름 녹음, 가을 단풍이 차례로 색다른 풍경을 선물하고 있다. 특히 난젠지 일대는 전부 걸어서 다녀야 하기 때문에 난젠지 경내의 녹음이 시원한 휴식처가 되고 있다.

핫토는 공식법회가 열리는 장소다. 창건 당시의 건물은 오닌의 난으로 소실되었고 1479년에 재건 후 1606년 도요토미 히데요시의 기부에 의해 대대적인 개축이 이루어졌지만, 1893년에 난롯불 취급 부주의로 다시 한 번 소실되었다. 현재의 건물은 1909년에 다시 지어졌다. 핫토 앞에는 커다란 향로가 있으며 여기에 향을 꽂거나 향에서 나는 연기를 몸에 비비거나 세수를 하는 사람들을 볼 수 있는데, 건강해지고 액운을 없애준다고 믿기 때문이다. 아쉽게도 법당은 출입금지다.

### 스이로카쿠(水路閣, 수로각)

로마의 수도교를 본떠 만들었다. 물이 귀했던 교토의 수자원을 해결하기 위해 교토 북부에 위치한 시가(滋賀)현의 비와코 호수로부터 물을 끌어오려고 만든 시설이다. 메이지유신 초기인 1890년에 완공되었으며 100년이 훌쩍 넘는 시간이 더해진 이국적인 풍경 때문에 숱한 일본의 드라마와 영화 및 화보 촬영지로 인기가 높다.

수로각의 계단을 따라 위로 올라가면 지금도 여전히 맑은 물이 흐르고 있는 수로각을 볼 수 있다. 이 수로각이 만들어질 당시에는 교토의 경관을 해친다고 해서 반대가 심했으나 결과적으로는 일본에서 처음으로 수력발전소와 전차가 운행하는 계기가 되었다. 이 길을 따라가면 게아게 인크라인(蹴上インクライン)으로 연결된다.

수로각 뒤편에 위치하고 있는 난젠인은 한때 카메야마 천왕이 거처한 장소로 지금의 난젠지의 기원이라고 할 수 있다. 내부에는 이궁 당시의 옛 모습을 살려 숲으로 둘러싸인 한적한 풍경의 정원이 있다. 이 건물 역시 화재와 오닌의 난으로 소실되어 현재의 건물은 1703년 제5대 장군인 도쿠가와 츠나요시(德川綱吉)의 모친인 케이쇼우인(桂昌院)의 기부로 재건되었다.

난젠지의 봄

난젠지의 가을

## 호조정원
## 어떻게 즐겨볼까?

호조는 주지스님이 머무르는 공간이다. 쿠리와 연결되어 있으며 선종양식의 건물이다.

신발을 벗고 순례를 따라 관람하게 된다. 입구 옆으로 별도의 차실을 운영하고 있다(차실 이용요금 500엔 별도).

호조는 국보로 지정되어 있으며 1611년 고소(御所)의 건물을 하사받아 재건되었다. 헤이안시대 귀족의 주택 형식인 신덴즈쿠리(寢殿造, 침전조) 형식으로 오호조와 그 뒤로 고호조가 연결되어 있다.

호조 건물을 차례로 지나면 맨 안쪽에 위치한 용연각(龍淵閣)까지 열린 회랑을 따라 연결된다.

호조 내부에는 모모야마시대에 가노파(狩野派)의 그림 124장이 후스마에를 장식하고 있으며 모두 중요문화재로 지정되어 있다.

고호조의 후스마에가 특히 유명하며 모두 가노단유의 작품이다. '물 마시는 호랑이' 등을 비롯해 군호도 40면이 화려하게 장식하고 있다.

오호조 앞에 펼쳐져 있는 호조정원은 일본 정원의 대가로 알려진 고보리엔슈가 조성했으며 에도시대 초기의 대표적인 가레산스이 정원이다. 물 대신 흰 모래로 물결무늬를 만들고 소나무, 동백 등을 적절히 배치하였으며 그 사이에 돌을 배치했다. 이 돌의 배치에 대해서는 '도라노코와타시정원'이라고 설명을 덧붙이고 있다.

고호조 앞의 정원은 마음 심(心) 자 모양으로 정원석을 배치하고 있어 '여심정(如心庭)'이라 불린다. 이처럼 고호조의 정원에서는 여심정이라는 이름 그대로, 해탈하는 마음 같이 차분한 분위기를 느낄 수 있다.

육도정(六道庭)에는 불교의 세계관인 천상(天上)·인간(人間)·수라(修羅)·축생(畜生)·아귀(餓鬼)·지옥(地獄)을 의미하는 육도의 윤회를 표현하고 있다.

회랑을 따라 계속 꺾어지며 여러 건물들이 연결된다. 각각의 공간에는 저마다 다른 특색을 가진 정원으로 꾸며져 있다.

### 한 걸음 더 1

## 교토 최고의 단풍놀이
# 에이칸도 永観堂

철학의 길과 난젠지를 잇는 길은 봄에는 벚꽃이, 가을에는 단풍이 아름다운 길로 유명하다. 특히 가을이면 엄청난 사람들로 붐비는 곳이 바로 에이칸도로, 교토 1순위 단풍 명소다. 일본 최초로 편집된 와카(和歌)집인 『고킨와카슈(古今和歌集)』에 "단풍은 에이칸도(モミジの永観堂)"라는 시가 등장할 정도니 가을이면 꼭 방문해야 하는 곳이다.

에이칸도는 863년에 창건된 절로 정식 명칭은 젠린지(禪林寺)다. 처음에는 진언종 사찰로 출발했는데 이후 에이칸(永観, 1033~1111년) 율사가 이곳에 머물며 아미타여래상을 본존으로 모시면서 에이칸도라고 불리게 되었고, 아미타불의 구원을 믿으며 염불을 중시하는 정토사찰로 변모했다. 뒤를 돌아보는 아미타 부처로 유명한 아미타여래입상을 비롯해 20여 점의 국보와 보물이 소장되어 있다. 또한 고려불화 <아미타여래도>를 소장하고 있어 우리나라와도 관련이 깊다. 특히 '미가에리 아미다(みかえり阿弥陀)', 즉 뒤를 돌아보는 아미타 불상은 에이칸도의 단풍이 워낙 유명하다 보니 여행자의 입장에서 다소 소홀하게 생각할 수 있지만, 이 절의 존재 이유가 될 만큼 중요한 불상이다. 불과 77cm 정도의 아미타여래입상은 헤이안 시대 후기 목조 불상으로, 아미타여래가 극락으로 돌아가면서 중생들이 잘 따라오나 걱정되어 뒤를 돌아보는 모습을 취하고 있다. 마치 지금이라도 고개를 돌리지 않

을까 싶은 생각이 들 만큼 살아 있는 듯 묘사되어 있다. 이 불상에는 다음의 재미있는 이야기가 전해진다.

　지극한 신심을 지닌 에이칸 스님이 50세가 되던 해, 아미타여래상을 모신 법당을 돌며 염불하고 있었는데, 누군가 앞에서 걷고 있어 바라보니 불단에 있던 부처가 내려와 도랑을 함께 돌고 있는 것이었다. 깜짝 놀란 스님이 멍해서 바라보니 부처님은 고개를 왼쪽으로 돌리며 "에이칸, 너무 느려."라고 꾸짖었다. 그날 이후 아미타여래상은 왼쪽을 바라보던 모습 그대로 지금에 이르고 있단다. 이 불상은 불당의 가장 꼭대기에 위치하고 있는데, 히가시야마 산비탈에 조성된 여러 불당들을 연결하고 있는 목조 회랑과 계단을 따라 올라가면 만날 수 있다. 에이칸도의 보물들은 가을 단풍 시즌에만 배관할 수 있기 때문에 입장료가 상승하지만 돈이 아깝다는 생각은 들지 않는다. 그 밖에 호조의 후스마에도 또 하나의 볼거리이며 이 절의 맨 꼭대기에 있는 다보탑에서는 교토 시내를 한눈에 조망할 수 있다. 또한 경내 중앙에 위치한 연못 방생지(放生池)는 에이칸도 내에서도 최고의 단풍을 볼 수 있는 스폿이니 사진은 필수다. 에이칸도는 가을에만 보물을 개방하기 때문에 다른 계절에는 사람들의 발길이 다소 뜸한 편이다.

✚ 이용 안내

▶**관람시간:** 09:00〜17:00(매표 마감 16:00)　▶**요금:** 성인 600엔, 학생(6〜18세) 400엔[(단 가을 보물전 기간의 관람시간은 09:00〜16:00 성인 1,000엔, 학생 6〜18세 400엔)]　▶**가을 야간개방:** 17:30〜21:00(매표 마감 20:30), 성인 및 학생(13세 이상) 600엔　▶**휴무일:** 연중무휴　▶**주소:** 日本京都府京都市左京区永観堂町48　▶**홈페이지:** www.eikando.or.jp　▶**가는 방법:** 난젠지 일대 지도 참조할 것　▶**구글지도 검색:** 에이칸도 젠린지

### 한 걸음 더 2

교토 마니아들만 아는 숨은 벚꽃 명소
## 게아게 인크라인 蹴上インクライン

그야말로 벚꽃 천지. 하지만 교토의 수많은 벚꽃 명소 중에서도 철로 위에 흩날리는 벚꽃 풍경을 가진 게아게 인크라인은 특별한 벚꽃 명소라고 할 수 있다. 게아게 인크라인은 1890년대에 비와코(琵琶湖) 호수의 물을 교토로 공급하기 위해 소스이(疏水) 수로를 건설하면서 난젠지 근처에 설치되었다. 인크라인은 바다나 운하에서 경사가 있는 산 중턱까지 화물을 운반하기 위해 설치한 레일로, 배를 운반하기 위해 특수 제작한 카트 위에 배를 실은 다음 인크라인을 통해서 운반했다. 이처럼 물자를 실은 배를 옮기기 위한 철도인 게아게 인크라인은 그 길이가 무려 581.8m로 세계에서 가장 길다. 이 레일은 1948년까지 사용되었으나 점차 다른 운송 수단이 발달하면서 이용이 크게 감소했고, 1960년에 전기시설이 완전히 철거되면서 이용이 중단되었다. 이후 1977년에 산업 유산으로 보존하고자 복원되었으며 1996년에 국가 사적으로 지정되었다. 현재 게아게 인크라인에는 복원된 카트 2대가 전시되어 있으며, 철도 옆으로 흐드러진 벚꽃이 눈처럼 날리는 풍경은 봄에만 누릴 수 있는 또 다른 선물이다. 참고로 게아게 인크라인을 계속 걸어 올라가다가 끝부분에서의 언덕으로 올라가면 소스이 수로의 모습과 함께 저 멀리 헤이안진구의 상징인 큰 도리이까지 볼 수 있다. 안쪽 숲길을 들어서면 난젠지 수로각을 따라 흘러내려오는 물길이 보인다. 이 물길을 따라가면 난젠지 수로각으로 이어진다.

헤이안 천도 1,100주년을 기념하는

# 헤이안진구

平安神宮

교토를 대표하는 5대 신사 중 하나인 헤이안진구는 간무 천황(桓武天皇)의 헤이안 천도 1,100년이 되던 1895년에 교토의 전통과 상징성을 확실히 하기 위해 세워졌다. 일반적인 신사와 달리 간무 천황과 고메이 천황(孝明天皇)을 모시고 있으며 이름 또한 진자(神社)가 아닌 진구다. 간무 천황은 일본의 제50대 천황으로 794년에 나라에서 도읍을 교토로 천도한 후 본격적인 헤이안시대를 열었으며, 고메이 천황은 일본의 제121대 천황으로 교토에서 머문 마지막 천황이다. 이처럼 교토는 1868년에 도쿄로 천도하기 전까지 1천 년 이상 황궁(皇宮)이 있던 일본의 수도였다. 그러나 에도시대에 막부가 막을 내리며 정치의 중심이 도쿄로 옮겨지고 이후 에도가 도쿄로 이름을 바꾸면서 수도마저 도쿄로 옮기게 된다. 천년고도 교토의 역사는 도쿄 천도로 막을 내림과 동시에 모든 상징성을 상실하고 하루아침에 지방 군소 도시로 쇠락하게 되었고, 이에 교토 시민들의 불만이 커질 수밖에 없었다. 이후 침체되는 교토의 문화, 산업 등을 부흥시키기 위한 노력의 일환으로 교토 천도 1,100주년을 기념해 약 1만여 평의 규모로 헤이안진구를 설립했다. 헤이안 천도 당시 정청(正庁, 정무를 보던 관청)이었던 초도인(朝堂院)의 모습을 약 60% 축소 복원해 무료로 개방하고 있다.

더불어 헤이안 3대 마츠리 중 하나인 지다이마츠리(時代祭り)도 이 시기에 개최가 결정되었다. 매년 10월 22일에 열리는 지다이마츠리는 천년 고도 교토의 풍속사를 가장행렬을 통해 보여주는 축제로, 교토 고쇼 황궁을 출발한 약 2천여 명의 행렬이 약 3시간에 걸쳐 마지막으로 헤이안진구에 도착하게 된다. 헤이안시대부터 메이지시대 초기까지 시대순으로 교토가 수도였던 동안의 문물과 풍속을 행렬로 보여주고 있는데, 각 분야의 전문가가 총 동원되어 귀족은 물론이고 일반 서민의 의상과 장신구까지 완벽하게 재연하고 있다.

이처럼 교토의 상징이라고 할 수 있는 헤이안진구의 가장 큰 볼거리는 부속 정원인 신엔(神苑)으로 별도의 입장료를 내야 관람이 가능하다. 신엔은 메이지시대의 대표적인 정원사인 오가와 지헤(小川治兵衛)가 1896년에 조성한 정원으로 그 넓이는 무려 3만㎡(약 9천 평)로 도쿄돔 크기와 맞먹는다. 신엔은 신사의 경내를 둘러싸고 동·중·서·남으로 4분할되어 있으며, 사계절 모두 아름다운 풍경을 자랑하는데 특히 봄과 초여름이 아름답다. 그 외 헤이안진구의 상징이라고 할 수 있는 도리이는 높이 24.4m에 기둥 둘레 11.4m로 일본에서 가장 큰 도리이로 유명하다. 또한 이곳은 전통혼례 장소로도 이용되어 운이 좋다면 결혼식 장면도 볼 수 있다.

## ✚ 이용 안내

**경내** ▶관람시간: 3월 15일~9월 30일 06:00~18:00, 10월 1일~10월 31일 06:00~17:30, 11월 1일~2월 14일 06:00~17:00(연말연시는 입장시간 연장됨), 2월 15일~2월 말 06:00~17:30, 3월 1일~3월 14일 06:00~17:30 ▶입장료: 무료  **신엔** ▶관람시간: 3월 15일~9월 30일 08:30~17:30, 10월 1일~10월 31일 08:30~17:00, 11월 1일~2월 14일 08:30~16:30, 2월 15일~2월 말 08:30~16:30, 3월 1일~3월 14일 08:30~17:00 ▶입장료: 성인 600엔, 소인 300엔 ▶주소: 京都市左京区岡崎西天王町 97 ▶전화: 075-761-0221 ▶홈페이지: www.heianjingu.or.jp ▶구글지도 검색: 헤이안 신궁

> **Tip.** 교토는 중국의 장안을 모델로 삼아 만들어진 도시이면서 동시에 풍수지리설에 기반해 만들어진 도시답게 교토를 수호하는 5대 신사가 존재한다. 청룡을 상징하는 동쪽에는 야사카진자가, 백호를 상징하는 서쪽에는 마츠오타이샤(松尾大社), 주작을 상징하는 남쪽에는 조난구(城南宮), 현무를 상징하는 북쪽에는 가미가모진자(上賀茂神社)가 있다. 그리고 이들의 가장 중앙에는 바로 헤이안진구가 위치한다.

난젠지에서 헤이안진구까지 족히 20분을 넘게 걸어야 했지만 온통 벚꽃이 흩날리고 있어 그리 힘들지는 않았다. 비와코 수로를 따라 교토동물원을 지나고 오카자키 공원 부근에 도착하니 어마어마한 도리이가 헤이안진구에 도착했음을 알린다. 봄에는 이 부근의 경치가 워낙 아름다워 출사를 나온 사람들로 붐비는 곳이었다. 하지만 뜨거운 교토의 여름에 이 길을 걷는다면 솔직한 심정으로는 말리고 싶다. 큰 도리이가 있는 곳에서도 조금 더 걸어야 도착하는 헤이안진구의 오테몬(大手門). 정문을 들어서는 순간, 헤이안진구의 건축물이 카메라 뷰파인더에 다 담기지 않을 줄이야. 주홍색과 대비되는 초록색 지붕과 이것과 또 대비되는 헤이안진구의 흰 모래가 만들어내는 풍경은 다소 인위적이면서도 오묘했다. 천 년을 한 나라의 수도로 살았던 사람들이 수도 이전 후 느꼈을 상실감의 보상 차원에서 지어진 헤이안진구와 천년고도였던 시기를 기억하는 축제인 지다이마츠리는 어쩌면 교토 사람들의 자존심일 수도 있지 않을까 싶었다. 이런 의미를 가진 장소라는 것 외에는 외국인의 입장에서는 그다지 의미를 둘 장소이거나 큰 볼거리가 있는 곳은 아니다. 하지만 헤이안진구의 신엔은 달랐다. 누군가는 봄의 신엔을 보지 않으면 헤이안진구를 보지 않은 것과 같다는 이야기를 했을 정도로 신엔은 온통 벚꽃 천지인 교토에서도 꼭 추천하고 싶은 명소였다. 여름 붓꽃도 유명한 정원이기에 여름에 다시 찾았건만 붓꽃이 피지 않아 아쉬웠던 마음은 여운으로 남아 있다. 가득 찬 것보다 아쉬운 것 하나쯤은 있어야 더 오래 기억되는 것이니.

# 헤이안진구
## 어떻게 가야 할까?

▶ 난젠지에서 가는 방법

① 난젠지 정문을 등지고 정면으로 직진한다.

② 계속 직진하다가 교차로에서 정면으로 건널목을 건넌다.

③ 대로변을 따라 계속 직진한다

④ 오른쪽에 비와코 수로를 두고 계속 도로를 따라 직진한다.

⑤ 계속 직진하면 대로변에서 오른쪽으로 빨간색 도리이가 보인다. 다리에서 우회전한 다음 직진하면 된다.

▶ 교토역에서 가는 방법

① 시 버스 5번, 46번, 100번을 이용한다.

② 교토역 방면에서 출발하면 오카자키코엔 비쥬츠칸·헤이안진구마에(岡崎公園 美術館·平安神宮前) 버스 정류장에서, 긴카쿠지에서 출발하면 쿄토카이칸비쥬츠칸마에(京都会館美術館前) 버스 정류장에서 하차한다.

③ 붉은색 도리이 앞이 버스 정류장이고 이곳에서 직진하면 헤이안진구가 있다(이곳에서 헤이안진구가 보인다. 긴카쿠지 방면에서 출발한 경우).

④ 버스 정류장에서 헤이안진구까지 이동하는 방법을 참고하자(교토역에서 출발한 경우).

**Tip.** 난젠지 ↔ 헤이안진구까지는 걸어서 이동하는 것이 가장 효율적일 만큼 대중교통이 애매하다. 도보로 약 20분 정도 걸어야 할 만큼 가까운 거리는 아니지만, 봄에는 수로 옆으로 전부 벚꽃 길이 펼쳐져 일부러 시간을 내서라도 걷고 싶은 길이니 도보 이동도 고려해보자.

# 헤이안진구
## 어떻게 즐겨볼까?

### 오토리이(大鳥居)
헤이안진구 앞 버스 정류장에서 내리면 높이 24m에 달하는 주홍색의 도리이가 버티고 서 있는데 일본에서 가장 큰 도리이다. 하지만 이 도리이가 세워질 때 교토 시민들은 흉물이라며 싫어했다고 한다.

### 오테몬
헤이안진구의 정문으로 초도인의 정문을 본떠 약 5/8의 크기로 복원했다.

전체 모습이 사진 한 장에 담기지 않을 만큼 큰 규모의 헤이안진구. 바닥의 흰 모래와 대비되는 주홍색 건물과 초록색 지붕이 매우 인상적이다.

### 다이고구텐(太極殿)
왕이 정무를 보거나 공식적인 행사를 치르던 초도인을 본떠 만들었다. 1177년에 소실된 후 복원하지 않다가 1895년에 헤이안진구 창건 당시 1/4 크기로 복원했다. 다이고구텐 좌우에는 천황을 호위하는 문무관을 상징하는 벚나무와 귤나무가 식재되어 있다.

오미쿠지(おみくじ)는 일본의 신사나 절에서 길흉을 점치기 위해 뽑는 제비로 이 종이를 매달아 놓은 것을 말한다. 통상적으로 운세가 나쁘게 나온 경우 나뭇가지나 지정된 곳에 매달아 놓으면 액을 막는다고 한다. 하지만 운세가 좋든 나쁘든 상관없이 매어 놓는 경우도 많다.

다이고쿠텐의 왼쪽에 신엔 입구가 위치한다. 정원 내에 사진 촬영은 가능하지만 삼각대 사용은 금지하니 참고하자.

관람로를 따라 신엔을 관람하고 나면 다이고쿠텐의 오른쪽 출구로 나가게 된다. 출구로 재입장은 금지다.

신엔은 벚꽃이 만발하는 봄과 붓꽃이 피는 초여름에 가장 인기가 많다.

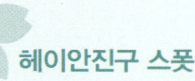

헤이안진구 스폿

## 메이지시대를 대표하는
## 신엔 神苑

헤이안진구에서 가장 큰 볼거리는 부속 정원인 신엔으로 오가와 지헤가 1896년에 조성한 정원이다. 오가와 지헤는 마루야마 공원을 비롯해 메이지시대의 수많은 정원을 설계했으며 근대 일본 정원의 선구자로 불리고 있다.

  신엔은 3개의 연못과 다양한 식물들이 조화롭게 배치되어 연못 주변을 산책하며 돌아볼 수 있다. 희귀조류들이 살고 있어 사계절이 모두 좋다. 다소 비싼 입장료이긴 하나 봄에 피는 베니시다레자쿠라(紅枝垂)라는 독특한 벚꽃은 천황도 반할 만큼 아름답기로 소문이 자자하며 여름 붓꽃과 수련도 인기가 많다. 관람객들을 배려해 꽃의 개화상태를 홈페이지와 공식 블로그(heiansan.blog.shinobi.jp)을 통해 공지하고 있으니 이곳을 방문할 계획이라면 미리 개화상태를 확인해보는 것도 좋겠다.

# 신엔
## 어떻게 즐겨볼까?

**미나미신엔(南神苑)**
신엔 중에서도 가장 유명한 곳이다. 일본 내에서도 벚꽃 명소로 알려져 있다. 일본의 대표적인 문학서에 등장하는 초목들을 심어 놓은 정원은 헤이안시대의 정원으로 왕조문화를 떠오르게 한다.

8겹의 다홍색 수양벚나무인 베니시다레자쿠라가 있는 미나미신엔은 봄을 대표하는 정원으로 유명하다. 베니시다레자쿠라가 얼마나 유명한지 쇼와 천황(昭和天皇)이 헤이안진구에 참배하러 왔을 때 이 벚꽃을 구경했다고 알려져 있다.

우리나라에 『설국』으로 알려진 작가이자 노벨문학상을 수상한 가와바타 야스나리(川端康成)가 교토를 배경으로 쓴 소설인 『고도(古都)』를 통해 교토의 수많은 벚꽃 명소 가운데 자신이 가장 좋아한 헤이안진구의 벚꽃을 요염하게 묘사한 것으로도 유명하다.

#### 니시신엔(西神苑)
연못 박코이케(白虎池)를 중심으로 신엔에서 유일하게 폭포가 있다. 연못 주변으로 약 200종에 달하는 2000여 주의 꽃창포가 식재되어 있어 초여름 신엔정원을 아름답게 만들고 있다.

니시신엔에서 나카신엔으로 이어지는 산책로에는 울창한 숲길이 조성되어 있다.

#### 나카신엔(中神苑)
정원 중앙의 소류치(蒼龍池)에는 징검다리 가류쿄(臥龍橋)가 놓여 있다. 교토 시내를 흐르는 가모가와에 놓여 있던 산조오하시(三条大橋, 산조대교)와 고조오하시(五條大橋, 고조대교)의 교각을 뜯어와 만들었다.

'엎드린 용의 다리'라는 뜻을 가진 소류치에는 '이 징검다리를 건너는 사람들이 용의 등에 올라 연못에 비치는 구름 사이를 날아다니는 기분을 만끽하라.'라는 정원사의 깊은 마음이 담겨 있다.

나카신엔은 가쿠 천황(光格天皇)이 생전에 아끼던 제비붓꽃, 수련과 개연꽃이 만발하는 곳으로 초여름 정원을 아름답게 만들고 있다.

### 히가시신엔(東神苑)
세이호이케(栖鳳池)가 있는 곳으로 다른 정원보다 훨씬 규모가 크다. 예전에는 귀족들이 세이호이케에 배를 띄워 놓고 풍류를 즐기기도 했다고 한다.

베니시다레자쿠라를 비롯해 철쭉, 동백 등 다양한 꽃나무가 심어져 있어 수면에 비치는 꽃들이 특별한 느낌을 자아낸다.

### 세이호이케
고토고쇼(京都御所)에서 하사받은 다이헤이가쿠(泰平閣)와 쇼비칸(尚美館)이 있다.

세이호이케 주변의 산책로를 따라 걷게 되며 연못을 가로지르는 다리 다이헤이가쿠를 걸어서 신엔의 출구로 향하게 된다.

다이헤이가쿠 난간에 앉아 귀빈관으로 쓰인 쇼비칸을 바라보는 풍경은 한 폭의 그림과 견주어도 될 만큼 멋진 풍경이다. 또한 세이호이케에는 이곳에서만 살고 있다는 남생이가 서식한다고 하니 눈여겨보자.

**Tip.** 헤이안진구 버스 정류장인 오카자키코엔 비쥬츠칸 · 헤이안진구마에 일대는 거대한 문화테마파크라고 불러도 좋은 곳이다. 교토산업박람회 터에 1904년에 조성된 오카자키코엔은 교토시립미술관과 교토국립근대미술관이 마주 보고 있으며 교토동물원 등이 함께 있다. 이 일대는 봄이면 또 하나의 벚꽃 명소로 탈바꿈한다. 특히 술이나 쌀 등을 싣고 오사카를 오가던 나루 유람선인 짓코쿠부네(十石舟)가 봄에만 운영된다. 벚꽃 회랑으로 불리는 벚꽃 길과 함께 나룻배가 어우러지는 풍경을 사진에 담기 위해 엄청난 인파가 몰리는 진풍경이 벌어지는 곳이기도 하다.

### 헤이안진구, 무엇을 먹을까?

## 조용한 재즈 음악이 흐르는
# 카페&갤러리 모미지
#### Cafe&Gallery椛

헤이안진구나 오카자키 일대에서 간단하게 식사를 하거나 커피 등의 디저트를 즐기기에 더없이 좋은 곳이다. 100년 이상의 오래된 민가를 개조한 곳으로 교토 사람들의 일상생활 공간을 짐작해볼 수 있다. 실내는 조용한 재즈 음악이 흐르고 있어 분위기는 차분한 편이며, 무엇보다 부담 없는 가격으로 간단한 식사도 가능하다.

점심에는 런치메뉴로 치킨오므라이스세트, 카레라이스세트 등이 있으며 수프와 음료(커피)가 포함되고, 가격은 1천 엔 정도다. 특히 살짝 매콤한 카레는 달달한 일본 음식에 지친 입맛에 색다름을 느끼게 한다. 이 밖에도 커피, 플로트, 파르페 및 아이스크림, 젠자이 등 다양한 디저트도 즐길 수 있다. 가게 한쪽에는 공방에서 직접 만든 오카리나 등을 비롯해 각종 장식품을 전시하고 있으며 구매도 가능하다.

실내

카레라이스세트(カレーライスセット)

### ✚ 이용 안내

▶영업시간: 13:00~18:00(마지막 주문 17:30)  ▶휴무일: 부정기  ▶주소: 京都市左京区岡崎南御所町34  ▶전화번호: 075-202-8704  ▶홈페이지: www.momiji34.wix.com/cafe

**Tip.** 카페·갤러리 모미지 옆 가게에는 항상 줄을 서서 기다리는 곳이 있다. 바로 교토에서 가장 유명한 우동집으로 알려져 있는 야마모토멘조(山元麺蔵)다. 다른 집과 달리 굵고 탄력 있는 수타우동 면발은 다른 우동집과는 차원이 다른 맛으로 정평이 나 있다. 여러 종류의 우동이 있지만 가장 인기메뉴는 우엉을 살짝 튀긴 우엉튀김자루우동과 닭가슴살튀김자루우동이다. 한글 메뉴판이 준비되어 있으며 가격은 대략 800~1,500엔 정도다. 다만 인기가 너무 많아 언제 가더라도 기본 1시간 이상은 기다려야 한다.

▶영업시간: 11:00~18:00(수요일은 11:00~14:30)  ▶휴무일: 목요일 및 매월 넷째 주 수요일(수요일이 공휴일인 경우 익일 휴무)  ▶주소: 京都府京都市 左京区岡崎南御所町34  ▶전화번호: 075-751-0677  ▶홈페이지: yamamotomenzou.com/

## 카페&갤러리 모미지
## 어떻게 가야 할까?

① 헤이안진구를 등지고 정면에서 왼쪽 도로를 따라 직진한다.

② 계속 직진하다가 길 마지막의 건널목에서 오른쪽 방향으로 건넌다.

③ 다시 정면으로 건널목을 건넌다.

④ 길을 건넌 다음 오른쪽 방향으로 직진한다.

⑤ 야마모토멘조(山元麵蔵)를 지나면 카페&갤러리 모미지가 있다.

아주 특별한 교토

# 라이트업,
# 그 환상의 세계로

고다이지 라이트업

모든 것이 일찍 저무는 교토의 밤도 봄과 가을에는 예외다. 봄과 가을에는 대부분의 역사적인 명소에 오색찬란한 조명을 설치해 황홀한 밤을 느끼게 하는 라이트업을 실시하기 때문이다. 낮에 보는 벚꽃과 단풍도 아름답지만 곳곳에 조명을 설치해 불빛 아래에서 보는 풍경은 낮과는 완전히 다르다. 라이트업을 실시하는 곳은 밤늦은 시간까지 개방된다. 낮에는 벚꽃과 단풍으로, 밤에는 라이트업으로 그야말로 낮과 밤이 다른 교토의 색다른 매력을 느낄 수 있다.

각 명소마다 라이트업 시기는 모두 다르며 해당 홈페이지를 통해서 공지한다. 참고로 봄과 가을 모두 라이트업을 실시하는 경우도 있고, 봄 혹은 가을에만 라이트업을 실시하는 곳도 있다. 라이트업에 관한 정보는 JR 교토역 관광안내센터를 이용하

면 편리하다. 라이트업과 관련된 자세한 내용(라이트업을 실시하는 명소, 라이트업 시간, 입장요금 등)을 한 장의 유인물로 만들어 관광객들에게 무료로 배포하고 있기 때문이다. 교토 관광안내센터에서는 주요 관광지마다 봄에는 벚꽃의 개화 상태를, 가을에는 단풍의 진행 상태를 표시해두는 안내판과 유인물도 준비되어 있다.

　라이트업이 실시되는 경우 일반 입장시간과 야간 특별개방 입장시간이 따로 지정되어 있는 경우(대표적으로 기요미즈데라)도 있고 구분하지 않는 경우도 있다. 또한 일반 입장요금에 비해 요금이 비싸지는 경우도 있고 평소에는 무료개방인 곳도 라이트업 기간에는 유료개방인 곳이 있으니 참고하자. 대표적인 몇 군데만 이곳에서 간략하게 소개한다.

### 한 걸음 더 1

## 교토 봄의 상징,
# 도지 東寺

간무 천황이 교토로 수도를 이전한 후 2년 뒤인 796년에 세워진 진언종(眞言宗)의 사원이다. 823년에 사가 천황(嵯峨天皇)이 진언종의 창시자인 고보다이시 쿠가이(弘法大師空海)에게 하사하면서 진언종의 총본산으로 성장했다. 도지라는 이름은 '동쪽의 절'을 의미한다. 교토의 남쪽 문이었던 라조몬(羅城門)을 기준으로 동쪽에는 도지를, 서쪽에는 사이지(西寺)를 세웠으나 사이지는 15세기 말 화재로 인해 소실되었다. 도지 역시 여러 번의 화재로 인해 지금의 건물은 17세기 이후 복원되었다.

　도지는 일본에서 가장 높은 5층 목탑을 보유하고 있는 것으로도 유명하다. 국보로 지정된 고주노토(伍重塔, 오중탑)는 54.8m로 이 탑은 교토의 상징이 되고 있다. 이 밖에도 진언종과 관련한 보물을 다수 소장하고 있다. 도지의 탑과 보물은 평소에는 공개하지 않고 봄과 가을 특별공개 기간에만 개방한다. 도지는 봄의 상징으로 2월 하순에 개화하는 가와즈자쿠라(河津桜, 가와즈벚꽃)에서 시작해 4월 중순까지 넓은 경내 곳곳에서 벚꽃을 즐길 수 있다. 또한 미에현에서 건너온 수령이 120년 이상인 겹벚꽃 후지자쿠라(不二桜)는 무려 13m나 되는 높이로, 고주노토와 어우러지는 모습이 봄의 교토를 대표하는 풍경이라 해도 손색이 없다. 봄에는 야간 라이트업이 실시되며 날짜와 시간은 해마다 조금씩 변동이 있으니 홈페이지를 참고하자. 매월 21일에는 벼룩시장이 열린다. 경내를 제외하고 다른 곳은 모두 유료다.

## ✚ 이용 안내

**일반** ▶**관람시간:** 15:00~17:00  **특별** ▶**관람시간:** 금당·강당 08:00~17:00(매표마감 16:40), 보물관 관지원 09:00~17:00(매표마감 16:30) 입장요금은 관람시기에 따라 입장료가 전부 다르며 모두 입장이 가능한 통합권을 판매하고 있다(날짜에 따른 입장요금은 홈페이지 참조) ▶**입장요금:** 경내 무료  **특별공개** ▶**관람시기:** 신년 특별공개, 교토겨울여행 특별공개, 봄시즌 특별공개, 가을시즌 특별공개, 단풍시즌 특별공개(해마다 날짜가 조금씩 변경되며 특별공개기간마다 공개하는 보물의 종류는 조금씩 다르다. 정확한 날짜와 공개하는 보물의 종류는 홈페이지에서 확인 가능) ▶**입장요금:** 금당 및 고주노토, 보물관 관람료 따로 지불, 500~800엔(통합권 판매)  **라이트업** ▶**관람시기:** 3월 중순~4월 중순(정확한 날짜는 홈페이지에 안내) ▶**관람시간:** 18:30~22:00(접수 종료 21:30) ▶**입장요금:** 성인 및 고등학생 500엔, 중학생 이하 300엔 ▶**주소:** 京都市南区九条町1番地 ▶**전화번호:** 075-691-3325 ▶**홈페이지:** www.toji.or.jp ▶**가는 방법:** 긴테츠 전철 도지역에서 도보로 10분 정도, 교토 시 버스 도지역 하차 도보로 10분 정도

### 한 걸음 더 2

## 네네의 정원, 고다이지 高台寺

정식 명칭은 고다이지쥬소센지(高台聖寺)라고 하며 도요토미 히데요시의 명복을 빌기 위해 히데요시의 정실 부인인 네네가 1606년에 세운 절이다. 절이 창건될 때 도쿠가와 이에야스의 정치적인 배려로 막대한 재정 지원을 받아 후시미성의 다실 등 여러 채의 건물을 옮겨 왔으며 경관은 장엄하면서도 무척이나 화려한 편이다. 우리에게는 아픈 역사로 기억될 수밖에 없는 고다이지지만 무로마치시대의 화려했던 문화를 느낄 수 있는 곳이다. 경내에 가이산도(開山堂), 오타마야(お霊屋), 가사테이(傘亭), 시구레테이(時雨亭), 오모테몬(表門), 칸게츠다이(観月台) 등이 국가의 중요문화재로 지정되어 있다. 무엇보다 고다이지는 정원이 아름답기로 유명하다. 가이산도를 중심으로 동서로 펼쳐져 있는 연못의 정원은 고보리엔슈(小堀遠州)가 만든 것으로 이 정원을 보기 위해 일본인들도 즐겨 찾는다. 봄과 여름, 그리고 가을에는 라이트업이 실시되는데 봄에는 벚꽃이, 여름에는 도우묘에(燈明会, 등명회)가, 가을에는 단풍이 교토의 밤을 아름답게 장식하고 있다. 이곳은 가을 단풍 시즌이면 히가시야마 지역 중에서도 기요미즈데라보다 인기가 많은 곳이다. 특히 환한 조명을 받으면 단풍이 거울과 같은 연못에 반사되는 풍경은 기요미즈데라의 라이트업보다 아름답다고 알려져 있어, 가을 라이트업 기간에는 엄청난 사람들로 붐비는 곳이다. 입장요금에는 네네와 관련된 물품을 모아놓은 쇼미술관(掌美術館) 관람요금이 포함되어 있다.

### ➕ 이용 안내

**일반** ▶관람시간: 09:00~17:30(접수 종료 17:00)   ▶관람요금: 성인 600엔, 중고등학생 250엔   **라이트업** ▶관람시기: 봄 3월 중순~5월 초순, 여름 8월 1일~8월 18일, 가을 10월 하순~12월 초순   ▶관람시간: 일몰 후 ~22:00(접수 종료 21:30)   ▶관람요금: 성인 600엔, 중고등학생 250엔   ▶주소: 京都市東山区高台寺下河原町526番地   ▶전화번호: 075-561-9966 홈페이지: www.kodaiji.com   ▶가는 방법: 니넨자카를 따라 네네노미치에서 고다이지 방향으로 계단을 오르면 된다.

### 한 걸음 더 3

## 깊고 푸른 밤,
## 쇼렌인몬제키 |青蓮院門跡

교토 고카시쓰 몬제키(京都伍門跡) 사찰 중 하나인 쇼렌인은 왕족이 출가해 주지를 맡았던 사찰로 1144년에 창건되었다. 오닌의 난으로 소실된 후 도요토미 히데요시와 도쿠가와 이에야스에 의해 재건되었으나 메이지시대에 화재로 다시 소실되어 1895년에 지금의 모습으로 재건되었다. 경내에는 수백 년된 녹나무가 즐비하며 일왕의 임시 숙소로 사용되었던 장소답게 웅장함을 자랑한다. 벚꽃이 피는 봄과 단풍이 아름다운 가을이면 교토의 사찰과 신사는 어느 곳 하나 붐비지 않는 곳이 없고, 특히 라이트업이 실시되는 곳은 더욱 붐빈다. 쇼렌인 역시 한산한 편은 아니지만 다른 곳에 비해 상대적으로 덜 알려진 곳이다. 하지만 이곳의 라이트업은 특별해도 정말 특별하다. 그건 바로 적색 혹은 황색 조명이 대부분인 다른 사찰에서 볼 수 없는 청색의 라이트업이 깊고 푸른 밤을 연출하기 때문이다. 정원 한가득 뿌려지는 별빛과도 같은 조명은 교토 어디에서도 볼 수 없는 풍경이다. 격조 높은 건물과 정원, 그리고 수백 년된 녹나무와 단풍이 푸른빛에 어우러지는 광경은 은하수를 정원에 펼쳐놓은 듯하다. 일본 사람들에게는 이미 명소로 알려진 쇼렌인의 라이트업이지만 외국 관광객들에게는 거의 알려져 있지 않은 곳이기도 하다. 경내 뒤를 돌아가면 언덕에 대나무숲이 있으며 교토 시내를 내려다볼 수 있어 본당의 정원과는 색다른 느낌을 가지게 한다. 정확한 라이트업 날짜는 홈페이지를 참조하면 된다.

## ✚ 이용 안내

**일반** ▶관람시간: 09:00~17:00(접수종료 16:30)   ▶관람요금: 대인 500엔, 중·고등학생 400엔, 초등학생 200엔
**라이트업** ▶관람시기: 3월 초순, 3월 중순~4월 초순, 4월 말~5월 초순, 가을 10월 말~12월 초순(정확한 날짜는 홈페이지에 안내)   ▶관람시간: 18:00~22:00(접수 종료 21:30)   ▶관람요금: 대인 800엔, 중고등학생 400엔   ▶주소: 京都府京都市東山区粟田条三条坊町 69-1   ▶전화번호: 075-561-2345   ▶홈페이지: www.shorenin.com   ▶
**주의사항:** 라이트업의 경우 17시에 폐문 후 18시에 다시 개방한다. 따라서 일반 관람시간에 방문한 경우 절에서 나간 후 라이트업 시간에 다시 입장료를 지불해야 방문이 가능하다.   ▶**가는 방법:** 교토 시 버스 5번, 46번, 100번을 이용 진구미치(神宮道)에서 하차 도보로 5분 정도 소요, 지하철 도자이선(東西線) 히가시야마역 하차 도보로 5분 정도 소요, 마루야마코엔에서 도보로 10분 정도 소요, 지온인(知恩院)을 지나면 위치하고 있다.   ▶**구글지도 검색:** 쇼렌인 몬제키

## 한 걸음 더 4

낭만을 싣고 달리는 가을 단풍열차,
# 에이잔 전철 구라마센 叡山電鉄 鞍馬線

가부네구치역의 모습

게이한 전철의 종점인 데마치야나기역(出町柳)에서 출발하는 에이잔 전철은 일본 철도여행 100선에 선정될 만큼 유명한 단풍열차다. 에이잔 전철은 데마치야나기역에서 히에이잔(比叡山)을 운행하는 초록색의 에이잔본선(叡山本線)과 구라마(鞍馬)까지 운행하는 빨간색의 구라마센, 두 노선이 있다. 이 중 빨간색의 구라마센의 경우 이치하라(市原)역에서 니노세(二ノ瀬)역 사이에 약 250m 모미지 터널(단풍 터널)이 있어 가을에는 최고의 인기노선이다. 기부네구치(貴船口)역에서 하차하면 단풍나무 사이로 기차가 다가오는 풍경을 멋진 사진으로 남길 수 있다. 기부네모미지토로우(もみじトンネル) 기간에는 밤이 되면 이 구간을 운행할 때 객차의 불은 모두 꺼지고 라이트업된 단풍 터널을 천천히 지나가게 되는데, 객차 안에서는 탄성이 쏟아진다. 에이잔 전철의 객차는 2량짜리 작은 열차로 1시간에 3~4대가 운행되며 단풍철에는 엄청난 사람들이 이 기차를 기다린다. 좀더 특별하게 단풍을 감상하고 싶다면 키라라 전차(きらら電車)를 타야 한다. 키라라 전차는 일반 전차와 달리 창문이 천장까지 크게 나 있으며 일부 좌석은 단풍을 편하게 감상할 수 있도록 의자가 창가로 향해 있다. 키라라 전차는 일반 전차와 번갈아 운행하기도 하고 그렇지 않은 경우도 있으니 키라라 전차를 이용하고 싶다면 키라라 전차 운행시간을 확인하자. 기부네구치역에서는 신사에서 소원을 적어두는 에마의 발상지인 기부네 신사(貴船神社)를 관람할 수 있다. 또한 종점인 구라마역 도보 3분 거리에는 구라마데

모미지 터널

라(鞍馬士)가 있으며 온천으로도 유명하다. 아담한 시골역인 구라마역도 볼 만하다. 1929년에 생긴 역으로 실내에는 산속에 사는 상상의 요괴인 텐구(天狗)가 장식되어 있고 역사 밖에는 구라마의 상징인 오오텐구(大天狗)가 있다. 참고로 구라마와 키부네는 하이킹 여행지로도 인기가 높다. 요금은 일반 전차와 키라라 전차 모두 동일하며 왕복 티켓을 구매하는 것이 조금 더 편리하다. 에이잔 전철 각 역의 스폿들까지 두루 관람하길 원한다면 에이잔 전철 1일 승차권인 '에에깃푸(えぇきっぷ)'를 구매하면 된다. 에에깃푸는 에이잔 전철을 하루 종일 무제한으로 이용할 수 있어 편리하다. 그 밖에 기부네구치역과 구라마역사이를 자유롭게 승하차할 수 있을 뿐 아니라 구라마데라 절 입장료와 구라마 온천 노천탕 입욕료까지 포함된 '구라마, 기부네 산책 티켓(鞍馬.貴船散策チケット)'도 판매하고 있다.

## ✚ 이용 안내

▶**기부네모미지토로우** 기간: 11월 초~11월 말 ▶**에이잔 전철** ▶**요금**(데마치야나기역~구라마역, 기부네구치역): 편도 420엔, 왕복 840엔, 간사이스루패스 이용가능 ▶**에이잔 전철 홈페이지**: eizandensha.co.jp ▶**가는 방법**: 교토 시버스 데마치야나기역 하차, 게이한 전철의 경우 데마치야나기역에서 에이잔 전철로 연결됨 **에에깃푸** ▶**요금**: 어른 1,000엔, 어린이 500엔 ▶**발매기간**: 통년 발매(10월 22일 제외) ▶**발매장소**: 에이잔전철 데마치야나기역, 슈카쿠인역, 구라마역 ▶**유효기간**: 승차당일에 한함 **구라마, 기부네 산책 티켓** ▶**요금**: 어른 1,800엔 ▶**발매기간**: 통년 발매(10월 22일 제외) ▶**발매장소**: 에이잔 전철 데마치야나기역 ▶**유효기간**: 승차당일에 한함 ▶**유효구간**: 데마치야나기역~구라마사이 왕복(단 기부네구치역과 구라마역 사이는 자유롭게 승하차 가능) ▶**특전**: 구라마데라 절 입장료 및 구라마 온천 노천탕 입욕료 포함

에이잔 전철 데마치야나기역

에이잔 전철 입구의 안내센터에서 에이잔 전철 티켓을 직원에게 직접 구매해도 되고 자동 발권기를 이용해도 된다.

객차의 천장까지 창문이 있는 키라라 전차

키라라 전차의 내부는 의자가 창가 쪽으로 향해 있다.

구라마 역사의 모습

구라마 역사 밖에 있는 구라마의 상징인 오오텐구

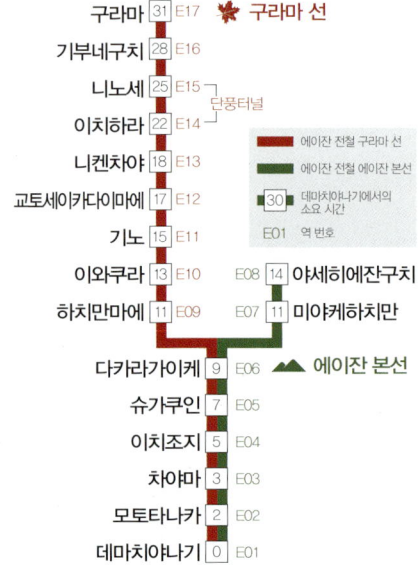
에이잔 전철 노선도

넷째 날,
# 천 년의 흔적을 따라
## 교토 시간여행

넷째 날, 일정 한눈에 보기

1 니조조  2 도후쿠지  3 산주산겐도  4 후시미이나리타이샤

교토의 과거, 현재, 그리고 미래까지 만나는 교토 시간여행. 천년고도를 떠나야 하는 여행자는 아쉽기만 하다. 언젠가 우리 또 만나겠지. 오오키니(おおきに, 교토 사투리로 '대단히 감사합니다').

## 넷째 날 일정 지도

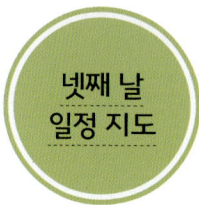

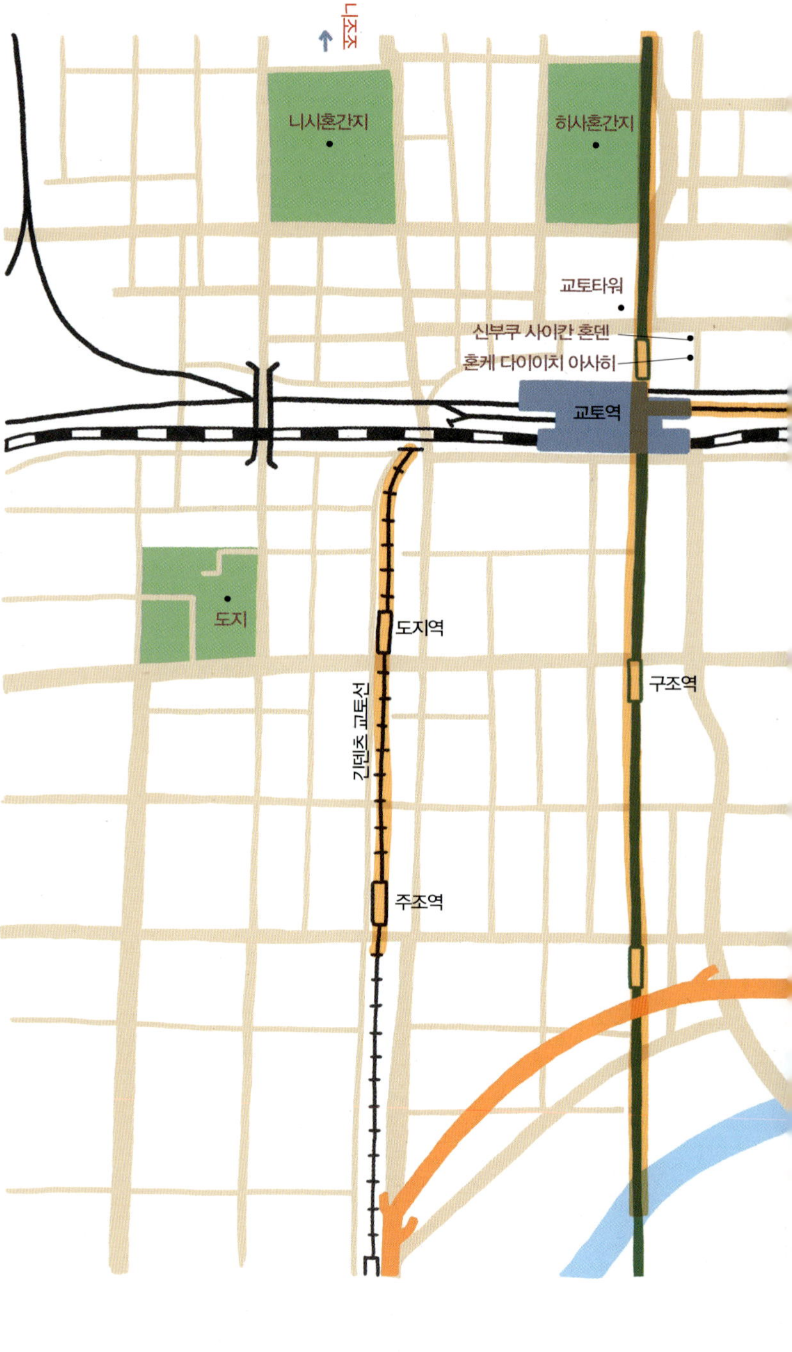

니조조
니시혼간지
히사혼간지
교토타워
신부쿠 사이칸 혼텐
혼케 다이이치 아사히
교토역
도지
도지역
구조역
긴텐츠 교토선
주조역

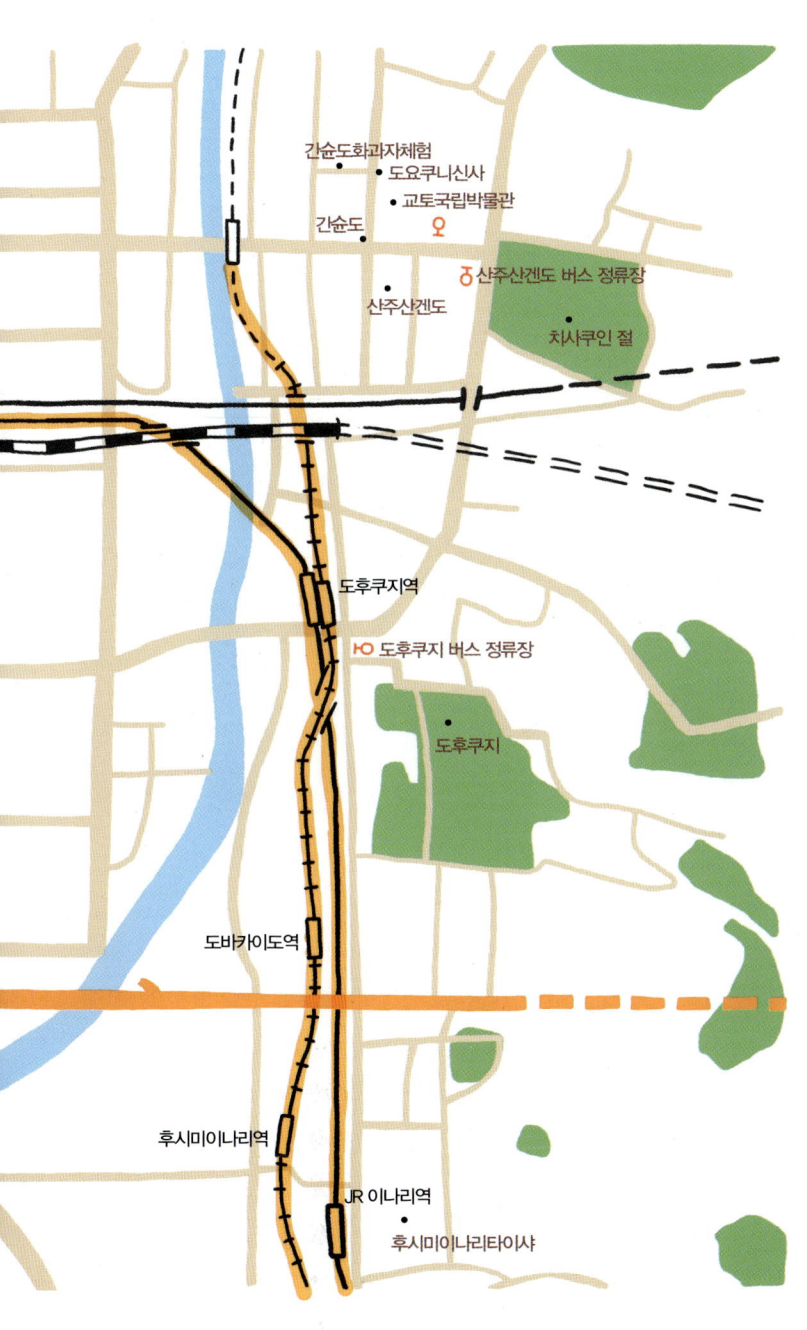

### 에도 막부의 처음과 끝을 장식한
# 니조조
二条城

 니조조는 도요토미 가문을 멸문시키고 일본 천하통일의 대업을 이룬 도쿠가와 이에야스가 에도(江戶, 지금의 도쿄)에 막부를 세운 뒤 천황이 있던 교토를 방문할 때 숙소로 사용하기 위해 1603년에 니노마루고텐(二の丸御殿)을 축성하면서 조성된 성이다. 이후 3대 쇼군 도쿠가와 이에미스(德川家光)가 후시미 성의 건축 자재 등을 옮겨와 혼마루고텐(本丸御殿)과 천수각(天守閣) 등을 세우며 성을 확장하고 궁궐 정비에 착수해 1626년에 현재의 규모로 완성되었다. 니조조는 일본 막부 시대를 대표하는 성으로 그 가치를 인정받아 1994년 세계문화유산으로 지정되었다.
 무엇보다 니조조는 에도 막부의 시작과 끝을 장식한 곳으로, 다이세이호칸(大政奉還, 대정봉환)이 발표된 역사적인 장소다. 다이세이호칸은 1867년 10월 15일 제15

쇼군 요시노부(德川慶喜)가 니노마루고텐의 오오히로마(大広間) 이치노마(一の間)에서 중역 40인을 모아 회의를 개최한 후 천황에게 통치권을 반환한 것이다. 이 사건으로 265년의 역사를 가진 도쿠가와 막부는 막을 내리게 된다. 이와 동시에 막부에 의해 약 700여 년 동안 지속되던 일본의 봉건제도는 끝이나고 천황을 중심으로 한 근대국가로 이동하게 된다. 이후 니조조는 국가 소유가 되

어 일반인에게 공개되기 전 황제궁으로 잠시 쓰이다가 1940년에 이르러서야 비로소 일반인에게 공개되었다.

총 면적 27만 5천m²의 니조조는 높이 6m의 돌담에 폭 13m, 깊이 19m의 인공 해자에 둘러싸여 있으며, 성 내부는 동서로 480m, 남북으로 360m나 된다. 니조조는 크게 세 영역으로 나뉜다. 니노마루고텐과 혼마루고텐, 그리고 2개의 성을 둘러싸고 있는 3개의 정원 니노마루테이엔·혼마루테이엔·세이류엔이다.

니노마루고텐은 17세기 모모야마시대 쇼인츠쿠리(書院造)라는 무가풍 서원 건축양식을 대표하는 건축물이다. 건물 총 면적 3,300m²로 모두 국보인 6개 건물에 33개의 방이 있으며, 약 800여 장의 다다미가 깔려 있다. 6개 건물은 토오자무라이(遠侍)·시키다이(式台)·오오히로마·소테츠노마(蘇鉄の間)·구로쇼인(黑書院)·시로쇼인(白書院)으로 서로 다른 높이의 각 방들은 지그재그로 배치되어 복도로 연결되어 있다. 각 방마다 그 목적에 맞춘 호화롭고 화려한 그림의 쇼우헤키(障壁畵, 장벽화)를 볼 수 있다. 특히 니조조에는 적의 침입을 알 수 있도록 만든 휘파람새 울음소리가 나는 마루인 '우구이수바리(鶯張り)'가 유명한데, 영화 〈라스트 사무라이〉가 이곳에서 촬영되었다.

혼마루고텐 역시 중요문화재로 지정되어 있으나 노후화로 인해 평소에는 내부관람이 불가능하며 특별한 날에만 관람이 허용된다. 니조조를 효율적으로 관람하기 위해서는 히가시오테몬을 지나 반쇼, 니노마루고텐, 니노마루정원, 혼마루고텐, 천수각터, 세이류엔으로 이동하면 된다. 생각보다 볼거리가 많은 니조조의 관람시간은 약 1시간 30분에서 2시간 정도로 예상하면 된다.

## ✚ 이용 안내

▶ **관람시간:** 08:45~17:00(매표마감 16:00)　▶ **니노마루혼텐 관람시간** 09:00~16:00　▶ **휴무일:** 1월·7월·8월·12월의 매주 화요일(휴일인 경우 다음 날), 연말연시(12월 26일~1월 4일)　▶ **요금:** 성인 600엔, 중고생 350엔, 초등학생 200엔　▶ **주소:** 京都市中京区二条通堀川西入二条城町541　▶ **전화:** 075-841-0096　▶ **홈페이지:** www.city.kyoto.jp/bunshi/nijojo　▶ **구글지도 검색:** Nijō Castle

> **Tip.** 히가시오테몬 안쪽으로 들어오자마자 반쇼와 이어진 곳에 관광안내센터가 있는데 이곳에서 한글 음성가이드를 대여할 수 있다(대여료 500엔). 봄에는 매화와 벚꽃이 만발해 무척 아름다운 니조조는 3월 하순에서 4월 중순에 야간 벚꽃 라이트업이 실시된다(단, 가을 단풍시기에는 라이트업 없음).

우리에게 있어 도요토미 히데요시와 도쿠가와 이에야스는 기억하고 싶지 않은 이름이다. 그러나 과거를 알지 못하면 현재도 미래도 없는 법. 니조조를 향하는 마음은 그리 생각하지 않으려 해도 다소 무거웠다. 천하를 호령하며 니조조에서 에도 막부를 열었으나 니조조에서 마감한 에도 막부. 영원한 권력은 없다는 점이 조금은 위안이었다. 니조조는 생각했던 것보다는 다소 평범한 성이었다. 그러나 화려해도 너무 화려한 정문 카라몬 때문에 니조조 관람을 시작하기도 전에 기가 질려버렸다. 그렇게 어수선한 마음을 가지고 들어선 니노마루고텐. 모든 건물이 내부에서 연결되어 있기에 밖에서 보면 어디가 어디인지 절대로 알 수가 없는 희한한 곳이었다. 지그재그로 이어지는 각 건물들은 철저히 무사들의 생활공간을 고려해 디자인되었고, 그 생활공간은 철저히 서열과 계급이 반영된 결과물이었다. 니조조 자체가 무사를 대변하고 있다고 해도 과언이 아닌 곳이었다. 그리고 모든 것은 겉보기와 달리 화려하고 화려했다. 무사들이 검소하고 청빈했다는 건 다 거짓말이다. 무사의 정신과 일맥상통하는 선종과 결합했음에도 또 한편으로는 이렇게 화려하게 치장을 하고 있으니 말이다. 그냥 관람로를 무작정 따라가다 보면 지그재그로 얽혀 있어 여기가 거기인가 거기가 여기인가 싶을 정도로 위치를 가늠하기가 힘들었다. 칼로 권력을 세운 자가 가져야 하는 공포감은 걸을 때마다 삐걱거리는 소리가 증명해주고 있었다. 자객의 침입을 대비해 이런 장치를 만들 수밖에 없는 1인자의 삶이 결코 행복하지는 않았으리라. 복잡한 마음으로 니노마루고텐 관람을 마치고 혼마루고텐을 지나 꽤 넓은 정원을 돌아보며 흔적만 남은 천수각에 올라 니조조를 내려다본다. 삐걱거리는 마루가 전부인 줄 알았던 니조조는 생각보다 꽤 볼거리가 많아 예상했던 관람시간을 훌쩍 넘겼다. 역사적인 피해의식 때문에 봐야 할 것을 보지 않는다는 것은 과거에 사로잡혀 미래로 나아가지 못하는 것이리라. 현재는 과거로부터 오고 미래는 현재가 만들어내는 것이니 역사는 돌고 도는 것이 아닌가.

## 니조조
# 어떻게 가야 할까?

① 시 버스 9번, 12번, 50번, 67번, 101번을 이용한다.

② 교토역에서 출발한다면 101번을 이용하면 편리하다.

③ 니조조마에(二条城前) 버스 정류장에서 하차한다.

④ 버스 정류장에서 하차하면 버스 뒤쪽으로 니조조 입구가 바로 보인다. 히가시오테몬 입구에 매표소가 있다.

**Tip.** 지하철을 이용하는 경우 도자이센 니조조마에 1번 혹은 2번 출구에서 도보로 3분

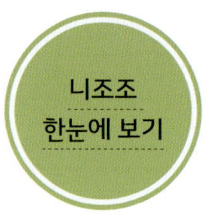

## 니조조
## 한눈에 보기

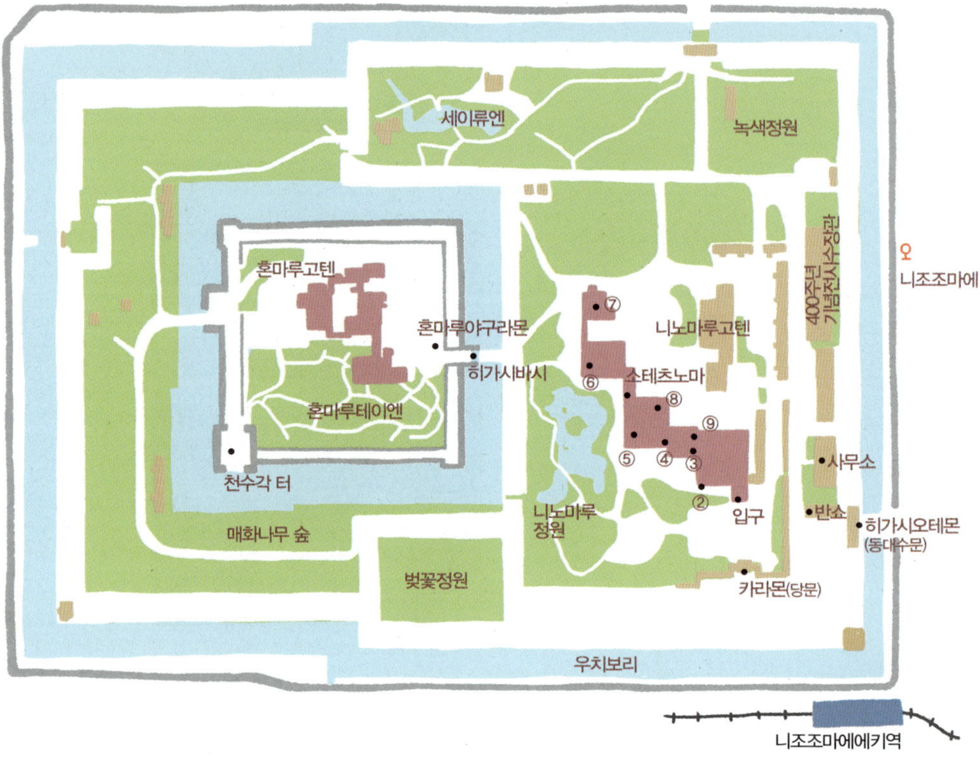

세이류엔
녹색정원
혼마루고텐
혼마루야구라몬
히가시바시
혼마루테이엔
천수각 터
매화나무 숲
벚꽃정원
니노마루고텐
소테츠노마
⑦
⑥
⑧
⑨
⑤
④
③
②
입구
니노마루
정원
400주년
기념전시수장관
니조조마에
사무소
반쇼
히가시오테몬
(동대수문)
카라몬(당문)
우치보리
니조조마에에키역


② 도자무라이
③ 시키다이
④ 우구이수바리
⑤ 오오히로마 산노마 · 니노마 · 이치노마
⑥ 구로쇼인
⑦ 시로쇼인
⑧ 오오히로마 욘노마
⑨ 로주노마

# 니조조
## 어떻게 즐겨볼까?

### 소토보리(外濠)
외적으로부터 침입을 방어하고자 니조조의 외부를 감싸고 있는 바깥 해자로 폭 13m, 깊이 19m의 인공 해자다. 높이 6m의 돌담에 둘러싸여 있다.

### 히가시오테몬(東大水門)
히가시오테몬은 성의 동쪽 정문으로, 니조조에는 총 5개의 성문이 있다. 양쪽 성벽의 돌담 위에 성문을 걸치고 망루 아래에 문이 있는 야구라몬(櫓門) 형식을 띠고 있는데, 축성 당시의 모습이 그대로 남아 있어 중요문화재로 지정되었다. 위풍당당한 성문이지만 적의 공격시에 부실한 문의 두께로 인해 방어에는 큰 도움이 되지 않았다고 한다.

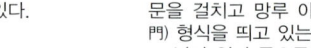

### 반쇼(番所, 보초대)
히가시오테몬을 들어서면 오른쪽으로 보초대 건물인 반쇼가 있다. 도쿠가와 장군이 부재중일 때, 에도에서 파견된 오오반구미(교대 근무자)의 무사가 성의 순찰과 경호 등을 책임졌다. 매년 2개조(1개조당 50명)가 각 구역의 당번병으로 배치되어 교대 근무를 했다. 반쇼는 당번병의 대기 장소로 정면 10칸(19.6㎡), 오행 3칸(6.06㎡)으로 가로 폭이 길다. 현재 지금까지 남아 있는 반쇼는 드물기 때문에 중요한 건축사적 의미를 지닌다.

반쇼 안에는 전면 두 줄에 에도시대 무사들이 무사 복장(가미시모)을 하고 있는 인형을 볼 수 있다. 그 당시 직무를 보고 있는 모습을 재현하고 있다.

### 카라몬(唐門, 당문)

니노마루고텐의 정문으로 중국 당나라의 영향을 받아 당풍의 지붕양식과 장식을 하고 있어 카라몬으로 불린다. 일본 전통양식에 당나라의 양식이 더해진 반원형의 커브를 그리고 있는 카라몬은 기둥에 학, 나비, 꽃 등의 조각을 비롯해 금박 장식이 되어 호화로운 모모야마시대의 분위기를 고스란히 느낄 수 있다. 카라몬은 니조조의 20년 계획으로 대대적인 수리가 이루어져 2013년 8월에 수리가 완료되었으며 카라몬 수리 비용만 우리나라 돈으로 약 10억 정도가 들어갔다고 한다. 카라몬은 도요쿠니신사와 니시혼간지에서도 볼 수 있다.

### 우치보리(內堀)

혼마루고텐을 둘러싸고 있는 안쪽 해자로 혼마루고텐과 니노마루고텐의 경계를 이루고 있다.

### 니노마루테이엔(二の丸庭園)

니노마루고텐 서쪽에 위치하고 있는 정원으로 연못 중앙에 가장 큰 섬인 호라이지마(蓬萊島)가 있고 그 좌우에 츠루마시(鶴島, 학)와 가메시마(龜島, 거북이) 모양의 돌을 배치한 전형적인 지천회유식 정원이다. 그 외에도 신선이 봉래산에 함께 산다는 송죽매 등을 함께 배치해 봉래식 정원으로 불린다. 모모야마 말기부터 에도 초기까지 크게 유행했던 일본 전통 정원조성기법으로 일본 정원의 대가인 고보리엔슈의 작품이다. 정원은 세 방향에서 감상하도록 설계되었다. 연못 남측 궁궐이었던 교우코우고덴(行幸御殿)에서 보는 남쪽정원, 오히로마에서 바라보는 동쪽정원, 구로쇼인에서 바라보는 북쪽정원이다. 이처럼 여러 군데에서 정원을 볼 수 있어 하치지노니와(八陣の庭)라고도 불린다.

#### 히가시바시(東橋)
우치보리 위에 놓인 다리로 니노마루고텐과 혼마루고텐을 연결하고 있다.

#### 혼마루야구라몬(本丸櫓門)
니노마루고텐과 혼마루고텐을 연결하고 있는 통로의 출입문이다.

#### 혼마루고텐(本丸御殿)
1626년에 도쿠가와 이에미스가 증축했다. 원래 교토 고쇼에 있던 계궁궁전(旧桂宮邸の御殿)을 1893~1894년에 걸쳐 이곳으로 이축했기에 엄격히 말하면 니조조와는 관계없는 건축물이다. 하지만 혼마루고텐은 황실에서 사용하던 어전의 잔존 건축물이 유일하게 원형 그대로 남아 있어 일본 중요문화재로 지정되었다.

현재 노후화로 인해 혼마루고텐은 내부관람이 불가능하다.

### 혼마루테이엔(本丸庭園)

혼마루고텐 남쪽에 위치하며 혼마루고텐을 감싸고 있는 정원이다. 혼마루고텐이 지어진 이후에 조경이 시작되어 1896년에 완성되었다. 전통적인 일본 정원과 달리 서양식 정원으로 잔디밭과 수목을 중심으로 산책로가 조성된 회유식 정원이다.

### 천수각터(天守閣址)

혼마루고텐의 서남쪽에는 5층의 천수각이 있었지만 1750년에 벼락을 맞은 후 1788년 큰 화재로 소실된 후 현재까지 복원되지 않고 터만 남아 있다. 계단을 오르면 혼마루고텐의 고풍스런 모습과 성의 모습을 조망할 수 있다.

천수각터에서 바라본 혼마루고텐의 모습

### 세이류엔(淸流園)

이 정원은 에도시대의 유명한 거상이었던 '스미노쿠라 료이(角倉了以)'의 집 터로 건물 일부와 정원석 약 800개를 기증받아 1965년에 니조조와 어울리게 완성했다. 일본 전통양식인 지천회유식 정원과 서양 정원의 양식이 절충되어 있다. 니조조를 방문하는 국빈의 접대 장소로도 이용되었으며 향운정, 다실 등이 있어 차를 마시는 공간도 있다.

**니조조 스폿**

## 니조조의 핵심
# 니노마루고텐 二の丸御殿

17세기 모모야마시대 무가풍 서원 건축양식인 쇼인츠쿠리 형식을 대표하는 건축물로 니노마루고텐 전체가 일본의 국보다. 총 건물 면적 3,300㎡에 도오자무라이 · 시키다이 · 오오히로마 · 소테츠노마 · 구로쇼인 · 시로쇼인, 총 6개의 건물로 구성되어 있다. 서로 다른 높이의 건물들은 지그재그로 배치되어 동남쪽에서부터 서북쪽까지 서로 복도로 연결되어 있는데, 마치 기러기가 떼를 지어 날아가는 형상을 하고 있다.

각 방에는 방의 용도와 목적에 따라 호화로운 모모야마풍의 쇼우헤키(障壁畵, 장벽화)가 그려져 있다. 쇼우헤키는 당시의 미술사조였던 가노파 화가들의 작품으로 총 3천여 점이 넘으며 그 중 954점은 중요문화재로 지정되어 있을 만큼 니노마루고텐의 백미 중의 백미라고 할 수 있다. 다만 니노마루고텐 내부는 사진 촬영 금지다.

니노마루고텐 입구

니노마루고텐은 신발을 벗고 마루를 걸어 다니며 관람하게 된다.

니노마루고텐의 6개의 건물은 내부 복도로 모두 하나로 연결되어 있기 때문에 외부에서 보면 건물과 건물이 모두 하나의 건물처럼 느껴진다.

수학여행 시즌에 방문하면 학생들이 마루 아래에 들어가 마루가 움직이며 휘파람새 울음소리 내는 원리를 관찰하는 아이들을 쉽게 볼 수 있다.

구로쇼인에서 시로쇼인으로 이동시에는 외부 마루를 걷게 되며 안쪽 정원을 볼 수 있다.

## 니노마루고텐
## 어떻게 즐겨볼까?

### 도자무라이(遠侍)
니노마루고텐의 맨 앞에 있는 건물로 니조조를 방문하는 다이묘와 가신들의 대기실이다. 면적은 약 1천㎡ 정도로 규모가 가장 크다. 총 3개의 방문과 장지문에는 호랑이와 범이 그려져 있어 '호랑이의 방'이라고 불렸다. 이 당시 사람들은 범을 호랑이의 암컷이라고 생각했고, 범과 호랑이를 쉽게 볼 수 없었기 때문에 호피만을 보고 그렸던 상상화로 가노파 화가의 문하생들에 의해 그려졌다.

### 시키다이(式台)
도자무라이의 서북쪽과 접하며 제후들이 쇼군 직속의 정무총괄이었던 로주(老中)와 인사했던 장소로 공식 응접실로 이용되었다. 장군에게 바치는 헌사품도 이곳에서 전달했다. 천장의 소나무 그림은 가노파의 최고 화가인 가노단유가 25세 때 그린 작품이다. 참고로 가노단유는 일본의 도쿠가와 시대에 가장 영향력이 컸던 가노파의 화가로 니조조를 비롯해 여러 궁과 성에 벽화를 그렸다.

### 오오히로마(大広間)
시키다이의 서쪽과 접해 북쪽으로 치우치다가 다시 남북 방향으로 틀어지며 자리를 잡고 있다. 총면적은 782㎡로 6개의 방으로 구성되어 있으며 산노마(三の間), 니노마(二の間), 이치노마(一の間), 욘노마(四の間)로 이어진다. 이치노마는 니노마루고텐에서 가장 높은 격식을 갖추고 있으며 공식적인 의례 공간이자 쇼군의 공식적 대면 장소로 이용되었다. 이곳은 다이세이호칸을 발표한 역사적인 장소로, 방 안에는 당시의 상황을 연출한 모습을 볼 수 있다. 산노마는 반계무사들의 대기실로 방 정면의 난간조각은 35cm의 그림을 투각했다. 방 주변의 기둥 위 화려한 금장은 못을 가리기 위한 용도로 모두 수작업으로 이루어졌다. 욘노마는 쇼군이 교토에 왔을 때 무기를 보관하던 방으로 벽장 문에는 노송나무에 매가 그려져 있는데 노송의 가지는 무려 11m나 되며 매의 매서운 눈초리와 가지를 잡고 있는 사나운 발톱 등이 매우 실감나게 그려져 있다. 이 그림 역시 가노단유의 작품이다. 이곳의 쇼우헤키에는 이치노마에서 산노마까지는 옅은 색채의 산수화가, 욘노마에는 화조도가 그려져 있다.

### 구로쇼인(黑書院)
이곳의 모든 장식은 검은 옻칠이 되어 있다. 흰색의 시로쇼인과 대비해 구로쇼인이라고 한다. 쇼군 가문의 가까운 친척이나 대대로 쇼군을 섬긴 무사들만이 쇼군과 대면할 수 있던 방이다. 벽장 문의 그림은 가노단유의 동생 나오노부(尚信)가 20살 때 그린 작품이다(외부에서 본 모습).

### 시로쇼인(白書院)

흑색인 구로쇼인과 대비되는 방으로 니노마루고텐의 가장 안쪽에 위치하며 쇼군의 거실과 침실로 사용되었다. 오오히로마와 구로쇼인에 비해 기둥이 가늘어서 안정된 분위기를 엿볼 수 있으며, 실내에 어울리는 산수화가 그려져 있다(외부에서 본 모습).

### 소테츠노마(蘇鉄の間)

오오히로마 욘노마와 구로쇼인을 연결하고 있는 복도지만 상당히 넓어서 방이라고 봐도 무방하다. 현재는 대청마루 형식으로 되어 있지만 도쿠가와 시대에는 돗자리가 깔려 있었다고 한다.

### 로주노마(老中の間)

시키다이의 북쪽에 위치하며 3개의 방으로 되어 있다. 정무를 집행하던 원로 무사들의 집무실이다. 소나무가 천장 가득히 그려진 시키다이에 비해 이곳에는 아무것도 그려져 있지 않아 소박함을 엿볼 수 있다.

### 우구이수바리(鶯張り)

우구이수바리는 마루의 판자를 밟으면 '삐걱삐걱' 소리가 나도록 설계해 적의 침입을 알 수 있도록 만든 건축기법이다. 마치 휘파람새의 울음소리를 닮았다고 해서 휘파람새라는 뜻을 가진 우구이수(鶯)라고 부르게 되었다. 마루의 판자를 밟으면 꺾쇠가 위아래로 움직이면서 꺾쇠와 못의 마찰로 삐걱거리며 휘파람새 소리가 나기 때문에 이곳에서는 아무리 조용히 걷더라도 삐걱거리는 소리를 감출 수 없다.

교토에서 가장 큰 선종 사찰

## 도후쿠지

東福寺

도후쿠지는 나라에 있는 도다이지(東大寺)와 고후쿠지(興福寺)에 견줄 만한 사찰을 만들기 위해 교토에 지은 절로 7년간의 공사 기간을 거쳐 1243년에 완성되었다. 도후쿠지라는 이름은 도다이지의 '도(東)'와 고후쿠지의 '후쿠(福)'에서 각각 한 글자씩 가져와 지었다. 도후쿠지는 교토 오산 중 하나로 선종사원의 전통양식인 7당(七堂) 가람을 모두 갖추고 있는 임제종의 대본산이다. 이 절의 창시자는 가마쿠라시대 엔니벤엔(圓爾弁圓) 스님이다. 그는 에이사이(榮西) 스님에 의해 전해진 중국 임제종이 일본에 뿌리내리게 한 인물로, 일본에서는 처음으로 천황에게 '쇼이치 국사(聖一國師)'라는 칭호를 받은 위대한 고승이다. 임제종은 참선수행으로 스스로 깨달음을 얻는 것을 중요시하는 불교 선종의 한 종파로, 부처의 힘에 기대어 극락왕생을 기원했던 기존의 불교 사상과는 차별된다. 이런 임제종의 사상과 선승들의 수양 자세는 '스스로(힘) 세상을 득도(지배)한다.'라는 무사의 정신과 더불어 막부의 규율과도 일맥상통한다고 여겼기에 무로마치 막부는 선종을 지지했다. 무로마치 막부 시기에는 일본 문화의 꽃이라고 할 수 있는 선종 사찰이 많이 지어졌으며 도후쿠지 역시 무로마치 막부의 현실 권력에 의해 공인되고 보호받으면서 교토 오산 중 하나로 이름을 올리게 된다.

약 800여 년의 역사를 이어오고 있는 도후쿠지는 창건 이후 여러 차례의 화재와 재난을 겪으면서도 일본에서 가장 오래된 삼문(三門)과 선당(禪堂) 등 가마쿠라시대 사찰 건축물은 물론이고, 일본 중세를 대표하는 국보급의 유적을 많이 보유하고 있다. 도쿠후지에서 가장 큰 볼거리는 시게모리 미레이(重森三玲)가 1939년에 완성한 가레산스이 호조정원이다. 호조정원은 선종사원 승려의 주거 공간에 딸린 정원으로, 가레산스이는 돌과 모래만으로 자연을 표현한 정원 양식이다. 이름난 선종의 호조정원은 많이 있지만 호조의 사면을 정원으로 꾸민 것은 도후쿠지가 유일하며, 현대예술의 추상적인 구성을 도입한 '20세기 정원의 백미'라는 찬사를 받고 있다. 또한 도쿠후지는 일본 내에서도 단풍 여행지로도 유명해 불전과 가이산도를 잇는 츠텐교(通天橋)는 가을이면 발 디딜 틈이 없을 정도로 수많은 사람들로 붐빈다. 츠텐교를 지나면 엔니벤엔 스님의 상을 모신 가이산도가 위치한다. 이 밖에도 선종 가람 중에서 가장 오래된 욕실과 바닥에 구멍을 뚫어놓고 볼일을 본 다음, 삼각 막대기로 뒤처리를 했다는 해우소인 토스(東司)가 있다. 무엇보다 도후쿠지는 우리나라의 신안 해저유물과도 관련이 있어 학계에서 주목하는 곳이다. 우리나라 서해 신안군에서 난파선이 발견됐을 때 여러 가지 목패 중 도후쿠지의 목패가 발견되어 일본의 중국무역선임을 추정할 수 있는 중요한 단서가 되었다. 이 당시에 출토된 신안 해저유물은 국립해양유물전시관에서 볼 수 있다.

✚ 이용 안내

▶ **이용시간:** 4월~10월 09:00~16:30(매표 마감 16:00), 11월~12월 초순 08:30~16:30(매표 마감 16:00), 12월 초순~3월 말 09:00~16:00(매표 마감 15:30) ▶ **휴무일:** 연중무휴 ▶ **이용요금:** 경내 무료, 츠텐교 및 호조정원 각각 400엔(중학생 이하 300엔) ▶ **주소:** 京都府京都市東山区本町15丁目778 ▶ **전화:** 075-561-0087 ▶ **홈페이지:** www.tofukuji.jp ▶ **구글지도 검색:** 도후쿠지

**Tip 1.** 가을에 방문한다면 츠텐교와 호조정원을 모두 둘러봐야 한다. 시간이 넉넉하지 않아 두 군데 중 한 군데만 선택해야 한다면 호조정원에서도 츠텐교의 풍경을 일부 볼 수 있으니 호조정원을 추천한다. 단 센교쿠칸 계곡을 걸어보고 싶다면 츠텐교로 입장해야만 가능하다. 가운로에서 센쿠쿠간 계곡을 따라 단풍이 이어지는 츠텐교의 멋진 풍경 사진을 남기고 싶다면 오전보다는 오후가 더 좋다. 가을에는 최고의 단풍 여행지답게 엄청난 인파를 감당해야 한다. 하지만 츠텐교 회랑을 걷다 보면 뼈 속까지 붉은 가을을 만끽할 수 있다.

**Tip 2.** 게이한 전철과 JR 나라선을 이용하는 경우 모두 도후쿠지역을 이용하면 되고, 도보로 약 10분 정도 소요된다.

도후쿠지는 일반 여행자에게는 별로이나 미술사나 건축을 전공하는 사람들은 꼭 가야 하는 곳이라고 했다. 교토 남쪽에서 가장 유명한 도후쿠지를 향하는 길은 오묘했다. 오른쪽 왼쪽으로 꺾어지는 대규모의 저택들이 즐비한 골목을 걸어야 했다. 나중에 알고 보니 저택들은 도후쿠지에 속한 작은 사원이라고 했다. 그렇게 도착한 도후쿠지의 입구 가운로에 들어서는 순간, 단풍나무가 코앞까지 와 있는 풍경은 놀라웠다. 이곳이 교토 최고의 단풍 여행지라고 소문이 자자한 곳이라 그러려니 했는데, 가을이면 어떤 모습일지 초록의 잎사귀를 보면서도 훤한 그림이 그려질 정도였다. 첫 방문에는 도후쿠지에서 가장 유명하다는 호조정원을 관람하기로 했다. 20세기 최고의 정원으로 손꼽히는 도후쿠지의 호조정원은 듣던대로 훌륭했다. 무엇보다 호조를 둘러싸고 꾸며진 정원은 저마다 철학적인 의미를 품고 있어 절로 한참을 쳐다보게 만드는 오묘한 힘이 있었다. 단풍나무로 뒤덮일 계곡을 상상하며 호조정원과 경내를 한 바퀴 돌아보고 나섰다. 드디어 가을. 도후쿠지를 향하는 길은 숨겨 놓은 보물을 찾으러 가는 사람마냥 신이 났다. 그리고 가운로에 들어서니 맙소사. 사람들로 미어터졌다. 가장 붐비는 츠텐교는 임시 매표소를 설치해두고 기계적으로 입장권을 팔고 있을 정도였고 발길을 옮겨 츠텐교를 들어서는 순간, 인파는 상상을 초월할 정도였다. 내 몸은 내 몸이 아니었고 이리저리 사람들 사이로 떠밀려 다녀야 할 정도였다. 허나, 최고의 단풍 여행지 도후쿠지에서 그런 불편함쯤은 아무것도 아니었다. 센쿠쿠칸의 수천 그루 단풍은 눈앞까지 펼쳐졌고 단풍이 타들어가는 냄새는 몽롱했다. 뼈 속까지 붉은색으로 물드는 것은 아닐까 싶은 황홀함은 도후쿠지가 아니면 결코 느낄 수 없는 절정의 가을이었다.

# 도후쿠지
## 어떻게 가야 할까?

① 교토역에서 208번, 기온 방면에서 202번, 207번을 이용해 도후쿠지역에 하차한다.

② 버스에서 하차해 정면으로 직진한 다음, 건널목이 있는 삼거리에서 좌회전한다(어느 방면에서 출발하느냐에 따라 반대편 버스 정류장에 하차할 수도 있으니 참고하자).

③ 좌회전을 하면 도후쿠지 표지석이 있는 길을 따라 정면으로 직진한다.

④ 계속 직진하면 삼거리가 나온다. 이때 좌회전을 한다.

⑤ 도로에는 도후쿠지 방향 표지판이 있다. 표지판이 가리키는 방향으로 걸으면 도후쿠지 입구인 가운로에 도착한다.

# 도후쿠지

## 어떻게 즐겨볼까?

**가운로(臥雲樓, 와운루)**
도쿠후지의 입구로 센교쿠칸 계곡 위에 걸쳐져 있다. 참고로 센교쿠칸 계곡은 총 3개의 다리로 연결된다.

가운로에서 바라보는 츠텐교의 가을 풍경이다. 수천 그루의 붉은 단풍나무에 둘러싸인 도후쿠지의 가을 풍경은 그야말로 불타는 단풍이라고 할 만큼 일본에서 아름답기로도 유명하다. 교토 관광 안내 포스터에 단골로 등장할 정도로 최고의 풍경을 자랑한다.

도후쿠지를 들어서면 오른쪽으로 선당이 있고 정면으로 혼도가 보인다. 선당은 1334년 화재 후에 복원한 것으로 일본에서 가장 오래되었으며 규모도 가장 크다.

혼도 왼쪽으로 회랑을 따라 츠텐교가 연결되어 있으며 츠텐교는 긴 회랑을 따라 가이산도까지 이어진다.

### 츠텐교(通天橋)

센교쿠칸 계곡 위에 놓인 다리로 혼도와 가이산도를 이어준다. 1380년에 지어졌으나 1959년에 태풍으로 유실된 후 2년 뒤에 재건했다. 센교쿠칸 계곡 위쪽에는 츠텐교가, 아래쪽에는 가운교가 위치한다.

긴 회랑으로 연결된 츠텐교는 중간 즈음에 가운로를 조망할 수 있는 전망대가 있다. 이 전망대가 도후쿠지의 단풍 조망 포인트로, 가을 모미지 기간에는 엄청난 관람객이 몰린다.

### 가이산도(開山堂)

이 절의 창시자이자 일본 최초로 천황에게 쇼이치 국사라는 칭호를 받은 엔니벤엔 스님상을 모시고 있다. 엔니벤엔 스님은 1280년에 입적했다.

가이산도 앞으로 사방격자 무늬의 모래정원이 펼쳐져 있다.

## 혼도(本堂)

혼도는 2층 구조로 1934년에 지어졌다. 매년 3월 14일~3월 16일에는 석가모니의 입멸을 기리는 법회인 네한에(涅槃会)가 열리는데, 이때 일본 최대의 '대열반도(大涅槃図)'가 특별공개된다.

혼도 안에는 높이 15m의 대불입상과 함께 좌우로 7.5m의 관음보살상과 미륵보살상이 봉안되어 있다. 대불입상은 나라의 동대사 대불과 맞먹는 높이로, 교토의 신대불(新大佛)이라 불린다.

## 산몬(三門)

산몬은 창건 당시 화재로 인해 소실되어 1425년에 복원되었다. 일본 선종 사찰 중에서 가장 오래된 산문으로 국보다. 우리나라와 달리 2층에 불단이 있으며 석가여래상 왼쪽에 월개왕자, 오른쪽 앞에 선재동자, 양옆에 16나한이 있고 주변에 오백나한이 모셔져 있다.

3개의 문이라고 표기하는 산몬은 삼해탈문(三解脫門)의 약자로 일체 만상이 공이라는 공문(空門), 모든 존재는 형상이 없다는 무상문(無相門), 모든 것이 공이고 무상임을 알면 원할 것이 없다는 무작문(無作門)의 법문을 말하며 열반에 이르기 위해서는 반드시 지나야 하는 문으로 해석된다.

### 도후쿠지 스폿

## 도후쿠지보다 더 유명한
## 호조정원 方丈庭園

호조는 선종 사찰의 승려 주거공간을 말하며 큰 스님이 거처하는 곳이다. 이곳은 메이지 14년에 화재로 소실되었다가 메이지 23년(1890년)에 재건되었다. 내부는 3실 2열의 6실로 되어 있으며, 안으로 들어가 신발을 벗고 건물 복도를 걸으면서 관람하면 된다. 일본의 대표적인 근대 조경 예술가인 시게모리 미레이가 1939년에 완성했으며 20세기 최고의 정원으로 손꼽힌다. 이 정원은 동서남북 사면이 모두 다른 형태의 정원으로 꾸며져 있다. 불교의 팔상성도에서 이름을 딴 '핫소(八相)정원'이라고도 불리며 석가모니 생애의 중요한 사건 8가지 이름을 딴 봉래(蓬萊)·방장(方丈)·영주(瀛洲)·곤량(壺梁)·팔해(八海)·오산(伍山)·정전시송(井田市松)·북두칠성(北斗七星)을 표현하고 있다.

## 호조정원
## 어떻게 즐겨볼까?

### 남쪽정원
팔상성도 중 6개가 표현되어 있다. 서쪽에는 오산에 해당하는 동산을 배치하고 방장, 곤량, 봉래, 영주에 해당하는 사선도를 거석으로 나타냈으며 소용돌이 모양의 모래 무늬로 팔해를 표현했다.

### 북쪽정원
일명 '바둑판 정원'이라고 불린다. 원래 있던 돌과 이끼를 살려 이끼정원으로 조성했다. 기하학적 바둑판 무늬로 도후쿠지를 안내하고 있는 각종 포스터에 단골로 등장하는 정원으로 세계 각국에 소개되고 있다.

### 동쪽정원
다른 건물을 축재한 후 남은 기둥과 주춧돌을 이용해 북두칠성을 표현했다.

### 서쪽정원
철쭉과 이끼를 이용해 중국에서 '우물 정(井)'자 모양으로 토지를 나눈 정전제를 도안화했다. 정전제의 시행은 이상정치의 실현을 의미한다.

## 나를 닮은 불상을 찾아라!

# 산주산겐도
三十三間堂

정식 명칭인 렌게오인(蓮華王院)보다 혼도의 기둥과 기둥 사이가 33개로 나눠져 있어 산주산겐도(三十三間堂, 33간당)라는 이름이 공식 명칭으로 사용되고 있다. 이 건물은 헤이안시대인 1164년에 창건되었으나 약 80년 뒤 화재로 소실되어 가마쿠라시대인 1266년에 재건한 천태종 사찰이다. 이후 무로마치시대, 모모야마시대, 에도시대를 거쳐 쇼와시대까지 4번에 걸쳐 대대적인 보수 작업이 이루어졌으며, 약 700년의 역사가 고스란히 보존되어 있다.

가로 길이가 무려 118m나 되는 목조건물로 33칸의 혼도 내부에는 금색으로 도금된 청동제 천수관음상 1,001구가 10열로 줄지어 늘어서 있다. 높이 3.4m의 중존(中尊, 중앙의 거대한 불상)을 중심으로 좌우에 각각 500구씩, 중존을 포함한 총 1,001구가 늘어서 있는데 정식 명칭은 '십일면천수천안관세음(十一面千手千眼觀世音)'이다. 중존은 국보이고 그 외는 모두 중요문화재다. 중존은 유명한 불상 조각가인 단케이(湛慶)가 82세 때 만든 작품으로 머리 위에 11개의 얼굴과 40개의 손을 가지고 있다. 불상의 재료는 히노키(편백나무)로 요세기즈쿠리(寄木造, 불상의 손·얼굴·신체 등을 따로 만들어 조립) 기법으로 제작되었으며 가마쿠라시대의 걸작이

라 평가받고 있다. 천수관음상은 천 개의 손으로 중생을 보살펴 구원에 이르게 해준다는 불상으로 중존은 천 개가 아닌 40개의 손이 있다. 이는 인간이 받게 되는 40개의 손이 각각 25가지의 고통을 구원하기 때문에 결국 숫자상으로 '천'이 된다. 또한 등신입상(等身立像) 중 124구는 헤이안시대 작품이고 나머지 876구는 화재로 인해 가마쿠라시대에 재건될 당시 16년에 걸쳐 복원된 것들이다. 중존의 40개 손 모양은 물론이고 천수관음상의 표정 역시 모두 다르기 때문에 눈겨여봐야 한다.

그 외에도 관음상의 앞 줄과 중존 사방에는 독특하면서도 다양한 28구의 불상을 볼 수 있다. 천수관음과 신자를 수호하는 인도의 신들로 모두 국보로 지정되어 있다. 이 역시 요세기즈쿠리기법으로 제작되었으며 사실성을 높이기 위해 눈에 수정을 끼워 넣는 옥안(玉眼)기법이 사용되었다. 특히 양단의 위쪽에는 풍신(風神)상과 뇌신(雷神)상의 역동적인 모습이 눈길을 끈다. 오곡풍양을 가져다주는 신들로 고대인들의 자연과 날씨에 대한 경외심과 감사한 마음을 담고 있다. 이 역시 가마쿠라시대 조각의 명작으로 손꼽히며 국보로 지정되어 있다.

또한 산주산겐도의 긴 복도에서는 도오시야(通し矢)라는 활쏘기 대회가 열렸다고 하는데, 법당 뒤에는 에도시대 활쏘기 대회 모습이 그려져 있는 풍속화를 볼 수 있다. 매년 성년의 날이 있는 1월 둘째 주 일요일에는 이 전통을 기념하기 위해 앞뜰에서 성년을 맞이한 여성들이 전통복장을 입고 활을 쏘는 궁술대회가 열린다.

## ✚ 이용 안내

▶ 관람시간: 4월 1일~11월 15일 08:00~17:00(매표 마감 16:30), 11월 16일~3월 31일 09:00~16:00(매표 마감 15:30)
▶ 요금: 일반 600엔, 중고생 400엔, 어린이 300엔   ▶ 휴무일: 연중무휴   ▶ 주소: 京都市東山区三十三間堂廻り町657   ▶ 전화: 075-561-0467   ▶ 홈페이지: sanjusangendo.jp   ▶ 구글지도 검색: Sanjūsangendō

**Tip.** 교토국립박물관

산주산겐도 바로 옆에 위치하고 있는 교토국립박물관은 도쿄·나라·규슈와 함께 일본 4대 국립박물관으로 1897년에 개관해 120년의 역사를 가지고 있다. 독특한 유럽풍의 외관은 일본 최초의 서양식 건축가인 가타야마 도쿠마의 작품이다. 박물관에는 헤이안시대부터 에도시대까지 고대유물, 도자기, 조각, 회화, 서적, 각종 공예품 등 교토를 대표하는 문화재뿐 아니라 동아시아 전역에서 수집한 유물이 전시되고 있다. 이 밖에 야외 전시실에는 로댕의 〈생각하는 사람〉을 비롯해 다양한 조각품을 만날 수 있다.

▶ **요금:** 특별전시에 따라 변동이 있음(요금은 홈페이지를 참조할 것) ▶ **이용시간:** 화요일~목요일, 일요일 09:30~18:00(마지막 입장 17:30), 금요일·토요일 09:30~20:00(마지막 입장 19:30) ▶ **휴관일:** 월요일 및 연말연시(단 월요일이나 공휴일이 휴일인 경우 개관하며 다음 화요일이 휴관일. 연말연시 휴관 날짜는 홈페이지에 공지) ▶ **주소:** 京都市東山区茶屋町527 ▶ **전화번호:** 075-525-2473 ▶ **홈페이지:** www.kyohaku.go.jp

일본 사람들에게는 유명한 곳이지만 외국인에게는 비중이 조금 덜한 곳이어서 그런지 33칸의 건축물 산주산겐도에 대한 기대치는 크게 없었다. 산주산겐도 매표를 위해 안으로 들어서자 생각했던 것보다 많은 사람들이 있어 좀 의외였다. 산주산겐도는 일본 사람들이 교토를 여행할 때 기요미즈데라, 킨카쿠지와 함께 꼭 방문하는 곳이라고 하더니 진짜였다. 무려 118m나 되는 산주산겐도는 왠지 어딘가 우리나라 건축물과 비슷하다는 느낌이 들었다. 그리고 안으로 들어서자마자 1,001개의 등신 천수관음상과 마주한 순간, 첫인상은 두려움이었고 숨 막히는 아찔함이었다. 사람의 키와 같은 크기로 빼곡하게 늘어선 질서정연함과 천수관음상이 뿜어내는 묘한 기운. 중생을 구제한다는 천수관음상은 닮아 있되 하나도 같은 얼굴은 없었다. 천 개의 표정을 가진 천수관음상을 두고, 누구는 만나고 싶은 사람의 얼굴이 있다고 하고 자신의 얼굴과 닮은 얼굴이 있다고 하고, 맨 처음 본 천수관음상의 얼굴이 현생에서 자기가 만나게 될 배우자의 얼굴이라고도 했다. 나는 과연 이 천수관음상에서 어떤 얼굴을 만나게 될까 내심 궁금해졌다. 사람은 마주 보고 있는 사람의 표정을 따라간다고 하더니 불상을 쳐다보면서 일일이 눈을 맞추는 사이, 나도 모르게 각각의 천수관음상의 표정을 따라하고 있었다. 살아 있는 듯한 표정 하나하나를 전부 눈을 맞추며 걷다 보니 어느새 마음은 더없이 차분해졌고 고요해졌다. 종교를 뛰어넘어 한 인간으로서 이곳에서 위안을 받게 될 줄이야. 어느새 천수관음상의 끝에 다다랐고 나는 보고 싶은 혹은 만나고 싶은 얼굴이 없나 보다 하며 새삼스러워졌다. 그러다 어느 순간, 심장이 쿵! 내려앉았다. 돌아가신 할머니와 너무나 닮은 노파가 나를 바라보고 있었다.

# 산주산겐도
## 어떻게 가야 할까?

① 시 버스 100번, 206번, 208번을 이용한다.

② 하쿠부추칸 산주산겐도마에에서 하차한다(어느 방면에서 출발하느냐에 따라 버스 정류장이 도로를 사이에 두고 반대편에 위치한다).

③ 기온 방면에서 오는 경우 버스에서 하차한 후 버스 뒤편으로 직진한다.

④ 교토역 방면에서 오는 경우 반대편으로 건널목을 건너면 ③번의 안내 표지판이 바로 보인다.

⑤ 화살표 방향을 따라가면 입구에 도착한다.

# 산주산겐도
## 어떻게 즐겨볼까?

입구에서 신발을 벗고 120m의 복도를 따라 관람하게 되며 한 바퀴를 돌면 관람이 끝난다. 사진 촬영은 금지하고 있다.

정식 명칭인 렌게오인보다는 기둥과 기둥 사이가 33개로 나눠져 있어 산주산겐도라는 이름이 더 유명하다.

혼도는 못 하나 박지 않고 지은 목조건물로 가로 길이가 120m나 된다. 혼도를 33칸의 건물로 만든 것은 관세음보살이 33가지로 변신해 중생을 구제한다는 것에서 착안했다고 한다.

뜰 앞에 있는 작은 연못에는 봄에는 철쭉을 비롯해 다양한 꽃이 핀다.

### 십일면천수천안관세음(十一面千手千眼觀世音)

중존(中尊, 중앙의 거대한 불상)을 중심으로 좌우에 각각 500구씩, 중존을 포함 총 1,001구가 등신입신상으로 늘어서 있는 모습은 산주산겐도의 가장 큰 볼거리다. 1천 개의 천수관음상의 정중앙에 자리 잡고 있는 중존은 높이 3.4m로 국보다. 중존은 불상 조각가 단케이(湛慶)의 작품으로 가마쿠라 후기를 대표하는 걸작으로 평가받고 있다. 히노키(편백나무)를 사용해 요세기즈쿠리 방식으로 제작된 십일면천수천안관세음상은 머리 위에 11개의 얼굴과 40개의 손으로 표현되어 있다. 천수관음상은 1천 개의 손으로 중생을 보살펴 구원에 이르게 해준다는 불상이나 이들 관음상은 1천 개가 아닌 40개의 손이 있다. 이는 손 하나가 인간이 받게 되는 25개의 고통으로부터 구제해준다는 의미를 지니고 있어 40개의 손이 각각 25가지의 고통을 구원하기 때문에 결국 숫자상으로 '천'이 된다. 등신입상 중 154구는 창건 당시인 헤이안시대 작품이고 나머지 800여 구는 가마쿠라시대에 16년에 걸쳐 복원되었다. 천수관음상의 손과 표정은 같은 것이 하나도 없으니 눈여겨보자.

### 풍신(風神)상과 뇌신(雷神)상

양단의 한 층 높은 운좌(雲座)에 위치하고 있으며 풍신상은 풍선 같은 자루를 등에 지고 있는 모습으로, 뇌신상은 북을 힘차게 두드리고 있는 모습으로 표현되어 있다. 이는 고대인들이 자연과 날씨에 대해 품었던 경외심과 감사의 마음이 풍신상과 뇌신상이라는 상상의 신을 만들고 오곡풍양을 가져다주는 신들로 숭앙되었다. 풍신상과 뇌신상 역시 국보이며 두 신의 이미지가 절묘하게 표현된 가마쿠라시대 조각의 또 다른 걸작으로 인정받고 있다.

### 28구의 불상(28本の仏像)

관음상의 앞줄과 중존 사방에는 다양한 28구의 불상을 볼 수 있는데, 이 역시 모두 국보로 지정되어 있다. 천수관음과 신자를 수호하는 신들로 대부분 인도에서 기원하고 있어 신화적인 모습으로 표현되어 있다. 사실성을 높이기 위해 눈에는 수정을 끼워 넣은 옥안이라는 기법이 사용되었는데 너무 사실적이라 소름이 돋는다. 이 불상들 중 가장 눈길을 끄는 불상은 노파의 초상을 하고 있는 마화라여상(摩和羅女像)과 파수선인상(婆藪仙人像)이다. 28구의 불상 역시 요세기즈쿠리 방식으로 제작되었다.

🌸 **한 걸음 더**

교토 와가시(和菓子, 화과자) 체험
# 간순도 甘春堂

1865년에 창업해 150여 년의 역사를 지니고 있는 간순도는 현재 6대째 이어오고 있는 교토의 전통 화과자점이다. 차 문화와 함께 차와 곁들이는 디저트인 화과자도 발달했다. 우리가 흔히 먹는 센베이, 양갱, 모찌, 모나카 등도 모두 화과자의 일종이다. 대대로 이어오고 있는 전통기술을 계승하는 한편, 전통에만 국한되지 않고 그 시절 트렌드에 맞는 창작에도 힘을 기울였다.

  역대 당주들이 남긴 수많은 전통적인 명품 화과자는 물론이고 현대적인 트렌드가 가미된 화과자도 만들고 있다. 화과자를 비롯해 센베이 등 아름다운 전통이 실린 화과자는 선물용으로도 만점이다. 화과자를 만드는 장인에게 직접 화과자를 배워보는 화과자 체험도 실시하고 있는데, 1일 4회가 실시되며 약 1시간 정도 소요된다. 총 4가지 종류의 화과자를 직접 만들어볼 수 있으며 계절에 따라 화과자 종류가 다르게 구성된다.

  또한 화과자 체험 후 말차와 함께 시식이 가능하며, 체험으로 만든 화과자는 포장 용기에 담아 가지고 갈 수 있다. 화과자 체험은 간순도 홈페이지에서 3~4일 전에 인터넷으로 예약이 가능하다. 개인은 2명 이상부터 체험이 가능하다. 현장에서 체험객의 자리가 남으면 인터넷 예약을 하지 않은 경우 혹은 1인이더라도 현장접수로 체험이 가능하다. 화과자 체험은 히가시점에서만 가능하며 1층은 다양한 화과자를 구입할 수 있는 매장이고 체험은 2층에서 이루어진다. 체험 요금은 성인 기준 1인당

1층에서는 화과자 매장을 운영하고 있다.

화과자 체험은 2층에서 이루어진다.

다양한 화과자를 구매할 수 있다.

2천 엔(부가세 별도)이다. 일본어를 전혀 하지 못해도 장인이 선보이는 시범을 보고 따라하는 것이니 큰 무리 없이 체험이 가능하다.

### ✚ 이용 안내

히가시점 ▶ **영업시간:** 09:00~18:00 ▶ **체험시간:** 약 1시간 15분 ▶ **체험비용:** 1인당 2,160엔(세금포함) ▶ **주소:** 京都府京都市東山区大和大路通正面下る茶屋町511-1 ▶ **전화번호:** 075-561-1318 ▶ **화과자 체험 신청 홈페이지:** www.kanshundo.co.jp/museum/make/school

화과자 만들기 체험을 하고 있는 사람들

화과자를 만드는 데 평생을 바친 화과자 장인

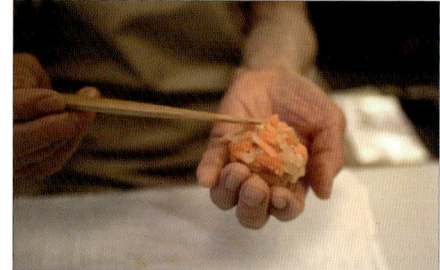

화과자 체험으로 만든 화과자

화과차 체험이 끝나면 말차와 함께 화과자를 시식할 수 있다.

# 간슌도 히가시점
## 어떻게 가야 할까?

① 산주산겐도 버스 정류장에서 하차하면 교토역 방면으로 대로변을 따라 이동하는데, 대로변 삼거리에 시치조 간슌도 혼덴(본점)이 위치하고 있다. 삼거리에서 교토국립박물관 쪽으로 우회전한다.

② 시치조 간슌도 본점에서는 화과자를 구입할 수도 있고 식사나 차를 즐길 수도 있다.

③ 교토국립박물관을 지나 계속 직진하다가 도요쿠니신사가 있는 곳에서 건널목을 건너, 왼쪽으로 히가시점이 위치하고 있다(도보 10분 이내. 건널목에서 45도 방향으로 히가시점이 보인다).

**Tip.** 산주산겐도 버스 정류장에서 하차하면 대로변 근처에 시치조 간슌도(七條甘春堂)가 위치하고 있다. 화과자 체험은 시치조 간슌도에서 약 10분 거리에 위치한 간슌도 히가시점에서 가능하다.

# 천 개의 붉은 도리이!
## 후시미이나리타이샤
伏見稲荷大社

수천 개의 붉은 도리이가 산 정상까지 펼쳐지며 드라마틱한 느낌을 자아내는 후시미이나리타이샤. 이 신사는 붉은 도리이 사이로 한 소녀가 뛰어오는 명장면을 남긴 영화 〈게이샤의 추억〉의 촬영지로도 잘 알려져 있다. 교토의 남쪽 이나리산(稲荷山) 서쪽 자락에 위치하고 있는 후시미이나리타이샤는 일본 전국 4만여 개의 이나리 신사의 총본사다. 711년에 세워진 후시미이나리타이샤는 이나리산에서 농업의 신인 이나리오카미신(稲荷大神)에게 제사 지낸 것에서 시작되었으며, 후대에 산업사회로 발전하면서 사업 번창의 신을 받아들여 오곡풍양(오곡을 풍성하게 함)·장사번영·가내평안의 수호신을 모시고 있다. 이 신사는 우리나라와도 관련이 있는데 한반도에서 건너간 신라계 도래인 씨족인 하타씨가 창건한 신사로도 알려져 있다. 이 신사의

창건설화에 따르면 "하타씨의 진이려구라는 사람이 떡을 빚어 화살에 꽂아 쏘았더니 떡이 백조가 되어 날아가 산에 머물렀는데 그곳에서 벼가 나왔다. 그곳에 신사를 짓고 '이네(稻)가 나루(生る)', 즉 '벼가 생긴다.'는 뜻을 가진 이나리신사라고 이름 붙였다."라고 전하고 있다.

신사의 입구에는 약 15m나 되는 로몬(楼門)이 있으며 쌀 창고의 열쇠를 입에 물고 있는 여우가 지키고 있다. 입구뿐 아니라 신사 곳곳에서 여우상을 볼 수 있다. 여우는 신(神)의 사자로 신통력을 가지고 있으며 사람들의 소원을 이나리오카미신에게 전해준다고 알려져 있다. 경내를 둘러보면 유독 주홍색이 눈길을 사로잡는다. 일본의 전통 색이기도 한 주홍색은 고대부터 악마에 대항하는 생명력을 상징하는 색으로 여겨, 옛날부터 궁전이나 신사와 절에 흔히 사용되고 있다. 또한 주홍색은 오곡풍양을 나타내는 색이자 이나리오카미신의 위엄을 나타내는 색이기도 하다.

후시미이나리타이샤는 상업이 번창하는 신사로 유명한 곳답게 '센본 도리이(千本鳥居)'는 이곳의 상징이라고 할 수 있다. '도리이를 봉납하면 소원이 이루어진다.'라고 해서 에도시대부터 봉납되어진 도리이가 산 정상까지 빼곡하게 늘어서 있다. 혼덴을 지나면 붉은 도리이 물결이 시작되며 2갈래 길로 나뉘었다가 합쳐지고 산 정상까지 주홍색 터널이 이어진다. 센본 도리이 풍경은 교토뿐 아니라 일본을 대표하는 이미지로 사용되고 있을 만큼 유명하다. 산 정상까지 빨간 도리이가 이어지는 이 길은 일본인들에게는 순례길로 여겨지기도 하는데, 약 4km 정도로 1시간 정도 예상하면 된다. 이나리타이샤 입구에서부터 산 정상까지 모두 둘러볼 경우 약 2시간 정도 예상하면 된다. 정월에는 가내평안·오곡풍양·사업번창을 기원하는 하쓰모데로 교토 인구보다 더 많은 사람들이 찾는다고 한다. 2013년에는 외국인에게 인기 있는 관광스폿 2위에 선정되었다. 참고로 1위는 히로시마 평화기념 자료관, 5위는 킨카쿠지(금각사)였다.

✚ 이용 안내

▶이용시간: 24시간 개방  ▶요금: 무료  ▶휴무일: 연중무휴  ▶주소: 京都市伏見区深草薮之内町68  ▶전화번호: 075-641-7331  ▶홈페이지: inari.jp  ▶구글지도 검색: 후시미 이나리 신사

**Tip.** 게이한 전철역에서 후시미이나리타이샤를 향해 걷다 보면 오래된 상점거리가 이어진다. 이 상점가에서 가장 유명한 집은 도요토미 히데요시 시절부터 약 450년 전통을 이어오고 있는 네자메야(祢ざめ家)다. 장어덮밥과 기츠네(유부)우동세트가 인기메뉴다. 이외에도 이나리 초밥이 있으며 참새구이(메추리꼬치구이)도 별미다. 가게 앞에는 음식 모형이 진열되어 주문이 어렵지 않다.

▶ **영업시간** 10:00~18:00(마지막 주문 17:30) ▶ **휴무일** 휴무일 부정기 ▶ **주소:** 京都市伏見区深草稲荷御前町82 ▶ **전화번호:** 075-641-0802 ▶ **홈페이지:** nezameya.com/ ▶ **가는 방법:** 후시미이나리타이샤를 등지고 오른쪽이 상점가이며 상점가 끝부분에 위치하고 있다. ▶ **구글검색 지도:** Nezameya

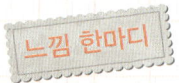

영화가 있다. 어린 소녀가 수천 개의 붉은 도리이 사이로 뛰어오는 강렬한 장면으로 기억되는 영화. 이 영화의 제목을 기억하지 못해도, 이 영화의 여자 주인공인 장쯔이와 공리를 기억하지 못해도 오로지 하나, 그 장면 하나만은 또렷이 기억한다. 바로 롭 마샬 감독의 2006년 영화, 〈게이샤의 추억〉이다. 이 장면 하나로 전 세계인들에게 교토는 또렷하게 각인되었고 후시미이나리타이샤는 꼭 가고 싶은 여행지 중 한 곳이 되었다. JR 이나리역을 나서자마자 오모테산도가 이어진다. 온통 선홍빛으로 가득한 신사는 거북할 만도 하지만, 신라계 도래인이 창건한 신사라는 배경을 생각하면 그것마저도 친근하게 다가왔다. 혼덴까지는 일반적인 신사와 큰 차이가 없었고 혼덴의 뒤로 이동하니 기대했던 센본 도리이 입구가 드디어 보인다. 이곳을 찾은 사람들은 대부분 영화의 한 장면을 기억하고 있는 듯했고 영화 속 장면처럼 뛰어다니며 기념 사진을 남기느라 사람들은 분주했다. 센본 도리이를 지나 산 정상까지 오르는 길. 대부분의 한국 관광객들은 센본 도리이에서 다 돌아갔고 외국 관광객들만 남았다. 다시 두 갈래의 갈림길이 나타난다. 어디로 가든 방향만 다를 뿐 같은 경로다. 산 정상까지 무려 4만 2천 개의 도리이가 끝도 없이 펼쳐지니 나중에는 무덤덤해진다. 역시 인간의 욕망이란 돈 앞에 끝도 없고 왠지 장삿속 같다는 느낌이 점점 더해진다. 잠시 쉬고 싶었으나 여름 모기가 극성이어서 긴팔과 긴바지를 입고 오지 않은 걸 후회했다. 그래도 산은 생각보다 깊었고 폐 속까지 파고드는 산 공기가 정말 좋았다. 후시미이나리타이샤에 다들 센본 도리이만 있다고 했기에 그것이 전부인 줄 알았는데 산길을 걸을 줄은 몰랐다. 그렇게 산을 한 바퀴 돌아 다시 신사로 내려가기 전에 상점가에서 여우가 좋아한다는 유부우동은 도저히 내키질 않아 갈증을 달래줄 시원한 와라비모찌를 주문했다. 그런데 세상에나 교토 풍경이 보인다는 창가 자리는 야박하게 식사메뉴를 시킨 사람만 앉을 수 있단다. 뒷맛이 씁쓸하지만 어쩌겠는가? 주홍색의 도리이는 여름에는 초록의 녹음과 대비되고, 겨울에는 흰 눈과 대비되어 선홍색 채도가 조금씩 다르다고 하는데 다른 계절은 어떨지 궁금해진다.

# 후시미이나리타이샤
## 어떻게 가야 할까?

① JR 교토역에서 나라 방면행 JR(8번, 9번 승차장)을 이용한다.

② JR 보통(普通)열차를 이용해야 이나리역에 정차한다.

③ JR 이나리역에서 하차한다.

④ 개찰구를 나가면 후시미이나리타이샤가 정면으로 보인다.

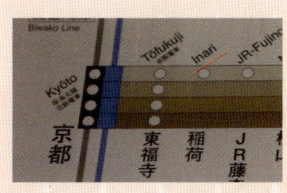

**Tip.** JR 외에도 게이한 전철을 이용할 수 있다. JR과 게이한 전철 모두 급행(急行)이나 특급(特急)을 타면 후시미이나리타이샤에 정차하지 않으므로 주의하자. JR의 경우 개찰구를 나가면 바로 위치하나 게이한 전철을 이용하면 후시미이나리역에서 하차 후 도보로 약 10~15분 정도 걸린다. 간사이 스루패스를 이용하면 게이한 전철이 무료이며, 간사이 패스를 이용하면 JR을 무료로 이용할 수 있다.

# 후시미이나리타이샤
## 어떻게 즐겨볼까?

### 후시미이나리타이샤의 입구
JR 이나리역의 개찰구를 통과하면 정면으로 후시미이나리타이샤의 입구가 있다. 정면으로 참배길인 오모테산도(表參道)를 따라 걸으면 경내에 도착한다.

### 로몬(樓門, 루문)
통피를 사용했으며 약 15m의 2층짜리 당파풍의 로몬은 도요토미 히데요시가 5천 석을 기부해 1589년에 지어져 중요문화재로 지정되었다. 도요토미 히데요시가 어머니의 건강을 기원하며 세운 것으로 로몬 중에 가장 큰 규모다.

### 기츠네(狐, 여우)상
일본 신사나 사찰의 입구에는 사자의 형태를 한 상상의 동물인 고마이누(狛犬)가 신사를 지키고 있는 것과 달리 후시미이나리타이샤는 신의 사자인 여우 한 쌍이 지키고 있다. 이 중 왼쪽의 여우가 쌀 창고 열쇠를 물고 있는데 이 점이 독특하다. 그 밖에도 두루마리, 구슬 등 다양한 물건을 입에 물고 있다.

### 가이하이덴(外拜殿, 외배전)
하이덴(拜殿. 배전)은 사람들이 보통 참배를 하는 곳으로 혼덴 앞에 위치하고 있다.

#### 고혼덴(御本殿, 본전)

사제가 종교의식을 행하는 곳으로 오닌의 난으로 소실된 것을 1499년에 재건했으며 중요문화재로 지정되었다. 화려하고 장식성이 뛰어난 모모야마 시대 건축을 나타내고 있다.

#### 나이하이덴(內拝殿, 내배전)

신사에서 제를 지낼 때 신관이 자리하는 곳으로 사람들의 주요 참배가 이루어지는 곳이다. 가이하이덴과 나이하이덴이 일직선으로 늘어서 있다. 나이하이덴을 지나 왼쪽 옆으로 따라가면 센본 도리이가 있다.

#### 에마(絵馬)

에마는 신사나 사찰에 소원을 적어 놓은 글이나 그림이 그려진 나무 액자를 말한다. 원래는 말 그림이 그려진 큰 액자를 봉납했던 것에서 '에마말 그림'라고 부른다. 이나리신의 사자가 여우라서 에마도 여우의 모양이고 길조를 의미하는 백여우가 사용되고 있다.

가격이 비싼 진짜 도리이를 봉납하는 대신 기념으로 미니 도리이를 에마 대신에 걸기도 한다.

**곤덴(權殿, 권전)**
신전을 축조하거나 고치는 동안 임시 혼덴으로 사용되는 곳으로 혼덴에 비해 규모가 작다. 곤덴 옆의 계단을 따라 이동하면 된다.

**다마야마이나리샤(玉山稲荷社)**
오른쪽 방향의 계단을 따라 올라가면 센본 도리이가 나온다.

**센본 도리이(千本鳥居) 입구**
둘로 나뉘어 있는 센본 도리이는 각각 약 70m의 터널로 어느 쪽으로 가든 크게 상관없이 마지막에는 같은 장소에 도착한다.

센본 도리이를 올라갈 때와 내려올 때 각각 다른 방향을 선택하는 것도 좋겠다. 통상적으로 기둥에 아무것도 없는 방향이 진행 방향이고, 기둥에 봉납자 이름이 있는 방향이 내려오는 방향이다.

사업 번창을 기원하며 봉납된 도리이 뒷면에는 언제, 누가 봉납한 것인지가 적혀 있다. 도리이 하나를 봉납하는데 크기에 따라 많게는 130만 엔에서 적게는 17만 5천 엔 정도 든다.

참배로를 따라 봉납한 도리이가 늘어서 있다. 경내에는 약 1만 개의 도리이가 있다.

### 오모카루(おもかる)

센본 도리이를 통과하면 바로 보이는 오쿠샤(奧社) 옆으로 소원이 이루어질 것인지 점쳐볼 수 있는 한 쌍의 오모카루 돌이 있다. 마음속으로 소원을 빌고 난 다음, 석등 위의 돌을 들었을 때 돌의 무게가 예상했던 것보다 가벼우면 소원이 이루어지고 무거운 경우 그 소원을 이루기 어렵다고 전해진다.

센본 도리이를 지나면 이나리산 정상까지 본격적으로 참배길이 시작되는데 이곳이 참배길의 시작이라고 할 수 있다. 우리나라 대부분의 관광객들은 이곳에서 되돌아가고 서양 관광객들은 산 정상까지 이동하는 편이다.

### 구마타카샤(熊鷹社)

구마타카샤는 1년 365일 촛불을 밝히고 있다. 센본도리이 입구부터 구마타카샤까지 약 30분 정도 걸린다.

### 신이케(新池)

구마타카샤 옆으로 조그마한 연못인 신이케가 있다. 연못을 향해 박수를 치면 메아리가 되돌아오기 때문에 '메아리 연못'이라고도 불린다. 행방불명이 된 사람을 찾고자 할 때 연못을 향해 박수를 치면 메아리가 돌아오는 방향이 바로 실종자가 있는 방향이라는 전설이 내려오고 있다.

### 요츠츠지(四つ辻, 사거리)

산이케 연못에서 약 20~30분 정도 걸으면 이나리산의 중턱이라고 할 수 있는 요츠츠지에 도착하게 된다. 참배길을 끝까지 걷지 않더라도 여기까지 올라오는 사람들이 많다.

요츠츠지에서 산으로 둘러싸인 분지 지형의 교토 시내 풍경을 볼 수 있다.

요츠츠지에는 간단한 음료나 식사를 할 수 있는 상점이 있고 양쪽으로 갈림길이 있다. 어느 쪽으로 방향을 잡든 약 한 시간 정도를 걸으면 참배길을 한 바퀴 돌아 다시 이곳으로 되돌아온다. 사진에서 오른쪽이 니시무라테이다.

## 니시무라테이(にしむら亭)

후시미이나리타이샤의 명물은 유부가 올려진 기츠네 우동이다. 그 이유는 여우(狐)와 유부(油腐)의 발음이 모두 기츠네(きつね)로 동일하기 때문에 만들어진 음식문화다. 더위를 식혀주는 말차와라비모찌(抹茶わらびもち) 550엔, 기츠네 우동 700엔

## 가미야시로신세키(上社神蹟)

이나리산 정상이라고 할 수 있는 해발 233m의 이치노미네(一ノ峰, 일노봉)다. 최고봉이라고 하나 조망권이 없어서 자칫 정상인지 모르고 지나칠 수 있다.

이나리산 곳곳은 참배길을 따라 수천 개의 주홍색 도리이가 늘어서 있으며 여우상이 지키고 있는 여러 개의 신사와 묘비가 즐비하다.

요츠츠지 외에도 참배길 곳곳에는 간단한 음료나 식사를 할 수 있는 곳이 여러 군데가 있다.

**JR 교토역 일대, 무엇을 먹을까?**

## 지글지글 맛있게 100년!
# 도요테이 포르타점
東洋亭 ポルタ店

1897년에 개업한 도요테이는 함박스테이크 하나로 100년의 전통을 이어오고 있다. 100년 전만 해도 서민들에게는 비싼 고급요리였던 서양 요리를 많은 사람들이 합리적인 가격으로 쉽게 맛볼 수 있도록 하고자 창업했다. 110년이 지난 지금은 '교토 최고의 100년 양식당'을 기치로 본점을 비롯해 교토에 4개, 오사카에 4개(난바점, 한큐우메다본점, 아베노점, 신오사카점)의 점포가 성업중이다.

대표 메뉴로는 알루미늄 호일에 싼 함박스테이크와 토마토샐러드다. 진한 데미글라스 소스에 육즙이 살아 있는 두툼한 고기 패티와 얇게 껍질을 벗긴 토마토에 독특한 드레싱을 곁들인 토마토샐러드는 환상의 궁합을 자랑한다. 그 밖에 창업 당시부터 이어지고 있는 햐쿠넨푸딩(百年プリン, 100년푸딩)도 인기다.

함박스테이크와 감자

토마토샐러드

다양한 디저트 종류

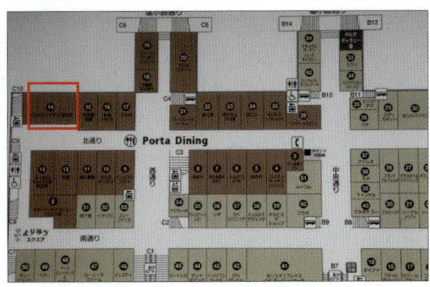
포르타 쇼핑몰 북쪽 통로 14번으로 맨 안쪽에 위치하고 있다.

교토 현지에서도 워낙 유명한 곳이라 식사 시간에 맞춰 간다면 줄을 서는 건 다반사다. JR 교토역에는 2개의 지점이 있는데, 포르타점은 JR 교토역 맞은편 지하의 쇼핑몰인 포르타점 안 레스토랑가에 위치하고 있다. 미야고미치점(みやこみち)은 JR 교토역에서 남북자유통로(南北自由通路)에 위치한 긴테츠 전철 개찰구를 지나 1층의 하치조 출입구 쪽 긴테츠 쇼핑몰이 있는 곳에 위치하고 있다. 포르타점이 차분한 레스토랑의 분위기를 연출하는 것과 달리, 미야고미치점은 바(BAR)를 겸하고 있어서 다양한 주류도 함께 즐길 수 있다.

### ✚ 이용 안내

**포르타점** ▶영업시간: 11:00∼22:00 (마지막 주문 21:15) ▶가격: 오리지널 함박스테이크 런치(11:00∼17:00) 1,320엔 (디저트 추가시 1,720엔), 단, 저녁 단품 주문 함박스테이크 1,280엔, 토마토샐러드 500엔 ▶주소: 京都駅前ポルタ 地下街 ▶전화: 075-343-3222 **미야고미치점** ▶영업시간: 11:00∼22:00 (마지막 주문 21:00) ▶주소: 京都駅八条口近鉄名店街「みやこみち」 ▶전화: 075-662-2300 ▶홈페이지: www.touyoutei.co.jp

> JR 교토역 일대, 무엇을 먹을까?

## 아버지가 아들 손잡고 가는
## 혼케 다이이치 아사히

本家 たかばし 第一旭

교토 시민들이 사랑하는 라멘집 혼케 다이이치 아사히. 이곳은 교토역에서 걸어서 약 5분 정도 거리의 한적한 도로가에 위치한다. 원래 주택가에 있었으나 유명세를 타면서 사람들이 몰리자 이웃 주민들이 시끄러워해 지금의 위치로 이전했다. 이곳의 대표 메뉴인 특제라멘(特製ラーメン)은 간장 육수에 탱탱하고 쫄깃한 면발과 차슈, 그리고 라멘 국물의 비법이라고 해도 좋을 숙주와 구조네기(九条ねぎ)가 듬뿍 올려진다.

맑은 간장 육수를 만들고자 두 번의 출산을 경험한 체중 120kg 정도의 암퇘지만을 사용하며 에도시대부터 사랑받고 있는 구조네기를 사용하고 있다. 식감이 부드러운 구조네기는 교토를 대표하는 특산물 채소인 교야사이 중 하나로, 우리나라 대

▶ **혼케 다이이치 아사히 가는 방법**

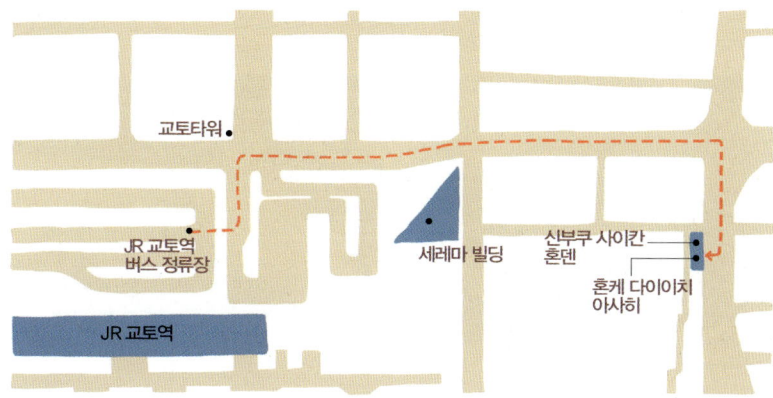

파와 달리 맵지 않으며 향긋하고 라멘의 기름기를 잡아준다.

라멘의 양에 따라 특제라멘과 보통라멘으로 구분되며 사이드 메뉴로 군만두, 수육, 김치, 밥 등이 있다. 사이드 메뉴는 따로 계산해야 한다. 워낙 현지인들이 많이 오는 곳이라 이곳도 역시 줄을 서야 하는 건 기본이다. 메뉴 옆에 한글이 적혀 있어 주문하기가 어렵지 않다.

✚ 이용 안내

▶ **영업시간**: 05:00~26:00 ▶ **휴무일**: 목요일 ▶ **주소**: 京都府 京都市下京区 東塩小路向畑町 845 ▶ **전화번호**: 075-351-6321 ▶ **홈페이지**: http://www.honke-daiichiasahi.com

구조네기가 듬뿍 올라간 보통라멘

면발은 탱탱하고 구조네기의 향은 일품이다.

내부

**Tip.** 다이이치 아사히 옆의 또 다른 라멘 가게인 신부쿠 사이칸 혼텐(新福菜館本店)도 유명한 곳이다. 신부쿠 사이칸 혼텐은 까만국물 라면으로 유명하며 2군데 모두 교토에서 유명한 라멘집이다. 다만 짠맛이 좀 강하다는 평이 있으며 혼케 다이이치 아사히에 비해 호불호가 있는 편이다. 참고로 교토관광안내소 직원에게 2군데 중 1군데 추천을 부탁했더니 혼케 다이이치 아사히를 추천받았다.

> 아주 특별한 교토 ①

### 교토 여행의 관문
# JR 교토역

JR 교토역은 교토 천도 1,200년을 기념해 1977년에 초현대식 건축물로 재탄생했다. 역사를 비롯해 호텔, 백화점, 대형 쇼핑몰 등이 있다. 교토를 방문하는 대부분의 여행자가 JR 교토역을 이용하며 도카이도(東海道) 신칸센의 전 열차, JR 서일본, 긴키닛폰 철도, 고속버스 등이 운행되는 일본 주요 터미널 중 한 곳으로 명실공히 교토 여행의 관문이라고 할 수 있다.

'역사의 관문, 교토'라는 콘셉트로 건축된 JR 교토역은 오사카의 공중정원전망대, 삿포로 돔을 설계한 현대 건축가 하라 히로시의 작품으로 130년의 역사를 가지고 있던 기존의 JR 교토역을 허물고 현대식 건물로 다시 지어졌다. 약 4천 장의 유리가 외벽을 장식하고 있으며 교토의 특징이라고 할 수 있는 격자무늬를 형상화한 누드

철골구조 사이로 햇빛이 쏟아지는 모습은 무척이나 인상적이다. 또한 중앙 홀 부분은 유리와 금속으로 만들어진 아트리움으로 되어 있어, 드넓은 내부 공간에서는 하늘을 볼 수 있으며 외부에서 볼 때 외관이 하늘과 유사하다.

교토역 주변의 고도제한으로 인해 JR 교토역은 건물을 분할해 중앙 홀을 중심으로 동쪽과 서쪽, 이렇게 2개의 건물이 이어지는 구조로 지어졌다. 서쪽 2층에는 무려 길이가 470m나 되는 남북자유통로가 있다. 동쪽에는 교토극장(京都劇場), 그란비아 호텔이 있고 서쪽에는 이세탄백화점, 지하에는 쇼핑몰 더 큐브(The CUBE)와 포르타(Porta)가 있다. 중앙 홀에는 양쪽으로 1층부터 'V'형태의 거대한 계단식 에스컬레이터가 펼쳐져 있다. 특히 서쪽 이세탄백화점의 경우 오카이단(大階段, 대계단)을 이용해 걸어서 건물 위층으로 이동한다면, 아찔함 정도는 감수해야 한다. 두 건물은 서쪽의 이세탄백화점 10층의 라멘코지 옆으로 난 스카이웨이를 통해서도 이동이 가능하다. 이세탄백화점이 위치한 서쪽 건물의 가장 높은 곳에는 옥상정원이 있는데 JR 교토역의 전체적인 모습을 조망할 수 있다. 또한 역사 내에는 동쪽광장(東広場), 가라스마코지광장(烏丸小路広場), 남쪽광장(南広場), 무로마치코지광장(室町小路広場) 등 콘셉트를 달리한 여러 광장이 있어 JR 교토역 이곳저곳을 둘러보는 재미 또한 쏠쏠하다.

+ 이용 안내

▶ 홈페이지: www.kyoto-station-building.co.jp

Tip. JR 교토역에는 1번 승강장이 없다. 배선상의 번호와 플랫폼의 번호가 맞지 않아서 1번 승강장을 0번 승강장으로 개칭했기 때문이다.

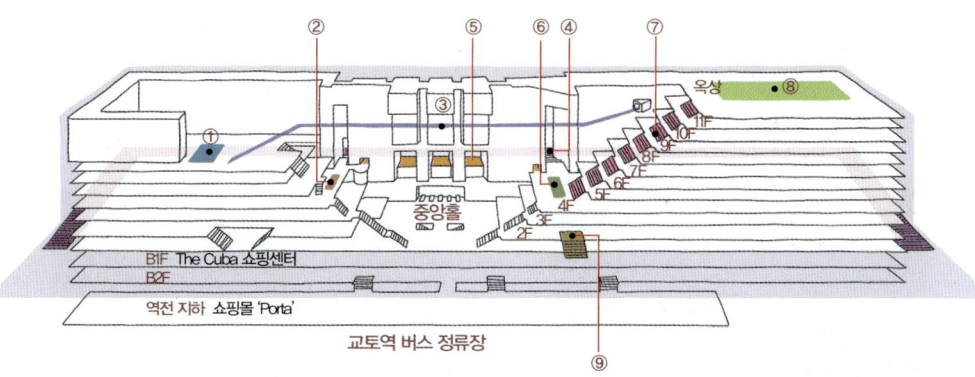

| | |
|---|---|
| ① 동쪽광장 | ⑥ 무로마치코지광장 |
| ② 가라스마코지광장 | ⑦ 대계단(오카이단) |
| ③ 스카이웨이 | ⑧ 하늘광장 및 스카이가든 |
| ④ 남쪽산책로 | ⑨ 남북자유통로 |
| ⑤ 남쪽광장 | |

# JR 교토역
## 어떻게 즐겨볼까?

### 교토종합관광안내소
JR 교토역 서쪽 2층의 남북자유통로에 위치하며 이세탄 백화점 근처에. 각종 팸플릿이 구비되어 있는 것은 물론이고 교토 여행에 필요한 교통패스 구매도 가능하다. 특히 한국어를 비롯해 영어, 중국어 서비스가 가능하며 친절한 직원들을 통해 교토 여행에 대한 정보를 자세하게 얻을 수 있다. 교토에 도착하면 가장 먼저 이곳을 방문해 교토 여행에 관한 필요한 정보를 얻는 한편, 교토 여행의 필수품인 교토 시 버스 노선도를 비롯해 교토 버스 1일 승차권, 교토 관광 1일 승차권 등 각종 교통패스 등을 구매하자. 한국어가 가능한 강려매(康麗梅) 씨 외에도 여러 명의 직원들이 한국어가 가능하다. 친절한 직원들이 불편함 없는 교토 여행이 될 수 있도록 최선을 다해 도와주고 있다.

### JR 이세탄(JR ISETAN)
JR 교토역 서쪽에 위치하고 있으며 지하 2층에서 11층까지 식품, 화장품, 의류, 잡화 등 다양한 가게들이 입점해 있다. 7층에서 10층의 오픈 뷰 레스토랑에서 창밖의 교토 전망을 즐기며 식사가 가능하다. 중앙 홀에서 양쪽으로 1층에서부터 'V'형태의 거대한 계단식 에스컬레이터가 펼쳐져 있다. 이세탄백화점의 경우 정면에서 볼 때 오카이단을 중심으로 왼쪽과 오른쪽으로 나뉘어진다. 라멘코지는 왼쪽의 이세탄백화점에 위치한다.

**이용시간**: 08:30~19:00 **휴무일**: 연중무휴 **전화번호**: 075-343-0548

**JR 이세탄** **영업시간**: 10:00~20:00, 7층 미술관 10:00~20:00, 오픈 뷰 레스토랑 11:00~23:00(마지막 주문 10:00) **주소**: 京都府京都市下京区烏丸通塩小路下ル東塩小路町 **전화번호**: 075-352-1111 **홈페이지**: kyoto.wjr-isetan.co.jp

**라멘코지**(京都拉麵小路)

이세탄백화점 10층에 위치하고 있으며 북쪽의 홋카이도에서 남쪽의 규슈까지 일본 라멘을 대표하는 8곳이 입점해 있어 미소라멘, 소유라멘, 돈가스라멘 등 입맛대로 골라 먹을 수 있다. 라멘코지 외에도 디저트 카페가 두 군데 있다. 이용 방법은 각 라멘집 입구에 설치된 자판기에서 식권을 구매하면 된다. 교토관광안내소 옆에 있는 JR 이세탄 백화점 안의 엘리베이터를 이용하면 된다.

**영업시간:** 11:00~22:00(마지막 주문 21:30)

### JR 이세탄 수바코(SUVACO)

JR 교토역 남북자유통로에 위치하고 있으며 3층에는 다양한 종류의 레스토랑이 운영되고 있다. 특히 남북자유통로와 접하고 있는 수바코 식품관에서는 간단한 식품, 각종 음료, 과자 등을 구매할 수 있다. 또한 선물용으로 좋은 교토의 식품과 관련된 교미야게 코너가 따로 마련되어 있으며, 특히 교토 브랜드 맥주를 구매할 수 있다.

### 더 큐브(The CUBE)

JR 교토역 지하 2층~1층에 위치하고 있는 쇼핑몰로 지하 2층은 여성의류, 액세서리, 잡화, 화장품, 가방 등을 팔고 지하 1층과 1층은 교토 기념품점인 교미야게가 있다. 지하 2층은 이세탄백화점 지하 2층의 신선 식품관과 지하 쇼핑몰 포르타와 연결된다.

**영업시간:** 08:00~21:00 **휴무일:** 연중무휴

**영업시간:** 기념품점 08:30~20:00, 패션 10:00~20:00 레스토랑 11:00~22:00 **휴무일:** 연중무휴 **전화번호:** 075-371-2134 **홈페이지:** www.thecube.co.jp

### 더 큐브 교미아게(京みやげ)

JR 교토역 쇼핑몰 더 큐브의 1층과 지하 1층에 위치한 교토 기념품 전문점이다. 1층은 교토를 대표하는 80개의 상점에서 일본 전통과자를 판매하고 있다. 지하 1층에서는 사케, 차, 츠케모노 등을 비롯해 교토의 독특한 기념품을 모두 만날 수 있다. 다른 곳에서 기념품을 구매하지 못했다면 이곳에서 구입하는 것도 좋다.

### 더 큐브 레스토랑

이세탄백화점 11층에 위치하며 10층에 라멘코지가 있다. 총 7개의 음식점에는 오코노미야키, 꼬치튀김, 중식, 돈가스, 일본식 카레, 일식 등 다양한 종류의 음식을 맛볼 수 있다.

**영업시간:** 08:30~20:00 **휴무일:** 연중무휴 **홈페이지:** www.thecube.co.jp

**영업시간:** 11:00~22:00 **휴무일:** 연중무휴 **전화번호:** 075-371-2134

### 교토 포르타

JR 교토역 정면 지하에 위치하고 있는 쇼핑몰로 130여 개의 숍들이 있으며 서부 최대 규모를 자랑한다. 의류, 여성 잡화, 구두, 가방, 액세서리, 언더웨어, 생활 잡화, 교토 기념품 등을 판매한다. 또한 포르타 다이닝(Porta Dining)에는 일식·양식·한식 등을 비롯해 디저트 카페, 커피숍 등 40여 개의 레스토랑에서 다양한 종류의 음식을 맛볼 수 있다.

### 교토극장

JR 교토역 동쪽에 위치하고 있으며 2층에 교토극장의 입구가 있고 총 5개의 레스토랑이 운영되고 있다. 1층에는 일식 레스토랑인 교토 키무라야 본점이 있고 3층에서 6층까지는 일본 전통음식과 캐주얼 이탈리아 레스토랑 등이 있다.

**전화번호:** 075-374-2360 **홈페이지:** www.kyoto-gekijo.com

### JR 티켓 매표소

JR 교토역 안에는 총 세 군데의 JR 티켓 매표소가 있는데, 1층 중앙 개찰구를 나와 오른쪽에 있는 JR 티켓 매표소에서만 인터넷으로 예매한 패스를 교환할 수 있다.

**영업시간:** 패션·잡화 10:00~21:00, 포르타 다이닝 11:00~22:00(아침 07:30) **휴무일:** 연중무휴 **전화번호:** 075-365-7528 **홈페이지:** www.porta.co.jp

### JR 교토역 빌딩 안내소
JR 교토역 서쪽 2층의 남부자유통로에 위치하며 JR 교토역 중앙 홀 1층에서 서쪽에 위치한 2층의 이세탄백화점 방향 에스컬레이터 입구에 있다. JR 교토역 빌딩에 관한 다양한 정보를 제공한다.

### 남북자유통로
JR 교토역 빌딩 2층을 남북으로 이동하는 통로다. 약 470m의 길이로 24시간 개방된다. JR 교토역 서쪽 개찰구, 긴테츠 전철 개찰구가 있으며 교토관광안내센터 등이 있다. 이세탄 수바코, 편의점 등을 비롯해 다양한 편의시설이 있으며, 하치조 출구 쪽에는 551 호라이 만두 가게, 고디바(GODIVA) 등 유명한 가게들도 자리하고 있다.

이용시간: 10:00~19:00 전화번호: 075-361-4401 홈페이지: www.kyoto-station-building.co.jp

### 무로마치코지광장
서쪽 4층에 위치하며 이세탄백화점 옆의 오카이단 입구에 있다. 작은 무대 등이 마련되어 있어 각종 콘서트와 이벤트가 열리는 곳으로 교토 사람들의 만남의 장소가 되고 있다.

### 오카이단(대계단)
서쪽 4층의 무로마치코지광장에서 11층의 하늘정원까지 직선으로 이어지는 계단으로 JR 교토역의 상징이 되고 있다. 저녁이면 이 대형 계단에 각양각색의 조명이 환상적으로 펼쳐져 황홀한 교토의 밤을 선물한다.

### 하늘광장 및 스카이가든(大空広場 & SKY GAREDEN)
JR 교토역의 가장 높은 곳에 위치하는 하늘광장은 대계단 혹은 대계단 옆의 에스컬레이터를 통해 이동이 가능하다. 보통의 옥상정원들은 막힌 구조인데 이와 달리 JR 교토역의 전체적인 모습을 조망할 수 있어 독특하다.

### 스카이웨이(Sky Way)
동쪽의 그란비아 호텔과 서쪽의 이세탄백화점을 연결하는 공중산책로로 길이가 약 45m 정도다. 투명한 유리창 밖으로 교토타워와 교토 시내를 조망할 수 있어 색다른 교토를 느낄 수 있다. 10층의 라멘코지 옆으로 스카이웨이 통로가 있다.

이용시간: 10:00~22:00

### 동쪽광장
동쪽 7층에 위치하고 있으며 서쪽에서 스카이웨이를 따라 동쪽으로 이동하면 동쪽광장에 도착한다. JR 교토역 중앙 홀, 무로마치코지광장, 오카이단, 하늘정원까지 건너편 풍경을 감상하기에 좋다.

### 가라스마코지광장(烏丸小路広場)
동쪽 4층에 위치하고 있으며 좀더 다른 위치에서 교토타워를 마주할 수 있다.

**우체국**
JR 교토역으로 나가면 서쪽에 위치하고 있다.

JR 교토역 앞에는 교토 전 지역을 운행하는 버스 정류장이 있다.

**Tip.** 간사이국제공항에서 출발한 간사이공항 특급열차 하루카가 도착하는 JR 교토역의 30번 승강장의 플랫폼 벽면에는 교토를 대표하는 관광지를 벽면 조각 작품으로 만날 수 있다.

### 한 걸음 더

## 바다가 그리워라!
## 교토타워 Kyoto Tower

교토의 관문인 JR 교토역에 도착해 문을 나서는 순간, 가장 먼저 보이는 것이 바로 등대 모양의 교토타워다. 1964년 12월에 세워진 교토타워는 에펠탑과 도쿄타워처럼 철골 구조를 사용하지 않은 점이 특징이다. 빌딩 위에 세워진 교토타워가 천년고도 도시의 이미지와는 어울리지 않는다고 교토 사람들에게는 그다지 환영받지 못한다고 하지만, 이방인의 눈에는 바다가 없는 교토지만 등대 모양을 한 교토타워가 그 아쉬움을 조금은 채워주는 듯하다.

 JR 교토역과 마주보고 있는 교토타워는 지하 3층에는 교토타워 목욕탕, 지하 1층은 교토타워 식당가, 1층에서 3층까지는 교토 호텔 프런트, 전망대 매표소 및 교토타워 상점가, 5층에서 9층까지는 교토 호텔 객실, 빌딩 상층부인 11층(전망대 1층)부터는 전망대로 활용되고 있다. 전망대의 3층 스카이라운지 '구우(空. KUU)'는 전망대에 올라가지 않더라도 탁 트인 외부 창으로 교토 시내를 조망할 수 있다. 또한 건물의 지하 3층에 있는 교토타워 목욕탕은 가격대비 시설이 좋아 여행자들 사이에서 인기가 높다.

## ✚ 이용 안내

▶**교토타워 전망대** ▶**관람시간:** 09:00~21:00(입장 마감 20:40) ▶**요금:** 어른 770엔, 고등학생 620엔, 초·중학생 520엔, 유아(3세 이상) 150엔 ▶**휴무일:** 연중무휴 ▶**주소:** 京都府京都市 下京区烏丸通七条下ル 東塩小路町 721-1 ▶**전화번호:** 075-361-3215 ▶**홈페이지:** www.kyoto-tower.co.jp ▶**스카이라운지 KUU** ▶**이용시간:** Tea 15:00~20:00(마지막 주문 19:45), Bar 18:00~23:00(마지막 주문 22:30) ▶**전화번호:** 075-352-0253

### 아주 특별한 교토 ②

유리로 만든 ガラスペン
# 가라스 코보 호노오 ガラス工房ほのお

유리로 만들어진 가라스펜은 펜대와 펜촉까지 경질 유리를 사용해 만든 것으로 세계에서 유일하다. 가라스펜은 펜촉이 마모되지 않을 뿐더러 만년필 못지않은 매끄러운 필기감 때문에 '명품 펜'이라 부를 만하다. 이 펜을 만들고 있는 사람은 90살이 넘은 칸세후(菅清風) 씨다. 1920년에 출생한 칸세후 씨는 1940년대부터 60년간 끊임없이 유리를 연구하고 기술을 익혀, 1989년부터 표주박 모양의 펜을 만들기 시작했고 1990년에 1,200°C 이상의 불꽃으로 유리를 가공해 세계 최초로 가라스펜을 만들었다.

단단한 유리를 이용해 만든 유리펜은 원래 메이지시대에 일본에서 처음 생산되어 볼펜이 보급되기 전까지 사용하던 펜이었다고 한다. 칸세후 씨가 만드는 가라스펜은 1,200℃ 이상의 온도에서 매우 단단한 경질 유리를 비틀고 밀고 당기기를 반복해서 만든 아름다운 나선무늬가 펜 전체를 흐르는 듯 장식하고 있는 것이 특징이다. 이 무늬들은 불빛에 비추면 마치 다이아몬드처럼 빛이 난다. 또한 잉크를 묻히면 펜 앞쪽에 새겨진 홈을 따라 잉크가 올라가는 모습을 볼 수 있다. 장식이 아름다운 것은 물론이고 한 번 잉크를 묻히면 엽서 한 장 분량은 충분히 쓸 수 있을 정도라 실용성도 매우 뛰어나다.

가라스펜 한 자루를 만드는 데 소요되는 시간만 무려 6시간. 기껏해야 하루에 한 자루만 만들 수 있는 아주 귀한 펜이다. 국가적인 조인식에서도 이 가라스펜으로 서명을 할 만큼 그 가치를 인정받고 있다. 특히 칸세후 씨는 현재까지도 평화를 위해 활약하고 있는 사람들을 위해 펜을 기증하고 있는데, 미국의 오바마 대통령, 우리나라의 故 김대중 대통령에게도 이 펜을 선물했다. 아흔이 넘은 나이에도 오늘보다 내일 더 좋은 펜을 만들 수 있다는 신념으로 아직 만족할 수 없다는 칸세후 씨. 그의 펜은 곧 그의 인생이다.

가라스펜의 가격은 종류에 따라 다르며 8천 엔부터 비싼 것은 3만 8천 엔까지 다양하다. 현재는 네온사인 아티스트인 쿠니야 다카시(国谷隆志) 씨가 기술을 전수받고 있다.

✚ 이용 안내

▶**영업시간**: 09:00~18:00  ▶**휴무일**: 일요일  ▶**주소**: 京都市左京区北白川東伊織町26-2(株式会社サン・コミュニケーションズ内)  ▶**전화번호**: 075-723-1300  ▶**홈페이지**: www.kanseifu.com  ▶**주의사항**: 제품을 항상 보유하고 있는 것이 아니고 제품을 만드는 데 시간이 걸리기 때문에 반드시 제품 보유여부를 확인해야 한다. 재고가 없을 경우 제품 제작하는 데 걸리는 시간은 주문일로부터 5일~2주 정도 소요된다.

네온사인 공장과 겸하고 있는 작업실

다양한 가라스펜

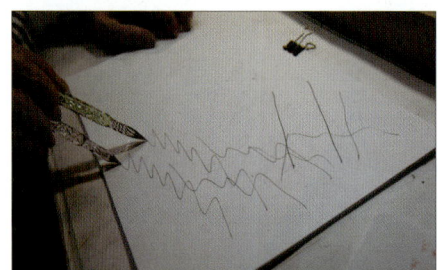
만년필보다 촉감이 부드러운 가라스펜

잉크를 찍으면 물결무늬를 따라 잉크가 올라가는데 손에 전혀 묻지 않는다.

불빛에 비추면 무늬가 더욱 선명하게 빛이 난다.

칸세후 씨와 쿠니야 다카시 씨

# 칸세후
## 어떻게 가야 할까?

① 교토 시 버스 5번을 타고 가미하테초 교토 조케이게이다이마에(上終町京都造形芸大前)에서 하차한다[교토조형예술대학(京都造形芸術大学) 근처, 긴카쿠지에서 20분 정도 소요].

② 정면으로 계속 직진한 뒤 'LIFE' 슈퍼마켓이 있는 곳에서 좌회전한다.

③ 좌회전하면 바로 왼쪽에 있다. 갤러리 카페 왼쪽이 가라스펜이다.

④ 계단 쪽에 네온으로 가라스펜이라는 표시가 있다.

⑤ 작업중인 칸세후 씨와 쿠니야 다카시 씨

PART 3

교토 근교여행,
어디로 떠나볼까?

10엔, 1만 엔, 그리고

# 뵤도인

平等院

교토의 남부에 위치한 우지(宇治)는 헤이안시대 귀족의 별장으로 인기가 높았던 곳이다. 수려한 풍경을 자랑하는 이곳은 일본의 3대 차(茶) 생산지이자 세계문화유산인 뵤도인과 우지가미신사(宇治上神社)가 있는 곳으로도 유명하다. 특히 뵤도인은 일본 사람들에게 매우 친근한 곳으로, 일본의 10엔 동전 뒷면에 뵤도인의 호오도(鳳凰堂, 봉황당)가 새겨져 있다. 그뿐이 아니다. 1만 엔 지폐의 뒷면에는 호오도 지붕의 봉황이 그려져 있으니, 일본에서 뵤도인이 가지고 있는 상징성과 위상을 짐작할 만하다.

뵤도인은 헤이안시대 최고 권력자였던 후지와라 요리미치(藤原賴通)가 불교의 극락세계를 구현하기 위해 1052년에 세운 사찰이다. 그 당시에는 화재와 홍수가 빈번

했기에 전염병이 창궐했고, 도적이 난무하니 사람들은 자연스럽게 불교가 쇠퇴하는 말법시대(末法時代)가 도래했다고 여겼다. 귀족들 사이에서는 현세에서 미리 공덕을 쌓아 다음 생을 기약하는 실천적인 종교 생활을 강조했던 말법사상(末法思想)이 유행했고, 이는 정토교(淨土敎)와 함께 융성하게 된다. 이에 따라 귀족들은 극락왕생을 기원하는 소망을 담아 아미타여래를 본존으로 하는 부쓰도(佛堂, 불당)를 많이 건립했다. 봉황은 약 1m 정도의 크기에 날갯짓을 하고 있는 모양으로 앉아 있는데, 이 모습은 일본 지폐 만 엔의 문양으로 사용되고 있다. 오랫동안 청동 봉황상이었으나 최근에 보수를 하면서 황금색으로 복원되었다. 뮤지엄 호쇼칸에 봉황이 전시되어 있어 가까이에서 생동감 있는 봉황의 모습을 볼 수 있다.

당시 최고의 권력자로 간파쿠(關白, 관백)였던 후지와라 요리미치도 예외는 아니었다. 1052년 우지에 있던 아버지의 별장을 사원으로 개축해 '뵤도인'을 창건했다. 뵤도인은 '부처님의 구제는 평등하게 이루어진다.'라는 의미를 담고 있다. 이어 1053년에는 아미타여래를 안치한 아미타당(阿彌陀堂, 극락전)을 준공했다. 현재 호오도로 불리는 아미타당은 지붕 위에 2마리의 봉황이 앉아 있다고 해서 에도시대 초기부터 호오도라 불렸다. 이 호오도는 불교 경전에서 묘사하고 있는 극락정토의 궁전을 표현하고 있으며, 일본 중세 건축의 백미로 평가받고 있다. 교토의 문화재가 오닌의 난으로 대부분 소실된 후 다시 재건된 것과 달리, 헤이안시대에 지어진 뵤도인의 호오도만은 천 년의 시간이 흘렀음에도 원형을 그대로 유지하고 있어, 헤이안시대 화려한 귀족문화를 대표하는 유적으로 그 가치를 인정받아 유네스코 세계문화유산으로 지정되었다.

뵤도인은 일본 건축의 백미라는 찬사를 받고 있는 호오도를 비롯해 아미타여래좌상, 목조 운중공양보살상 52구, 목조 닫집, 봉황 1쌍, 범종, 벽화 14면 등이 모두 일본 국보로 지정되어 상당한 볼거리를 지니고 있다. 이 중에서 가장 눈여겨봐야 하는 것은 바로 호오도다. 호오도는 주도(中堂, 중당)를 중심으로 양쪽으로 회랑인 이키로(翼廊, 익랑)가, 주도 뒤쪽 회랑인 비로(尾廊, 미랑)가 길게 연결된 건축 구조다. 전체 건물은 한 마리의 우아한 봉황처럼 느껴진다. 호오도 내부 주도의 중앙에는 기단을 높이 올리고 아미타여래좌상(阿弥陀如来坐像)을 안치했는데 그 높이가 무려 283.9cm나 된다. 아미타여래좌상은 당시 일본 최고의 불상 조각가인 조초(定朝) 스님이 조성한 불상으로 신체 각 부분을 따로 만든 뒤 조립하는 요세기즈쿠리 방식으로 만든 다음, 옻칠을 하고 금박을 입혔다.

본존을 둘러싸고 있는 삼면의 벽 위쪽에는 목조 운중공양보살상(雲中供養菩薩像)이 조각되어 있다. 11세기 불상군 중에서 유일하게 전해지고 있는 운중공양보살은 구름을 타고 생황, 비파 등 다양한 악기를 연주하면서 춤을 추는 비천상이 자유롭고 섬세하게 조각되어 있다. 운중공양보살상은 총 52구가 남아 있는데 이 중 26구는 뵤도인 안쪽에 위치한 뮤지엄 호쇼칸(ミュージアム鳳翔館)에서 볼 수 있다. 또한 문과 벽에는 9가지 방법으로 아미타보살을 맞이하는 구품내영도(九品來迎圖)가 그려져 있었다. 현재 벽화는 색이 바래 알아보기 힘든 상태지만, 문 그림은 43년 전에 실제 그림을 복원 묘사해 놓았기에 당시의 그림 내용과 색상을 알 수 있다.

2001년에 개관한 뮤지엄 호쇼칸은 현대적인 스타일의 건축물로 컴퓨터 그래픽을 사용해 뵤도인의 창건 당시 모습을 영상으로 볼 수 있으며, 다양한 뵤도인의 국보급 문화재를 전시하고 있다. 뮤지엄 호쇼칸은 무료 관람이 가능하지만 호오도 내부를 관람하기 위해서는 정해진 시간에 해설사와 동반 입장해야 하며 별도의 관람료를 지불해야 한다.

✚ 이용 안내

▶ **관람시간**: 경내 08:30~17:30(입장권 판매 종료 17:15), 뮤지엄 호쇼칸 09:00~17:00(입장 마감 16:45), 호오도(봉황당) 내부관람 09:30~16:10(20분마다 1회 50구으로 인원 한정, 접수시간 09:00부터 매회 관람 선착순 매진시 종료), 카페 토우카 영업시간 10:00~16:30(마지막 주문 16:00) ▶ **휴무일** 연중무휴(카페 토우카는 화요일 휴무, 단 화요일이 공휴일이면 정상영업, 성수기에는 변경될 수 있음) ▶ **요금**: 경내(박물관 포함) 대인 600엔, 중고생 400엔, 초등학생 300엔, 호오도 별도 300엔 ▶ **휴무일**: 연중무휴 ▶ **주소**: 京都府宇治市宇治蓮華116 ▶ **전화번호**: 074-21-2861 ▶ **홈페이지**: www.byodoin.or.jp ▶ **구글지도 검색**: 뵤도인

### 느낌 한마디

보도인을 두고 대부분의 전문가들은 극락이 어떤 곳인지 궁금하다면 호오도를 가보라고 했다. 그곳이 바로 천국이 아닌가. 보도인 가는 길은 좀 특별했다. 보도인이 있는 우지는 일본에서도 차 생산지로 유명한 곳이고 헤이안시대의 귀족들이 별장을 짓고 풍류를 즐긴 곳이니 경치는 두말하면 잔소리였다. 이런 곳을 배경으로 한 소설이 있는 건 당연지사. 일본 고대문학의 자랑거리인 『겐지이야기』의 마지막 이야기 배경은 모두 우지이니, 이 정도면 보도인이 아니라고 해도 우지를 가야 할 이유는 충분했다. JR 우지역에서 내려 타박타박 걷는 길은 왠지 천국으로 향하는 길 같았다. 보도인에 들어서니 한 마리의 봉황이 날개를 편 모양을 하고 있는 호오도가 보였다. 도착하자마자 내부 관람을 신청했어도 인원제한으로 인해 관람까지 한참을 기다려야 했기에 정원을 따라 걸으며 호오도가 제일 잘 보이는 위치로 이동했다. 아침 햇살을 받으며 연못에 비치는 호오도의 모습은 이루 말할 수 없이 아름다웠고, 작은 창을 통해 얼굴만 비치는 아미타여래좌상의 표정은 멀리서도 온화함이 느껴졌다. 1만 엔 지폐에 등장하는 호오도 위의 봉황은 금방이라도 푸드득 날갯짓을 하며 날아갈 것 같다. 얼마간의 시간이 흐르고 드디어 오호도로 입장! 해설사와 동행해 호오도에 입장하니 약 3m의 아미타여래좌상은 살아있는 듯 생생한 표정이었고 목조불상임에도 곡선이 자연스러웠다. 그리고 벽면을 가득 메운 운중공양보살상은 손만 대면 바로 하늘로 날아갈 듯 느껴졌다. 모든 것이 그저 황홀했다. 11세기에 어떻게 이런 건축물을 만들 수 있었을지 그저 감탄밖에 나오지 않았다. 원래 호오도 내부는 굉장히 화려했을 텐데 지금은 오랜 세월로 인해 색깔이 바래져 있다. 그래서 원래 모습을 보려면 뮤지엄 호쇼칸으로 가야 했다. 수천 년의 건축물을 앞에 두고 완전히 현대식인 박물관은 다소 감흥이 떨어졌다. 허나, 안으로 들어가는 순간 자연광이 박물관 안으로 쏟아지며 완전히 다른 공간으로 초대된 듯했다. 실제로 호오도 내부를 보고 난 뒤 현대의 디지털 기술로 복원시킨 호오도를 만나니, 더욱 생생해졌고 천국이 있다면 저런 느낌이 아닐까 싶었다. 조금 유치하지만 10엔 동전을 들고 호오도를 배경으로 기념사진도 찍고 우지에 왔으니 녹차 소바도 먹고 다시 교토로 돌아가는 길, 나는 천국을 다녀왔다. 아마 그럴 것이다.

우지
한눈에 보기

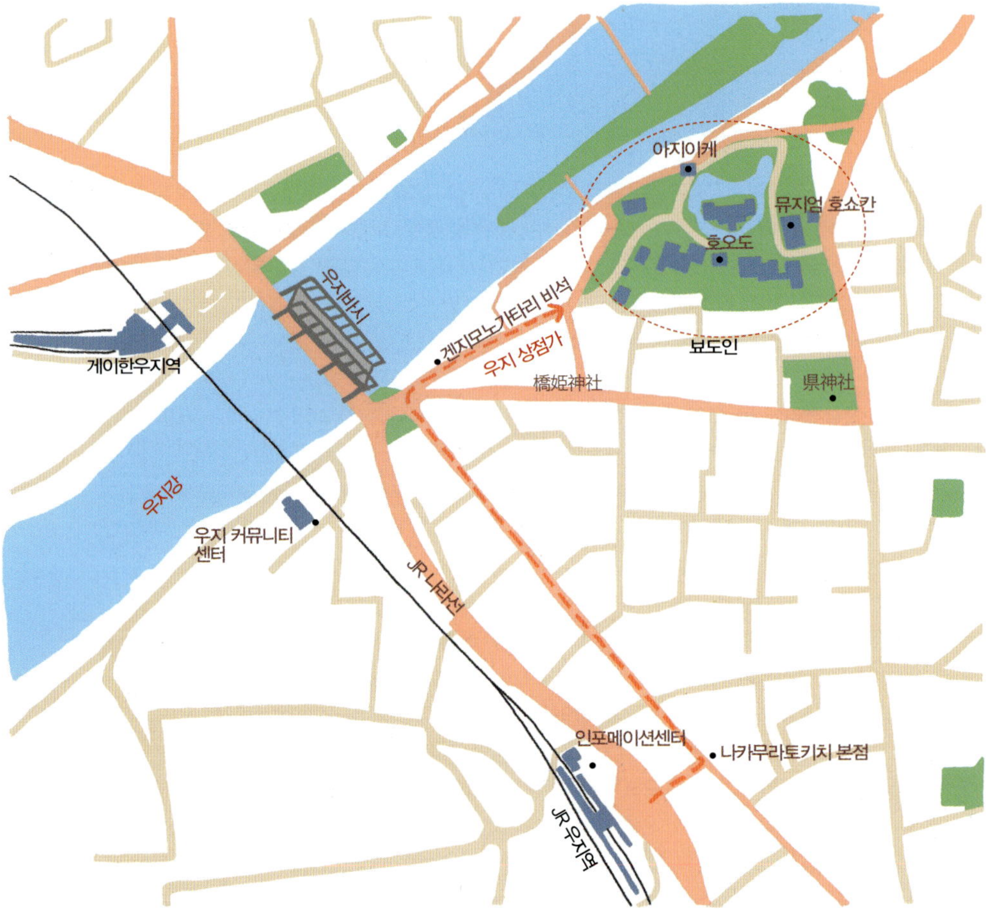

- 아지이케
- 뮤지엄 호쇼칸
- 호오도
- 우지반시
- 겐지모노가타리 비석
- 우지 상점가
- 橋姫神社
- 뵤도인
- 県神社
- 게이한우지역
- 우지강
- 우지 커뮤니티 센터
- JR 나라선
- 인포메이션센터
- 나카무라토키치 본점
- JR 우지역

## 뵤도인
# 어떻게 가야 할까?

① JR 교토역 8번 플랫폼의 JR 나라선을 이용한다 (운행시간은 자주 있음).

② 나라행 JR쾌속열차(녹색은 JR보통열차로 이나리타이샤를 거쳐 모든 역마다 정차하기 때문에 시간이 좀더 걸린다.)

③ JR 우지역에 하차한 다음 남쪽 출구로 나간다.

④ 출구에서 정면의 건널목을 건너 직진한다.

⑤ 나카무라키지에서 좌회전한다(뵤도인 방향으로 왼쪽 화살표가 된 안내 표지판이 있다). 그런 다음 계속 직진한다.

⑥ 삼거리에서 2시 방향으로 직진하면 우지 상점가가 시작된다.

⑦ 우지 상점가를 따라 계속 직진하면 뵤도인에 도착한다.

**Tip.** JR과 게이한 전철 둘 다 뵤도인과 후시미이나리타이샤를 하루 일정으로 돌아볼 수 있다. JR을 이용할 경우 교토역에서 JR 쾌속 열차를 이용하면 뵤도인까지 약 25분 정도 소요되고, 뵤도인에서 후시미이나리타이샤까지 JR 보통으로 약 20분 정도 소요된다. 다만 JR을 이용해 후시미이나리타이샤를 방문할 경우 JR 보통만 후시미이나리타이샤에 정차하니 주의해야 한다. 간사이 패스 소지자는 JR을 무료로 이용할 수 있다. 게이한 전철을 이용할 경우 시조 게이한 우지(四条 京阪宇治)선을 이용해 우지역에 하차하면 되는데 약 30분 정도 소요된다. 요금은 JR이 조금 더 저렴한 편이고 게이한 전철은 JR보다 거리상 조금 더 가깝다.

# 뵤도인
## 어떻게 즐겨볼까?

뵤도인으로 향하다 보면 우지가와(宇治川)를 가로지르는 다리, 우지바시(宇治橋)가 있다. 세타노카라하시(瀬田唐橋), 야마자키바시(山崎橋)와 함께 일본에서 가장 오래된 3대 교량 중 하나다. 우지바시는 646년에 승려 도토에 의해 처음 만들어졌는데, 이후 홍수나 내란 등을 겪으며 수차례 소실과 복원을 반복했다. 지금의 다리는 1636년의 도면을 토대로 1996년에 복원했다. 다리의 서쪽 입구에는 『겐지이야기』의 작가 무라사키 시키부(紫式部)의 석상이 있다.

우지바시를 지나면 뵤도인의 정문 입구까지 오모테산도가 이어지는데 무로마치시대부터 내려온 우지차의 오래된 점포들이 줄지어 있다. 이곳에서는 다양한 종류의 녹차와 다기들을 판매하고 있다. 가격대도 천차만별인 녹차 중에서도 호지차(焙じ茶)는 부담 없는 가격에 구수한 맛의 녹차를 즐길 수 있어 인기가 높다. 호지차는 녹차를 만들고 남은 찻잎을 볶아서 만든 차로, 일반 녹차에 비해 카페인 함량이 적고 녹차 특유의 떫은맛 대신 고소한 맛과 향을 느낄 수 있어 남녀노소 무난하게 녹차를 즐길 수 있다.

오모테산도를 지나면 뵤도인이 보인다. 이곳에서 입장권을 구입하면 된다.

뵤도인 안으로 들어가면 오른쪽으로 호오도가 보이고 바로 앞에 호오도 내부 관람을 위한 매표소가 있다.

호오도 내부 관람은 09:10부터 16:10까지 20분 단위로 관람이 진행되며 매 회차마다 관람 인원은 50명으로 한정된다. 매표시 입장 가능한 시간이 적힌 입장권을 받는다. 별도 관람요금 300엔이다.

내부 관람은 해설사가 동반 입장해서 호오도에 관한 설명을 해주는데 일본어로 진행된다. 관람 인원은 한정적이고 사람은 많기 때문에 경우에 따라서는 대기시간이 길 수도 있다. 따라서 호오도 관람을 원한다면 먼저 매표를 하고 경내를 돌아보는 것이 효율적이다.

호오도 앞으로는 우지가와 강물을 끌어와 'S' 자형으로 조성한 인공연못 아지이케(阿宇池)가 있다. 호오도에서 바라보면 연못 주위로는 수양벚나무와 단풍, 소나무, 화려한 등나무가 있는 동산이 아름답게 꾸며져 있다. 이런 방식의 정원은 헤이안시대 귀족들이 선호했던 정토종의 차경식 정원으로 현재 사적지로 지정되어 있다.

우리나라 10원에 다보탑이 새겨져 있듯 일본 동전 10엔 뒷면에는 호오도의 모습이 새겨져 있다.

극락정토의 궁전을 모델로 축조된 호오도는 주도를 중심으로 좌우 회랑인 이키로가, 주도 뒤쪽 회랑인 비로가 길게 연결된 건축구조로 다른 곳에서는 볼 수 없는 특이한 구조를 가지고 있다. 정면에서 바라보는 호오도의 모습이 마치 날개를 펼친 새처럼 보이고 지붕 위에 2마리의 봉황이 앉아 있다고 해서 에도시대 초기부터 오호도라 불렸다고 한다. 완벽한 좌우 대칭을 이루며 봉황 한 마리가 날아오르는 모습의 호오도는 세계적으로도 아름다운 건축물로 손꼽힌다. 특히 연못 건너편에서 호오도를 정면으로 바라보면 연못에 비치는 호오도의 모습을 볼 수 있는데 뵤도인 최고의 풍경으로 극락정토의 궁전 그 자체라는 찬사를 받고 있다. 호오도는 여러 차례 수리가 있었는데 2012년부터 전면적인 기와 교체, 지붕 위의 봉황 및 쇠 장식을 황금색으로 복원, 외부 도장 등 전면적인 수리를 통해 헤이안시대에 가장 가까운 모습으로 복원되었다.

주도 정면의 지붕은 다른 쪽보다 높게 설계되어 있어 격자무늬의 둥근 창을 통해 아미타여래좌상의 얼굴이 밖으로 드러난다. 호오도가 동쪽으로 자리를 잡고 있어 동이 틀 때 태양빛을 받으며 아미타여래좌상이 선명한 모습을 서서히 드러내는 풍경은 형용할 수 없을 만큼 아름답다고 알려져 있다.

봉황은 약 1m 정도의 크기에 날갯짓을 하고 있는 모양으로 앉아 있는데, 이 모습은 일본 지폐 만 엔의 문양으로 사용되고 있다. 오랫동안 청동 봉황상이었으나 최근에 보수를 하면서 황금색으로 복원되었다. 뮤지엄 호쇼칸에 봉황이 전시되어 있어 가까이에서 생동감 있는 봉황의 모습을 볼 수 있다.

호오도 내부에는 높이 283.9cm의 아미타여래좌상이 안치되어 있다. 헤이안시대를 대표하는 불상 조각가인 조초 스님의 작품으로 노송나무로 만들어진 목조 불상이다. 당시에는 큰 불상을 만들 수 있을 만큼의 거대한 나무가 없었기 때문에 신체 각 부분을 따로 만든 다음 짜 맞추는 요세기즈쿠리 방식으로 만들어졌다. 후광과 천개(天蓋) 도 요세기즈쿠리 방식이며 모든 이음매에 못과 꺽쇠를 박아 삼베를 부착한 후 그 위에 옻칠한 다음 금박을 입혔기에 매우 자연스럽다. 조초는 요세기즈쿠리 방식을 완성한 사람으로 유명하다. 본존불의 곡선미가 느껴지는 표현 방식으로 이후 불상 조형의 모델이 된 이 아미타여래좌상은 요세기즈쿠리 기법과 표현법을 전하고 있는 유일한 불상이다. 하지만 아쉽게도 조초의 작품으로 추정되는 불상은 더이상 없다고 알려져 있다.

흰 벽에 걸려 있는 작은 불상들은 모두 구름을 타고 있어 '운중공양보살상'으로 부른다. 생황, 비파 등 다양한 악기를 연주하거나, 춤을 추거나, 정토를 비상하면서 아미타여래를 찬양하고 있는 모습으로 조각되었다. 모두 52구로 이 중 26구는 복제품이다. 진품은 뮤지엄 호쇼칸에 전시되어 좀더 가까이에서 살펴볼 수 있다.

뮤지엄 호쇼칸은 범종, 금동봉황 1쌍, 운중공양보살상 26구를 비롯해 여러 가지 보물들을 보존하고 전시하고 있는 박물관이다. 특히 디지털로 복원시킨 영상물을 통해 뵤도인 창건 당시의 모습을 생생하게 볼 수 있으며 호오도 내부를 자유롭게 검색할 수 있는 레퍼런스 시스템도 갖추고 있다. 단층 건물로 지하 공간이 전시장이다.

**Tip 1.** 우지는 교토의 강인 가모가와와 만나 큰 물줄기를 이루고 있는 곳으로, 교토에서도 가깝고 사계절 풍경이 수려해 헤이안시대 귀족들이 별장을 짓고 풍류를 즐기던 곳이었다. 고대 일본문학의 최고 걸작이라 불리는 『겐지이야기』는 헤이안시대 중기(11세기)에 지어진 소설이다. 이 소설은 총 54첩에 달하는 장편소설로 이 중 클라이맥스에 해당하는 마지막 부분의 10첩은 우지가 주요 무대로 등장하고 있어 '우지 10첩'이라고 불린다. 우지바시의 서쪽 입구에는 이 책의 작가 무라사키 시키부의 석상이 세워져 있으며, 근처에는 겐지이야기 박물관이 있어 헤이안시대의 화려했던 귀족문화를 엿볼 수 있다.

**Tip 2.** 일본의 3대 차 생산지인 우지는 도쿠가와 막부의 비호를 받으며 메이지시대에 이르기까지 천황가와 쇼군가에 납품할 만큼 고급차이자 명차로 인정을 받았다. 보도인 앞에는 오모테산도가 있어 다양한 차 가게가 있는데 이 중 가장 유명한 곳이 바로 간바야시(上林)다. 에도시대 황궁이나 막부의 다도 선생이었던 간바야시 순쇼(上林春松)를 시작으로 16대에 걸쳐 무려 500년의 역사를 이어오고 있는 시니세다. 차 메뉴는 물론이고 녹차 소바를 비롯해 다양한 녹차메뉴를 즐길 수 있다. 가게 안쪽에는 나가야문(長屋門)을 자료관으로 만든 간바야시 기념관이 있어 우지 차의 역사를 볼 수 있는 귀중한 자료 등을 전시하고 있다.

**우지, 무엇을 먹을까?**

우지 녹차의 자존심
# 나카무라토키치 본점
中村藤吉

녹차로 유명한 우지는 대부분의 가게에서 녹차를 이용한 다양한 아이템의 식사 메뉴와 디저트 메뉴를 즐길 수 있다. 이 중 가장 유명한 곳은 1859년에 나카무라토키치(中村藤吉) 씨가 창업 후 지금까지 150년이 넘는 역사를 이어가고 있는 나카무라토키치다. 이곳은 둥근 원 안에 십자가를 그려넣은 독특한 문양을 사용하고 있어 멀리서도 쉽게 알아볼 수 있다. JR 우지역에서 가까운 본점은 녹차 공장을 개조한 곳으로, 입구에는 녹차 매장이 있고 안쪽으로는 오랜 노송이 있는 정원 옆에 카페가 위치한다. 원래는 전통찻집이었으나 약 15년 전부터 녹차 아이스크림 등 다양한 디저트 메뉴를 개발해 전통만을 고집하지 않고 끊임없는 혁신으로 가게를 이어가고 있다.

본점의 카페 내부

유부녹차 소바와 녹차플로트 세트(여름메뉴)

이곳의 인기메뉴는 우지차의 명성을 간직하고 있는 말차(抹茶), 옥로(玉露) 등이 있으며 녹차가루를 묻힌 와라비모찌, 생녹차 젤리 등이 디저트 메뉴로 인기가 많다. 말차 젤리와 냉녹차, 우지 팥빙수와 나카무라녹차, 여름 메뉴로 유부녹차 소바(きつねの夏蕎麦)와 말차 플로트 등 세트메뉴가 있어 다양한 메뉴를 한꺼번에 즐길 수 있다. 뵤도인점은 오모테산도의 우지바시 쪽에 있으며 1800년대 초반에 지어진 료칸의 외관에 실내만 리모델링한 후 카페로 이용되고 있다. 본점은 메이지시대, 뵤도인점은 에도시대의 중요문화재로 지정되어 있다. 단품메뉴는 1천 엔 미만이고 세트메뉴는 대략 1,100~1,500엔 사이다. 우지까지 갈 수 없다면 교토역 2층 남북자유통로 서쪽 개찰구 쪽과 이세탄백화점 3층으로 가자. 다만 메뉴는 본점과 각 지점마다 조금씩 차이가 있다.

### ✚ 이용 안내

**본점** ▶영업시간: 차 매장 10:00~18:30, 카페 11:00~18:30(마지막 주문 17:00) ▶휴무일: 연중무휴(혼잡상황에 따라 일찍 영업을 마감할 수도 있음) ▶주소: 京都府宇治市宇治壱番十番地 ▶전화번호: 0774-22-7800 **뵤도인점** ▶영업시간: 평일 차 매장 10:30~17:00, 카페 10:30~17:00(마지막 주문 16:30), 주말 및 공휴일 차 매장 10:30~17:30 카페 10:30~17:30(마지막 주문 16:30) ▶휴무일: 매주 화요일 및 수요일 ▶주소: 京都府宇治市宇治蓮華5-1 ▶전화번호: 0774-22-9500 **교토역점** ▶영업시간: 차 매장 11:00~21:15, 카페 11:00~22:00(마지막 주문 21:00) ▶휴무일: 연중무휴 ▶주소: JR京都駅 2F 西改札口前 ▶전화번호: 075-352-1111(ジェイアール京都伊勢丹 大代表) **교토역NEXT점** ▶영업시간: 11:00~22:00(마지막 주문 21:00) ▶주소: スパコ・ジェイアール京都伊勢丹＆3F ▶전화번호: 075-352-1111(ジェイアール京都伊勢丹 大代表) ▶홈페이지: www.tokichi.jp

## 고즈넉한 산골 마을의 낭만

# 오하라
大原

오하라메

교토역에서 버스로 약 1시간이면 도착하는 오하라는 교토의 북서쪽 히에이잔(比叡山) 산기슭에 고즈넉하게 자리 잡은 작은 산골 마을이다. 귀족들의 단골 휴양지였던 아라시야마나 우지와 달리, 오하라는 헤이안시대부터 귀족이나 승려들이 전란 등을 피해 은둔해서 살았던 가쿠레자토(隱れ里)였다. 호젓한 산골 마을이지만 수천 년 전에 지어진 산젠인(三千院), 호젠인(寶泉院), 잣코인(寂光院) 등 유서 깊은 절이 있으며 물이 맑아서 온천여행으로도 인기가 많다. 무엇보다 빽빽한 삼나무 숲이 들어선 오하라의 산골 마을 풍경은 도심에서는 느낄 수 없는 여유를 가질 수 있어 교토 근교 여행지로도 그만이다.

한갓진 산길의 골목 어귀에 드문드문 자리 잡은 민가의 풍경은 지리산 산골 마을과도 무척이나 닮아 있다. 이렇듯 산골 마을 오하라의 풍경은 낯설되 낯설지 않고, 익숙하되 익숙하지 않은 묘한 곳이다. 옛날에는 논과 밭이 거의 없었기에 오하라의 여자들은 머리에 나무 땔감을 이고 서너 시간을 걸어 교토의 니시키 시장에 나무 땔감을 내다 파는 것으로 생계를 이어갔다. 이런 오하라의 여자들을 특별히 부르는 이름이 있으니 바로 오하라메(大原女)다. 오하라메의 강인한 생활력은 우리네 어머니 모습과도 묘하게 닮았다. 지금도 4월 셋째 주부터 열리는 오하라메마츠리(大原女祝祭)는 오하라메 복장으로 나뭇단을 머리에 이고 오하라메가 걷던 길을 따라 걸어보는 축제다. 또한 교토 3대 축제인 지다이마츠리(時代祭り)에도 오하라메 복장으로 참가하고 있다.

그 외 오하라는 아카시소(赤紫蘇, 붉은 차조기)의 생산지로 여름이면 아름다운 보라색을 띠는데, 헤이안시대에는 여름 옷을 염색하는 색으로도 중요하게 쓰였다. 이 차조기로 만든 시바즈케(しば漬け, 얇게 썬 가지와 차조기 잎을 소금에 절인 채소절임)는 우리나라의 김치와도 견줄 수 있는 대중적인 음식이다. 이 시바즈케의 탄생지가 바로 오하라이며 교토 3대 츠케모노 중 하나로도 유명하다. 오하라의 시바즈케는 가지와 붉은 차조기에 소금으로 절여 발효시켜서 만드는데 프로바이오틱스 음식으로 최고의 평가를 받고 있다. 이쯤 되면 그저 한적한 산골 마을 오하라라고 하기에는 특별한 느낌으로 다가오는 산골 마을 오하라가 아닌가!

**Tip.** 매주 일요일 아침 6시부터 9시까지 오하라의 땅이 키워낸 다양한 농산물과 먹거리들을 후레아이, 와이와이 2개의 아침 시장에서 만날 수 있다. 아침 시장은 오하라 버스 정류장에서 아래 방향으로 위치하며 도보로 약 20분 정도 소요된다.

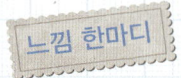

산골 마을 오하라는 생각했던 것보다 훨씬 한적하고 조용했다. 오하라 여자를 의미한다는 오하라메는 복색도 그렇고 머리에 똬리를 이고 있는 모습도 그렇고, 우리네 산골 어머니의 모습과 닮아도 너무 닮았다. 한국 학자는 오하라메가 한국에서 넘어간 도래인이라고 하던데 정작 일본 자료 어디에도 그런 말은 없었다. 나무를 내다 팔아야 한 끼를 해결할 수 있었던, 산골 마을의 척박한 삶은 검소함의 상징이 되어 이젠 축제로 그 시절을 기억하고 있다. 오하라 버스 정류장에 내리면 정확히 오른쪽으로 가는 사람과 왼쪽으로 가는 사람, 이렇게 두 부류로 나뉜다. 오른쪽에는 산젠인과 호센인이, 왼쪽에는 잣코인이 위치한다. 잣코인에 비해 산젠인과 호센인이 조금 더 유명한 편이고 두 곳은 위치도 비슷해 하나로 묶어서 볼 수 있다. 하지만 가을이면 사정이 달라진다. 잣코인은 단풍이 아름답기로 유명하기 때문이다. 이 모두를 둘러보려면 온전히 하루를 오하라에서 보내야 한다. 먼저 산젠인으로 향하는 길, 시원한 시바큐로 갈증을 채웠다. 다른 곳에서는 전혀 볼 수 없었던, 무릎을 꿇고 앉아 있는 보살상과 국보인 아미타여래좌상이 있는 오조고쿠라쿠인 앞에 펼쳐진 산젠인의 이끼정원은 보석함 그 자체였다. 이끼로 뒤덮인 동자승과 지장보살은 싱그럽고도 신비로웠다. 모든 정적이 내려앉은 이끼정원은 영혼의 산소통이 있다면 이곳이 아닐까 싶었다. 이젠 호센인으로 가볼 차례. 액자정원으로 유명한 호센인은 액자를 앞에 두고 한 걸음 혹은 두 걸음 움직여 보기도 하고 잰걸음으로 옆으로 가보기도 한다. 신기하다. 어떻게 움직이느냐에 따라 액자 안의 자연은 완전히 다른 느낌으로 다가온다. 침묵 속에 가만히 앉아 머물러야 하는 호센인에서 자연과 마주앉아 차 한잔 기울이니, 그야말로 차 한잔의 행복이다. 지리산 둘레길과 닮은 길을 따라 호젓한 잣코인으로 향하는 길. 봄에는 유채꽃이 가을에는 코스모스가 반기고 있다. 오하라에서 가장 오랜 역사를 가진 잣코인의 단풍은 비운의 여인의 이야기가 녹아 있어 더욱 특별했다. 버스 정류장에서 오른쪽으로 갈 것인가 왼쪽으로 갈 것인가 행복한 고민을 하게 만드는 오하라. 어느 쪽이든 산골 마을을 터벅터벅 걷노라면, 힐링은 어느새 저절로 따라와 함께 걷고 있을 것이다.

# 오하라

## 어떻게 가야 할까?

▶ **교토역에서 교토 시 버스를 이용하는 경우**

① JR 교토역 버스 정류장 C3을 이용한다.

② 오하라행은 17번과 18번 버스를 이용한다(편도요금 600엔).

③ 오하라 버스 정류장에 도착한다(교토역에서 약 1시간 정도 소요).

④ 오하라 버스 정류장에서 산젠인은 오른쪽 방향이고 잣코인은 왼쪽 방향이다.

**Tip.** 교토역을 출발한 버스는 시조가와라마치를 지나 산조게이한마에 정류장과 데마치야나기에키마에(出町柳駅前)를 거쳐 오하라로 향하게 되니, 자신이 있는 곳과 가까운 버스 정류장을 이용하면 된다. 다만 교토역 출발이 아니라면 오하라까지 서서 가야 할 수도 있다. 기온 등에서 출발한다면 산조게이한마에 버스 정류장을, 교토 시내에서 출발한다면 시내의 버스 정류장을 이용하자. 시간을 조금 절약할 수 있다. 오하라행 버스 운행 횟수는 8~9시, 그리고 17~18시에는 1시간에 3대, 10~16시까지는 1시간에 4대가 운행된다.

▶ **도자이선 지하철과 오하라 버스를 이용하는 경우**

① 산조게이한역 2번 출구로 직진한다.

② 지하상가 출입구 표시가 나온다.

③ 7번 출구로 나간다.

④ 정면으로 산조게이한마에(三条京阪前) 버스 정류장이 있다. 이곳에서 오하라행 버스를 이용하면 된다.

**Tip.** 오하라는 시외지역이라 추가요금이 발생하기 때문에 교토 시 버스 1일권은 사용할 수 없다. 오하라 외에 교통편 이동이 한 번이라도 있다면, 지하철·버스 1일(2일) 이용권을 이용하면 교통비를 절약할 수 있다. 지하철·버스 1일(2일) 이용권에 관한 내용은 1부 '아주 특별한 교토 – 일본 자유여행의 필수품, 교통패스' 편을 참고하자. 간사이 스루패스 사용은 가능하다.

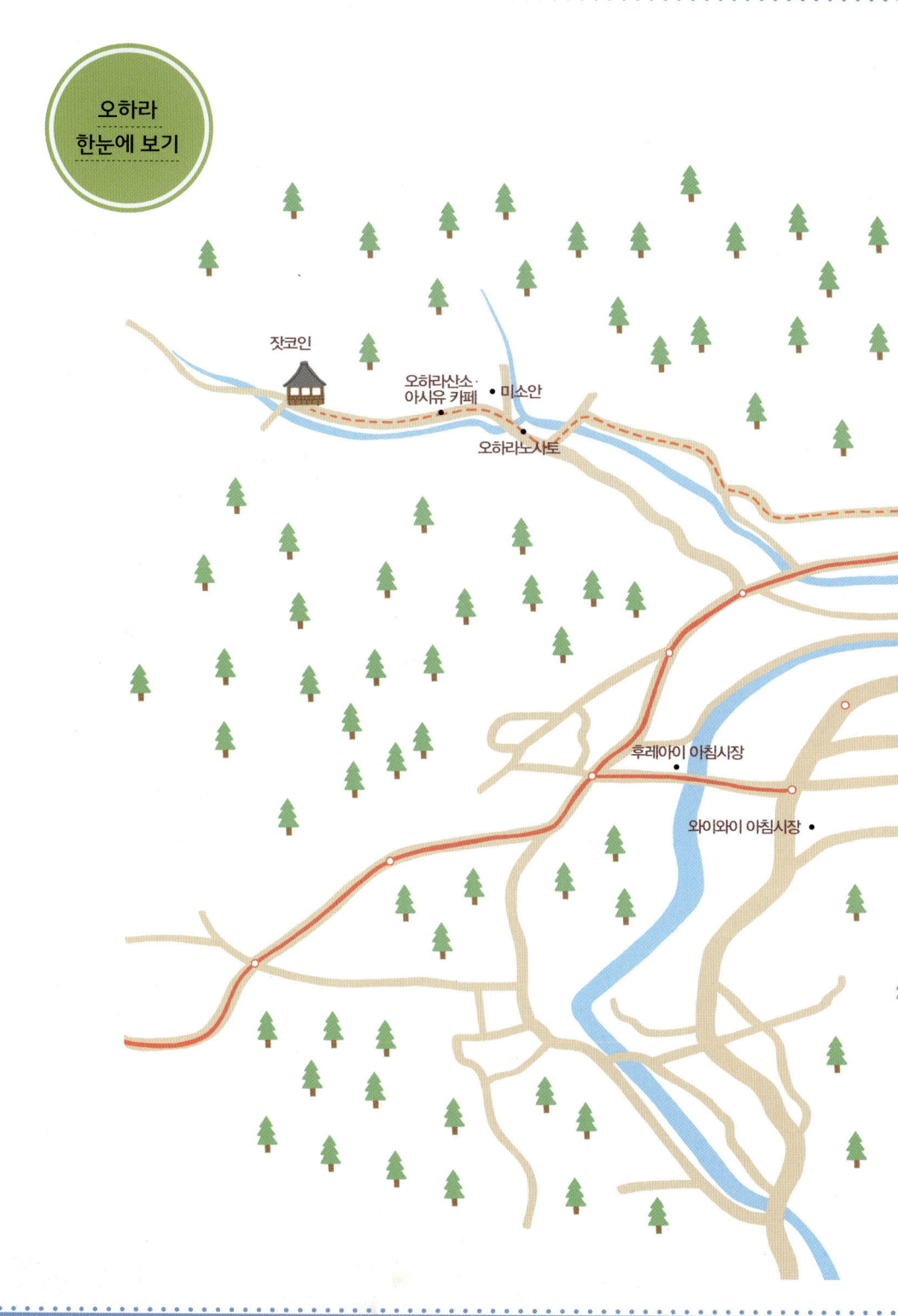

이끼 가득한 초록색 보석상자

# 산젠인
三千院

유세이엔

산젠인은 8세기 말에서 9세기 초에 사이초(最澄) 스님에 의해 창건된 천태종 사원이다. 원래는 교토의 거리가 내려다보이는 히에이잔 정상에 있었으나 오닌의 난 이후 지금의 자리로 이전했다. 산젠인은 일본의 왕족과 관계 깊은 5대 고카시쓰 몬제키 사찰 중 하나다. 몬제키 사찰이란 왕족이 출가해서 주지를 맡았던 사찰을 말한다.

 산젠인은 오하라의 여러 사찰들 중에서도 가장 유명한 사찰로 가장 볼거리가 많다. 중요문화재인 오조고쿠라쿠인(往生極楽院)을 비롯해 갸쿠덴(客殿), 신덴(寝殿), 곤지키후도도(金色不動堂), 간논도(觀音堂) 등이 있으며 아름다운 정원 슈헤키엔(聚碧園), 유세이엔(有淸園) 외에 수국정원인 아지사이엔(紫陽花苑) 등이 있다. 이 절의 가장 핵심인 오조고쿠라쿠인은 10세기에 에신소즈(惠心僧都) 스님이 부모님의 극락왕생을 기원하며 누님인 비구니 안요(安養) 스님과 함께 건립한 것으로 전해지고 있다.

오조고쿠라쿠인의 중앙에는 국보 아미타여래좌상이 안치되어 있다. 아미타여래좌상 양옆으로 오른쪽에는 자비를 상징하는 관세음보살상이, 왼쪽에는 지혜를 상징하는 세지보살상(勢至菩薩像)이 모셔져 있는데 그 모양이 무척이나 특이하다. 그 당시에 흔치 않았던 무릎을 꿇은 보살상은 지금 막 극락정토로 향하기 위해 일어서려 하는 모습을 표현한 것이라고 한다.

다양한 볼거리를 가지고 있는 산젠인에서 가장 인기가 많은 곳은 바로 유세이엔이다. 유세이엔은 울창한 삼나무와 단풍이 그늘을 드리우고 있으며 이끼정원답게 이끼로 뒤덮여 있어 신비로움마저 감도는 곳이다. 초록색 융단을 깔아 놓은 듯한 이끼정원 곳곳에 숨바꼭질을 하듯 박혀 있는 지장보살의 천진난만한 표정은 산젠인을 대표하는 단골 이미지다. 이곳을 두고 일본의 소설가 이노우에가 '동양의 보석상자'라고 극찬을 쏟아냈으며, 많은 사람들이 이끼정원을 보기 위해 산젠인을 찾는다고 해도 과언이 아니다. 산젠인 곳곳은 울창한 삼나무를 비롯해 다양한 정원수들에 둘러 싸여 깊은 숲속에 들어온 듯 모든 소음은 사라지고 마음은 어느새 푸른색으로 물들어간다. 봄에는 철쭉, 여름에는 수국, 가을에는 단풍, 겨울에는 눈꽃이 피는 산젠인. 계절마다 찾아가고 싶구나.

✚ 이용 안내

▶ **관람시간:** 3월~12월 7일 08:30~17:00(폐문 17:30), 12월 8일~2월 09:00~16:30(폐문 17:00) ▶ **관람요금:** 어른 700엔, 중고등학생 400엔, 초등학생 150엔 ▶ **휴무일:** 연중무휴 ▶ **주소:** 京都市左京区大原来迎院町540 ▶ **전화번호:** 075-744-2531 ▶ **홈페이지:** www.sanzenin.or.jp ▶ **구글지도 검색:** 산젠인

**Tip 1.** 산젠인에서 위쪽으로 약 800m 정도 걸어 올라가면 오토나시노타기(音無の滝)가 위치하고 있다. 표지판도 없기 때문에 폭포가 있기는 한 건가 의심이 들 때 즈음이면 홀연히 나타난다. 일반적인 폭포에 비해 물도 적고 크기도 큰 편은 아니지만 '무음폭포'라는 이름 덕분에 유명해진 곳이다. 이곳은 여러 고승들이 부처의 가르침에 곡을 붙여 읊는 쇼묘(声明)를 행하던 장소였다. 쇼묘 역시 하나의 정진 방법으로 쇼묘가 경지에 이르면 폭포 소리는 들리지 않고 쇼묘 소리만 들린다고 해서 이 폭포의 이름이 무음폭포, 즉 오토나시노타기로 불린다.

**Tip 2.** 생각보다 규모가 상당한 산젠인은 대략 1시간~1시간 30분 정도면 넉넉하게 둘러볼 수 있다. 여러 가지 볼거리들이 많아 복잡하게 느껴지지만, 관람로가 하나 밖에 없으니 순로만 따라가면 헤매지 않고 볼거리들을 모두 볼 수 있다. 고즈넉한 풍경을 즐기고 싶다면 되도록 오전 일찍 방문하는 것이 좋다.

# 산젠인
## 어떻게 가야 할까?

① 오하라 버스 정류장에서 오른쪽 방향이 산젠인이다(약 0.7km 정도).

② 버스 정류장에서 건널목을 건넌 다음, 오르막길로 직진한다.

③ 산젠인 방향 표지판을 따라 언덕으로 직진한다.

④ 상점가가 나오고 길을 따라 계속 직진한다.

⑤ 상점가를 지나 세료(芹生) 옆의 오른쪽 계단을 올라간 다음 직진하면, 오른쪽 계단으로 산젠인 입구가 보인다.

## 산젠인
## 어떻게 즐겨볼까?

오하라 버스 정류장에서 약 10분 정도 도보로 이동하면 산젠인 입구에 도착한다.

높은 돌담을 사이에 두고 계단 위에 산젠인의 정문인 고덴몬(御殿門)이 있다.

고덴몬을 지나 왼쪽으로 꺾으면 매표소와 그 옆으로 가쿠덴(客殿) 입구가 있다. 가쿠덴은 손님을 맞이하던 건물로 가쿠덴에서부터 관람이 시작된다.

산젠인 내부 관람을 위해서는 신발을 벗어 비닐봉투에 넣은 다음, 비닐봉투를 들고 다니며 관람하게 된다.

순로 표지판을 따라 가쿠덴에서 신덴을 거쳐 오조 고쿠라쿠인으로 이동하게 된다.

### 가쿠덴과 겐쇼다이(見所台)
이곳에서는 슈헤키엔을 볼 수 있다. 이끼정원으로 유명한 유세이엔 못지 않은 풍경을 선물하는 슈헤키엔이다.

### 슈헤키엔(聚碧園)
기둥과 기둥이 액자 역할을 하고 있어 사람들은 마루에 앉아 정원을 감상하기도 한다.

가쿠덴에서 나무 복도와 계단을 따라가면 신덴으로 연결된다.

신덴은 역대 주지나 그 외 관련 있는 사람들을 위한 천도 법회가 열리는 곳이다. 특히 매년 5월 30일에는 고시라카와(後白河) 법황 때부터 시작된 참회 법회인 오센보코(講法懺御, 범패가 곁들인 법회)가 열리는 장소로도 사용되고 있다. 신덴에 모시는 부처님은 아미타여래, 구세관음보살, 부동명왕으로 에신 스님이 만들어 모신 불상이다.

### 오조고쿠라쿠인(往生極楽院)

헤이안 986년에 건립되었으며 산젠인의 모체가 된 간소한 모습의 본당이다. 헤이안시대 귀족들이 극락왕생을 기원하며 극락정토의 세계를 구현하고 있다. 중앙에는 국보인 아미타여래좌상과 양 옆으로, 관세음보살상과 세지보살상이 모셔져 있다. 상반신이 살짝 앞으로 구부러져 무릎을 꿇고 있는 보살상의 모습이 범상치 않으니 눈여겨보면 좋겠다.

오조고쿠라쿠인의 본당 내부는 배의 일부분을 뒤집어 놓은 것 같은 천장 구조인 후나조코텐조(船底天井)의 형식을 하고 있다. 건물 규모에 비해 큰 불상을 안치하기 위해 건물 높이를 최대한 이용했기 때문이다. 지금은 오랜 세월이 지나 색깔이나 형태를 알아볼 수 없지만 코발트블루색이 칠해진 천장과 벽에 25명의 보살님과 함께 악기를 연주하고 있는 비천운중공양보살(飛天雲中供養菩薩)을 극채색으로 그려 극락정토를 표현했다고 한다.

오조고쿠라쿠인의 초여름

오조고쿠라쿠인의 가을

신덴에서부터 오조고쿠라쿠인은 모두 유세이엔 정원으로 꾸며져 있다. 커다란 삼나무와 단풍나무 그리고 이끼로 가득 차 있어 '동양의 보석상자'로 불리는 곳이다.

유세이엔 곳곳에서 만나는 지장보살의 천진난만한 표정은 산젠인을 대표하는 단골 이미지다. 불교에서 지장보살은 생명을 낳고 기르는 대지를 모태로 하며, 그리스 신화의 대지의 여신 가이아, 데메테르와 비교되고 있다.

유세이엔 정원에서 관음전으로 향하는 곳에 있는 지장보살 근처의 약수는 복과 장수를 준다고 알려져 있다.

유세이엔 정원에서 순로를 따라 계단을 올라가면 곤지키후도도와 간논도가 나온다.

### 곤지키후도도(金色不動堂)
법회를 올리는 곳으로 1989년에 건립되었다. 법당 내에는 지쇼 대사(智証大師)가 만든 금색부동명왕(金色不動明王)이 본존으로 모셔져 있지만 비불로 오랫동안 일반에게 공개되지 않고 있다.

### 와신도우(和心堂, 화심당)
곤지키후도차(金色不動茶)를 무료로 제공 및 판매하고 있다. 곤지키후도차는 금가루가 들어간 시조(차조기)차와 우메(매실)차 2종류가 있는데 무료로 제공하는 것은 시조차다.

### 간논도(觀音堂)

25체의 보살을 배치해 타락가산의 정토처럼 꾸민 25보살자 안의 정원 옆에 위치하고 있다. 이곳에는 높이 3m의 금색으로 된 관음보살상이 안치되어 있는데, 소원을 들어주는 영험한 보살로도 유명하다.

### 고간논도(小觀音堂)

간논도 옆에 위치한다. 이곳을 통해 인연을 맺게 된 사람들이 바친 작은 보살상이 수천 개가 안치되어 있다.

언뜻보면 손바닥보다 작아서 그냥 지나칠 수도 있는데 가까이 다가가서 보면 수천 개의 관음상이 같은 모습을 하고 규칙적으로 늘어서 있는 모습이 장관이다.

간논도까지 돌아보고 나면 아지사이엔을 거쳐 출구로 나가게 된다. 아지사이엔에는 약 3천 그루의 수국이 있어 초여름에는 수국의 향연이 펼쳐진다.

## 진정한 액자정원!
# 호센인
宝泉院

호센인은 1012년에 창건된 쇼린인(勝林院)의 주지 스님의 숙소로 산젠인과 쇼린인을 지나면 위치하고 있다. 1183년에 처음 만들어졌고 에도시대 초기에 재건되었다. 특히 쇼린인은 절보다는 액자정원으로 더 유명한 곳이다. 액자정원이란 기둥과 기둥사이 혹은 문이나 창의 아래나 위를 가로지르는 문틀이 액자가 되어, 정원을 한 발 떨어져서 액자 속 그림처럼 감상하는 정원을 말한다.

　호센인의 액자정원은 고요노마츠(伍葉の松, 오엽송), 그리고 홍엽과 죽림이 있는 2개의 거대한 액자정원으로 구성되어 있다. 특히 수령이 700년 이상이나 된 고요노마츠는 천연기념물이자 교토를 대표하는 3대 소나무 중 하나다. 대부분의 관람객들은 이 액자정원을 보기 위해 호센인을 찾는다. 이 액자정원의 회화 같은 풍경 덕분에

호센인은 '떠나기 어렵다.'라는 의미를 담은 '반칸엔(盤桓園)'이라는 별칭으로 불릴 정도다. 교토 여행을 하다 보면 여러 곳에서도 액자정원을 만날 수 있는데 호센인의 액자정원을 보지 않고서는 액자정원을 봤다고 할 수 없을 정도다.

대나무가 있는 정원의 마루에는 길쭉한 대나무 2개가 있는데 바로 스이킨쿠츠(水琴窟, 수금굴)다. 일본 정원양식 중 하나로 땅속에 묻어둔 항아리에 물방울이 방울방울 떨어지며 내는 맑은 소리를 대나무 대롱을 통해 들어볼 수 있는 장치다. 또 하나 눈여겨볼 것은 피로 물든 천장인 치텐조(血天井)다. 천장을 보면 얼룩덜룩한 무늬들이 있는데 이것이 바로 핏자국이다. 1600년에 후시미성 전투에서 패한 도쿠가와 이에야스의 충신이던 도이리모토타다(鳥居元忠)와 수하들이 도요토미 히데요시에게 성이 함락당하자 후시미성에서 모두 할복자살했다. 그런 뒤 한동안 방치되었기 때문에 사무라이들의 피가 묻은 얼굴과 손자국, 발자국 등의 핏자국이 마룻바닥에 그대로 새겨진 것이다. 이후 그들의 영혼을 기리기 위해 피로 물든 후시미성의 바닥을 뜯어와 교토의 사찰 몇 군데에 천장으로 이용했는데 호센인도 그 중 하나다. 호센인에서는 방바닥을 네모로 만들고 중간에 일본식 화로를 놓아둔 화덕의 방(囲炉裏の部屋)과 복도 왼편으로 학과 거북을 닮았다는 학과 거북정원(鶴亀庭園) 등도 함께 볼 수 있다. 학과 거북정원은 300년 역사의 정원으로 '장수'를 상징한다. 호센인의 왼쪽에 위치한 호라쿠엔(宝楽園)은 2005년에 조성된 정원이다. 모래를 이용한 가레산스이 양식으로 불교와 신의 세계인 낙원을 표현하고 있는데, 5분 정도면 돌아볼 수 있다. 입장료에는 말차와 화과자 가격이 포함되어 있으며, 봄(4월 말~5월 초)과 가을(11월)에는 라이트업이 실시된다. 정확한 라이트업 날짜와 시간은 홈페이지에 공지되며 라이트업 시간에는 차가 제공되지 않는다.

### ✚ 이용 안내

▶관람시간: 09:00~17:00(매표마감 16:30) ▶입장료: 말차포함 대인 800엔, 중·고등학생 700엔, 초등학생 600엔 ▶봄·가을 야간 라이트업 특별개방 관람일, 관람시간, 관람요금은 계절에 따라 다르다(자세한 내용은 홈페이지 공지 참조) ▶입장료: 성인 1천 엔, 중·고등학생 900엔 ▶주소: 京都府京都市左京区大原勝林院町187 ▶전화번호: 075-744-2409 ▶홈페이지: http://www.hosenin.net ▶구글지도 검색: 호센인

# 호센인
## 어떻게 가야 할까?

① 산젠인의 정문인 고덴몬에서 직진한다(산젠인 입구에 호센인 안내 표지판이 있다).

② 돌담길을 따라 빨간 다리를 건너면 왼쪽으로 짓코인(実光院)을 지난다.

③ 정면으로 쇼린인이 위치한다.

④ 쇼린인 입구에서 호센인 표지판을 따라 왼쪽으로 꺾는다.

⑤ 작은 나무로 만든 다리를 지나면 호센인의 입구가 나온다.

# 호센인

## 어떻게 즐겨볼까?

호센인 입구에 매표소가 있다. 입장권을 구매하면 차 티켓과 입장료를 함께 준다.

안으로 들어서면 오른쪽 건물이 있는 곳이 호센인이고 왼쪽이 호라쿠엔이다.

호센인 입구

차 티켓은 직원에게 제시하면 된다.

높이 2m, 가로 4m의 공간은 정원을 향해 모두 열려 있어 시원한 경치를 자랑하며, 사람들은 자유롭게 앉아서 액자정원을 감상할 수 있다.

오엽송인 고요노마츠는 무려 700년이 넘는 노송으로 교토시의 천연기념물이자 교토시를 대표하는 3대 소나무 중 하나다. 특히 호센인 입구에서 문 너머로 오엽송의 윗부분이 보이는데, 후지산을 닮은 모양이라고 한다.

호센인의 천장은 치텐조로 후시미성에서 자결한 사무라이들의 핏자국이 곳곳에 남아 있다. 하지만 오랜 세월이 흐른 천장은 누군가가 설명을 해주지 않으면 어떤 것이 핏자국이고 어떤 것이 무늬인지 분간하기가 조금 힘들다.

대나무가 보이는 정원 마루에 스이킨쿠스가 있다. 아무리 초현대적인 음향장치라고 하더라도 오롯이 담을 수 없는 자연의 음향장치다. 빌 게이츠도 이 장치에 반했다고 한다.

700년이 넘는 노송 한 그루와 대나무 숲을 볼 수 있는 2개의 거대한 액자정원은 회화와 같은 풍경이 펼쳐져 있다. 사계절이 모두 아름답지만 11월의 가을 라이트업이 가장 아름답다는 찬사를 받고 있다. 말차와 화과자와 함께 느긋하고 여유로운 마음으로 액자정원을 즐겨보자.

가을 단풍은 내게 맡겨라!

# 잣코인
寂光院

오하라의 동쪽에 산젠인과 호센인이 있다면 오하라의 서쪽에는 잣코인이 있다. 쇼토쿠 태자(聖德太子)가 594년에 창건한 천태종 사찰로, 안토쿠(安德) 천황의 어머니 겐레이몬인(建礼門院)이 비구니가 되어 여생을 보낸 곳으로 유명하다. 그녀는 다이라노 기요모리(平清盛)의 딸로 다카쿠라 천황(高倉天皇)의 황후이자 안토쿠 천황의 어머니였다. 그러나 무사들의 권력 다툼이었던 겐페이 전쟁(源平の戰)에서 자신의 가문인 타이라노(平家, 헤이케)가 전쟁에 패하고 멸족하자, 자신의 아들인 안토쿠 천황과 함께 단노우라(壇ノ浦) 해협에 몸을 던졌다. 그러나 운명의 장난인지 아들은 죽고 본인만 살아나게 된다. 이후 교토로 압송되어 초라쿠지(長樂寺)에 기거하다가 산골 마을인 잣코인으로 들어와 비구니가 되었고, 1185년 9월 불교에 귀의한 후 여생을 헤이케 집안과 안토쿠 천황의 명복을 빌며 보냈다는 비운의 스토리가 전해지고 있다. 특히 겐레이몬인의 이야기는 일본 고전문학『헤이케모노가타리(平家物語)』에도 등장한다. 「오하라 행차」편에 잣코인 절에 은거해 헤이케 일족의 명복을 빌고 있었던 겐레이몬인을 위로하기 위해 고시라카와 천황(後白河天皇)이 행차해 대면하는 장면이 묘사되고 있다.

오랜 역사를 지닌 잣코인은 가마쿠라시대에 제작된 목조지장보살(地藏菩薩)입상을 본존으로 모시고 있었으나 안타깝게도 2000년 5월에 발생한 원인 모를 화재로 목조지장보살은 물론이고 무려 400년이 넘는 역사를 가진 혼도 등 대부분의 건물이 소실되었다. 이후 5년에 걸친 각고의 노력으로 대부분 원형에 가깝도록 2006년에 복원되었으며, 현재는 제작 당시 모습으로 복원된 새로운 목조지장보살이 안치되어 있다. 화마로 손상된 목조지장보살도 원래 모습으로 복원이 되었으나 현재는 수장고에 보관하고 있으며 특별한 날에만 일반인에게 특별 공개된다.

경내에는 혼도와 서원이 있고 작은 연못정원이 있다. 이 정원 옆에는 높이가 15m에 달하는, 수령이 천 년이나 된 노송이 자리하고 있었다. 이 노송 역시『헤이케모노가타리』에 등장하고 있는 유서 깊은 나무였으나 2000년의 화재 당시 본당과 함께 심각한 피해를 입었고 2004년에 말라 죽었다. 지금은 벌채되어 몸통만 남은 노송만 있으며 2005년 2월 25일 이후 기념비를 건립해 신령이 깃들어 있는 나무로 모시고 있다. 정원 옆으로 관람로를 따라가면 겐레이몬인의 비석을 볼 수 있다. 오하라 전체가 가을 단풍으로 유명하지만 특히 가을 단풍시즌에는 산젠인과 호센인과는 또 다른 풍경을 느낄 수 있는 곳이다. 따라서 다른 계절이라면 잣코인에 비해 상대적으로 볼거리가 많은 산젠인과 호센인을 우선 순위에 두겠지만, 가을만큼은 절대 양보하고 싶지 않은 곳이다.

✚ 이용 안내

▶ 관람시간: 3~11월 09:00~17:00, 12~2월 09:00~16:30[(단, 신정연휴(1/1~1/3) 10:00~16:00)] ▶ 이용요금: 어른(고등학생 포함) 600엔, 중학생 350엔, 초등학생 100엔 ▶ 주소: 京都市左京区大原草生町676 ▶ 전화번호: 075-744-3341 ▶ 홈페이지: www.jakkoin.jp ▶ 구글지도 검색: 잣코인

> **Tip.** 『헤이케모노가타리』는 1240년경에 쓰여진 작자미상의 일본 고전문학 작품이다. 무사 계급 최초로 권력을 장악했던 헤이케 가문의 흥망성쇠를 다룬 소설 작품으로, 권세와 영화를 누린 자도 언젠가는 반드시 멸망한다는 불교사상을 담고 있으며 인생의 무상함이 작품 곳곳에 녹아 있다. 산젠인 근처의 짓코인과 잣코인은 엄연히 다른 절이니 착오하지 않도록 하자.

## 잣코인
# 어떻게 가야 할까?

① 오하라 버스 정류장에서 왼쪽 방향이 잣코인으로 계단을 따라 내려간다(약 1km).

② 강가를 따라 직진한 후 오른쪽으로 카페 라이토나리(来隣)를 지나 계단을 따라 직진한다.

③ 도로변이 나오는데 도로변에서 정면 언덕으로 직진한다.

④ 길을 따라 계속 직진하면 한적한 주택가 골목이 이어지는데 계속 직진하면 된다(잣코인 안내판이 중간 중간 보이니 참고하면 된다).

⑤ 골목이 끝나는 지점에서 왼쪽으로 꺾어진 다음 직진한다.

⑥ 계속 직진하다가 다시 오른쪽 방향으로 꺾어진다. 그다음 길을 따라 직진하면 된다.

⑦ 상가들을 지나 계속 직진하면 된다.

⑧ 많지 않은 상점가지만 츠케모노를 비롯해 염색작품, 수공예품 등을 판매하고 있다.

⑨ 잣코인 입구에 도착한다.

**Tip.** 오하라 버스 정류장에서 잣코인까지는 호젓한 산길이 이어지는 편이다. 잣코인에 도착할 즈음이 되면 상점가가 나타나지만 북적거리는 산젠인에 비해서는 한적한 편이다.

# 잣코인
## 어떻게 즐겨볼까?

잣코인 입구에 매표소가 있다.

### 호모츠덴(宝物殿)
2006년 가을에 세워졌으며 무료로 관람이 가능하다. 『헤이케모노가타리』를 비롯해 잣코인의 문화재를 소개하고 있으며 뮤지엄숍도 갖추고 있다.

계단을 따라 잣코인의 입구 위로 단풍나무가 아름답게 물드는 모습은 잣코인을 대표하는 이미지다. 산젠인과는 또 다른 느낌을 자아내는 곳이다.

### 혼도(本堂)
모모야마시대의 건축양식을 가진 유서 깊은 건물이었으나 2000년 5월 새벽에 일어난 화재로 소실된 후, 불에 타고 남은 나무와 부재를 꼼꼼히 조사해 5년에 걸쳐 원형에 가깝도록 2006년에 복원했다.

**미기와노이케(汀の池)**
혼도 앞에 위치한 작은 연못이다.

에도시대에 건립된 범종으로 '제행무상의 종(諸行無常の鐘)'이라는 이름을 가지고 있다. 미기와노이케 옆에 위치하고 있다.

**센넨히메코마츠(千年姫小松)**
『헤이케모노가타리』의 「오하라 행차」 편을 보면 고시라카와 천황과 겐레이몬인이 대면하는 장면에서 "나카시마의 소나무에 기대어 애달프게 너울거리는 보랏빛 등꽃이여."라고 적고 있는데, 바로 이 소나무가 센넨히메코마츠다. 천 년이 넘은 수령으로 15m의 크기에 달했으나 화재로 피해를 입어 고사하자 몸통만 남기고 벌채한 후 기념비를 세워 신령이 깃든 나무로 모시고 있다.

**겐레이몬인 고안지츠아토(建礼門院 御庵室跡)**
미기와노이케를 지나면 삼나무 숲과 이끼가 있는 산책로로 이어진다. 겐레이몬인이 머물렀던 작은 암자와 비석 등 그녀의 흔적이 남아 있다. 파란만장한 여생을 보낸 겐레이몬인은 헤이케 집안과 안토쿠 천황의 명복을 빌며 여생을 보내다가 1191년 2월 생을 마감했다.

### 산젠인, 무엇을 먹을까?

## 료칸에서 즐기는 3단 점심 도시락,
# 세료 희나사토
芹生 ひな里

산젠인 입구에 위치한 세료는 객실 10개로 운영되는 고급 료칸으로 객실 수는 적지만 서비스가 좋은 곳으로 알려져 있다. 온천이 유명한 오하라에서도 손꼽히는 탄산 이온이 많이 포함되어 있어 '미인 온천수'라는 별명이 있을 정도로 수질 또한 양호하다고 한다. 료칸에서 숙박을 할 경우 오하라에서 재배된 유기농 채소와 신선한 자연산 재료로 만든 교토풍의 가이세키 요리를 석식으로 제공하고 있는 것으로 유명하다. 이쯤 되면 세료의 요리들이 궁금해질 수밖에 없는데 아쉬워할 필요는 없다. 료칸에서 하룻밤을 보내지 않더라도 세료의 요리를 맛볼 수 있는 희나사토(ひな里)에 3단 도시락이 있기 때문이다. 바로 미치쿠사 벤토(三千草弁当)다.

미치쿠사 벤토는 우아한 3단 도시락에 팽이버섯이 들어간 밥과 국을 비롯해, 오

실내 안쪽으로 연못정원을 볼 수 있는 테라스좌석이 있다.

실내

미치쿠사 벤토는 2,750엔이다(부가세 별도).

하라에서 재배한 다양한 계절채소와 나물로 만든 반찬들이 먹음직스럽게 담겨진다. 한눈에 보기에도 건강식인 반찬들은 여느 일본 음식과 달리 달거나 짜지 않아 우리 입맛에 아주 잘 맞는 편이다. 다만, 점심 한 끼 식사 가격이 생각보다 만만치 않다. 그러나 정원 옆으로 흘러내리는 맑은 물소리를 들으며 오하라의 맑은 기운이 키워 낸 채소들로 만든 건강한 한 끼 식사는 결코 돈이 아깝지 않다.

### ✚ 이용 안내

▶ 점심 영업시간: 11:00~15:00  ▶ 주소: 京都市左京区大原三千院畔  ▶ 전화번호: 075-744-2301  ▶ 홈페이지: www.seryo.co.jp

> **Tip.** 오하라 버스 정류장에서 산젠인까지 걷는 동안 다양한 상점가들이 위치하고 있다.

### 잣코인, 무엇을 먹을까?

## 일본 TV 맛집에서도 인정하는 오하라 명물
# 미소나베 쿠모이차야
#### 味噌鍋 雲井茶屋

오하라 버스 정류장에서 잣코인으로 향하면 '오하라노사토(大原の里)'라는 이정표가 잣코인에 도착할 때까지 함께한다. 약 20여 분쯤 도보로 이동하면 잣코인에 조금 못미쳐 큰 단풍나무 아래 쿠모이차야 간판을 발견하게 된다. 그리고 그 간판에는 오하라노사토, 쿠모이차야, 미소안(味噌庵)이 순서대로 적혀 있다. 바로 민슈쿠(民宿, 민숙)인 오하라노사토에서 함께 운영하고 있는 미소안과 쿠모이차야. 미소안은 옛날부터 전해져오는 전통 방식으로 오직 수작업으로 만든 미소(味噌, 된장)를 판매하는 곳이고, 쿠모이차야는 이 미소를 이용한 나베요리를 맛볼 수 있는 식당이다.

　미소나베는 쿠모이차야에서 직접 개발한 메뉴로 나베에 들어가는 채소는 이곳에서 직접 재배한 제철채소를 사용한다. 특히 미소나베에는 구운 교토 토종닭과 함께

오하라노사토 표지판이 있는 곳이 미소안이다. 미소안 위쪽에 구모이차야가 위치한다.

작은 정원의 계단을 올라가면 구모이차야 입구가 있다.

실내

미소나베(1인분 2,200엔)

다양한 채소가 듬뿍 들어가 있다. 미소, 토종닭과 함께 어우러지는 미소나베의 깊은 맛은 누구라도 반하게 된다. 특히 약간 쌀쌀한 날씨거나 비가 오는 날, 뜨끈뜨끈한 국물 한 모금은 금상첨화다.

　1인분 주문도 가능하며 양이 상당히 많은 편이다. 주문과 동시에 음식이 만들어지는 곳이라 시간이 조금 걸리는 점은 감안하자. 그 외 우동, 소바 등 단품메뉴를 비롯해 디저트 메뉴도 있다. 다만 봄 시즌과 가을 시즌 사람이 많이 붐빌 때는 미소나베 한 종류만 주문이 가능할 수도 있으니 참고하자. 결제는 현금만 가능하다.

### ✚ 이용 안내

▶ **영업시간:** 09:00~16:30　▶ **휴무일:** 화요일(단, 봄과 가을은 휴무 없음)　▶ **주소:** 京都府京都市左京区大原草生町31　▶ **전화번호:** 075-744-2917　▶ **홈페이지:** www.oohara-no-sato.co.jp(오하라노사토)

### 한 걸음 더 1

## 시원한 오이 한 입,
# 시바큐 志ば久

오하라는 시바즈케로 유명하다. 그 중에서도 가장 유명한 곳은 산젠인 상점가에 위치한 시바큐다. 1945년에 창업한 시바큐는 가게 옆에 공장과 텃밭을 두고, 오하라에서 직접 재배한 재료로 시바즈케를 만드는 곳으로 유명하다. 시바즈케 외에도 다양한 츠케모노를 판매하고 있어 일본인들이 오하라를 방문하면 꼭 이곳 제품을 하나씩은 사간다고 해도 과언이 아니다.

이 시바큐에는 또 다른 명물이 있으니 바로 '아이스큐리'다. 아이스큐리는 오이를 조미액에 짧은 시간 동안 담가 절인 아사즈케(浅漬け)다. 걷다가 목이 마르면 시원하고 아삭한 아이스큐리를 한 입 베어 물어보자. 가지로 만든 아사즈케도 있으니 색다름에 도전해보는 것도 좋겠다.

✚ 이용 안내

▶영업시간: 08:30~17:30  ▶휴무일: 연중무휴  ▶주소: 京都市左京区大原勝林院町58  ▶전화번호: 075-744-4893  ▶홈페이지: www.shibakyu.jp

 **한 걸음 더 2**

## 국민 간식과 차 한잔,
## 세료차야 芹生茶屋

세료에서 운영하고 있는 찻집으로 산젠인 입구에 위치한다. 식사와 차를 즐길 수 있는 곳으로, 다양한 종류의 소바를 1천 엔 정도의 합리적인 가격으로 즐길 수 있다.

산젠인과 호젠인을 돌아보고 조금 출출해졌다면 굳이 식사가 아니더라도 일본의 국민간식이라고 할 수 있는 미다라시 단고의 달짝지근함으로 피로를 달래도 좋겠다. 그 밖에 공예품, 잡화 등 교토 기념품 등도 취급하고 있다.

✚ 이용 안내

▶ **영업시간:** 09:00~17:00  ▶ **주소:** 京都市左京区大原三千院畔  ▶ **전화번호:** 075-744-2301  ▶ **홈페이지:** www.seryo.co.jp/cyamise

### 한 걸음 더 3

오하라산소(大原山荘)
# 아시유 카페 足湯カフェ, 족탕 카페

오하라노사토에서 잣코인 방향으로 조금 더 올라가면 '오하라산소'라는 간판이 보이는데 바로 아시유 카페다. 아시유 카페는 도자기 체험과 족욕 체험을 함께할 수 있는 카페다. 여러 가지 도자기 샘플 중에서 마음에 드는 샘플을 골라 10분 정도면 누구나 멋진 작품 하나를 만들 수 있다. 또한 음료를 주문하면 약 40분간 족탕 카페를 이용할 수 있다. 물론 타월은 제공된다.

산젠인과 잣코인까지 모두 둘러보면 다리가 아픈 건 당연지사. 오하라를 걷는 동안 지친 다리에 잠시 휴식을 주고 싶다면 아시유 카페로 가보자. 음료 가격은 1천 엔 미만이고 도예 체험은 1천 엔에서 3천 엔 정도다. 간단한 식사도 가능하다.

✚ 이용 안내

▶ 이용시간: 09:00~17:00 ▶ 휴무일: 부정기 ▶ 주소: 京都府京都市左京区大原草生町17 ▶ 전화번호: 075-744-2227 ▶ 홈페이지: www.ohara-sansou.com

### 한 걸음 더 4

오하라노사토
# 미소안 味噌庵

오하라노사토에서 운영하고 있는 미소안은 직접 만든 미소된장을 판매하는 곳이다. 옛날부터 전해오는 전통 방식을 고수하며 오하라의 맑은 물과 좋은 콩, 소금만을 사용해 된장을 만든다. 다른 첨가물을 사용하지 않기 때문에 원래 콩이 가지고 있는 단맛을 고스란히 느낄 수 있다. 다만 보존 방식은 조금 까다로운 편이라고 한다.

  100년 이상을 이어오고 있는 미소안의 제품들이 교토 사람들에게 인기가 많은 것은 당연하다. 다양한 종류의 된장은 가격 또한 천차만별이다. 그리고 우리나라 된장에 비해 단맛이 강한 편이다. 미소안의 된장을 이용한 미소나베는 미소안 옆의 구모이차야에서 맛볼 수 있다.

**＋ 이용 안내**

▶ 이용시간: 09:00~17:00  ▶ 휴무일: 부정기  ▶ 주소: 京都府京都市 左京区大原草生町31  ▶ 전화번호: 075-744-2240  ▶ 홈페이지: www.misoan.jp

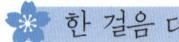 한 걸음 더 5

### 오하라산소 · 오하라노사토
# 히가에리온센 日帰り温泉

오하라의 깨끗한 자연환경은 물 또한 예외가 아니어서 물이 맑은 오하라에는 료칸이나 온천을 즐길 수 있는 유명한 곳이 많다. 숙박을 하지 않더라도 히가에리온센(당일치기 온천)을 즐길 수 있다. 바로 오하라노사토와 오하라산소 모두 히가에리온센이 가능하다. 2군데 모두 점심을 포함한 온천팩 상품을 판매하고 있으며 식사 메뉴에 따라 가격이 다르다.

조금 더 특별한 오하라를 느끼고 싶다면 히가에리온센을 이용해보자. 히가리에온센과 관련한 자세한 내용은 홈페이지를 참조하자(오하라노사토: www.oohara-no-sato.co.jp/onsen, 오하라산소: www.ohara-sansou.com/higaeri/index.php).

> **Tip.** 오하라노사토와 오하라산소 모두 스스로 이불을 정리하고 직접 식당으로 이동해서 식사를 하는 셀프 스타일의 민슈쿠(民宿, 민숙)를 운영하고 있다. 노천 온천욕도 가능하며 료칸 가격에 오하라 향토요리를 맛볼 수 있는 저녁과 아침 식사메뉴를 포함한다고 하더라도 다른 료칸에 비해 가격이 훨씬 저렴한 편이다. 특히 1인 여행자들도 료칸 숙박이 가능하다.

**interview**

# 『난생 처음 교토』
# 저자 심층 인터뷰

**Q** 『난생 처음 교토』 책 소개를 해주시고, 이 책을 통해 독자들에게 전하고 싶은 메시지는 무엇인지 말씀해주세요.

**A** 이 책은 부제목 그대로 '처음 교토에 가는 사람'들을 위한 교토 가이드북입니다. 따라서 교토가 처음인 사람들을 위해 꼭 필요하고 유용한 정보를 담았습니다. 교토를 지역별로 나누어 교토 시내 3박 4일의 여행 일정과 근교 여행 일정으로 구성했습니다. 이 책을 통해 교토 여행을 계획한다면 자신의 일정에 따라서 짧게는 1박 2일에서 혹은 5박 6일까지도 자유롭게 교토 여행 일정을 구성할 수 있습니다.

교토는 생각보다 볼거리가 많은 도시이기 때문에 백과사전식으로 최대한 많은 정보를 담기보다 한 곳을 여행하더라도 제대로 보고 제대로 느낄 수 있도록 좀더 자세한 내용을 담았습니다. 무엇보다 대다수의 여행자들이 앞선 오사카 여행에서 하루 정도 시간을 할애해 교토를 다녀오는 편입니다. 이미 그런 분들은 충분히 느끼셨겠지만 오사카와 달리 교토는 하루 정도만으로 여행을 끝낼 수 있는 도시가 결코 아닙니다. 따라서 저는 이 책을 통해 처음 교토에 가는 사람도, 이미 교토를 다녀온 사람도 모두 필요한 정보를 얻을 수 있도록 최선을 다했습니다.

**Q** 근래 여행지 중에 일본이 인기가 높습니다. 그 중 교토 여행이 인기가 높은 이유가 무엇이라고 생각하십니까?

**A** 우리나라 사람들에게 일본은 지리적으로 가까우면서도 닮은 듯, 다른 문화를 경험할 수 있다는 점 때문에 평소에도 인기가 많은 여행지였습니다. 최근에는 엔저현상으로 인해 일본을 여행하는 사람들이 폭발적으로 늘어나고 있는 추세입니다. 일본 여러 도시 중에 교토가 속해 있는 간사이 지방은 비행기로 약 2시간이면 도착하기에 더욱 높은 인기를 누리고 있는데, 단지 지리적으로 가깝다는 이유가 전부는 아닙니다. 교토는 도쿄로 수도를 이전하기 전까지 천 년 동안 수도였던 도시로 수많은 세계문화유산을 비롯해 일본의 전통이 고스란히 남아있어 많은 볼거리를 가지고 있습니다. 오롯이 일주일을 할애한다고 해도 교토에서 내로라하는 문화유산을 다 보기 힘들 정도로 도시 전체가 박물관이라고 할 수 있습니다.

그렇다고 해서 볼거리만 있는 도시는 아닙니다. 오사카가 워낙 먹거리로 알려져 있는 곳이라 교토는 상대적으로 볼거리에 치중하는 경향이 있는데, 교토의 교요리를 빼고 맛집을 논할 수 없을 정도이고 서양에서도 교토의 교요리에 극찬을 보내고 있습니다. 무엇보다 교토가 왜 좋으냐고 묻는다면 교토를 다녀온 사람들을 통해 확인할 수 있습니다. 그건 바로 하나같이 "다시 교토를 가고 싶다."라며 이구동성으로 "다른 도시에 없는 뭔가가 교토에 있다."라고들 합니다. 그게 무엇인지는 여러분들께서 직접 확인해보시면 좋을 것 같습니다.

**Q** 시중에 교토 여행 관련 도서들이 많이 있습니다. 이 책은 유사 도서들과 어떤 차이점이 있나요?

**A** 대부분의 여행 관련 도서들이 교토 여행에 관한 백과사전식의 많은 정보를 담고 있습니다. 처음 교토에 가는 사람들을 위해 정보가 많으면 좋을 것 같지만, 너무 많은 정보는 오히려 의사결정을 더 힘들게 할 수도 있습니다. 그래서 백과사전식의 정보를 나열하는 것보다는 처음 교토에 간다면 꼭 해야 하고, 꼭 먹어야 하고, 꼭 봐야 하는 핵심 정보만을 요약해 놓았습니다. 추천 일정별로 이동 동선이 편리하고 시간을 낭비하지 않도록 관광지를 지역별로 나누어 구성했기에 책만 보고도 교토를 갔다 온 느낌이 들 수 있게끔 매우 쉽게 구성했습니다. 그렇다고 해서 이 책이 처음 교토에 가는 사람들을 위한 초보용 책만은 아닙니다. 같은 곳이어도 계절마다 전혀 다른 매력을 선물하는 교토인 만큼, 이미 교토를 다녀온 사람들이 다른 계절에 다시 교토를 방문한다고 할 때 필요한 정보들도 충분히 담고 있습니다.

**Q** 이 책은 교토 초보 여행자를 위한 책이라고 하셨습니다. 교토 초보 여행자들에게 어떤 도움을 줄 수 있을까요?

**A** 해외여행이 처음이거나 교토를 처음 여행할 사람들이 가장 많이 하는 고민은 '일정을 어떻게 계획하느냐.'일 것입니다. 따라서 교토 여행에 관한 정보를 일일이 찾아야 하는 수고로움을 최대한 줄였습니다. 이 책은 교토에서 꼭 가야 하는 곳 위주로 추천 일정별로 구성하고 있습니다. 또한 이동 동선에서 크게 벗어나지 않는 범위 내에서 먹거리나 쇼핑 정도 등을 함께 안내하고 있습니다. 따라서 이 책에서 추천하는 일정을 그대로 따라간다고 해도 시간을 낭비하지 않고, 짧은 시간에도 교토를 최대한 많이 보고 제대로 느낄 수 있도록 도움을 주고자 노력을

기울였습니다.

무엇보다 교토는 지하철을 이용하는 다른 도시들과 달리 대부분 교토 시 버스를 이용하는 편입니다. 처음 교토를 여행하는 사람들에게는 다소 복잡하고 불편하게 느껴질 수 있습니다. 저 역시 처음 교토에 갔을 때는 버스 시스템에 적응을 못해서 좀 힘들었거든요. 이런 저의 경험과 노하우를 십분 살려 처음 가는 교토 여행이 불편하지 않도록 최선을 다 했습니다.

**Q** 교토는 한국과 가까워 많은 사람들이 가고 싶어합니다. 교토 여행 일정을 짤 때 어떻게 하면 최적의 여행 일정을 짤 수 있을까요?

**A** 교토는 세계문화유산만 17개를 가지고 있는 도시로, 교토 전체가 볼거리 가득한 박물관이라 할 수 있습니다. 이렇게 많은 볼거리들은 교토 시내 지역과 근교 지역까지 고루 넓게 펴져 있습니다. 따라서 여행을 계획할 때 가장 먼저 무엇을 볼 것인가를 계획해야 합니다. 자신의 여행 일정에 따라 꼭 보고 싶은 곳을 먼저 선택한 다음 이동 동선을 잡되, 권역별로 움직이는 것이 시간 낭비를 조금이라도 줄일 수 있는 방법입니다.

그 밖에도 교토 여행에서 고려해야 할 것이 한 가지 더 있습니다. 교토는 대부분의 관광지가 대략 오후 5시를 전후로 문을 닫습니다. 다른 지역에 비해 상당히 일찍 관람시간이 종료되는 편입니다. 그래서 관광지 개방시간을 확인한 다음 대략적인 관람시간을 예상해서 일정을 계획하는 것이 좋습니다. 또한 음식점의 경우에도 일찍 문을 닫는 곳도 있고 휴무일도 제각각 다르므로 반드시 체크를 해야 합니다. 저 역시 이런 경험이 있습니다. 워낙 유명한 맛집이라 당연히 휴무일이 없을 것이라는 예상이 보기 좋기 빗나가서 허탈했던 경험이 있거든요. 저처럼 꼭 먹고 싶은 음식이 있어서 찾아갔더니 영업시간이 끝났다거나 휴무일이라서 낭패를 보지 않으려면, 반드시 영업시간과 휴무일을 확인해야 합니다.

**Q** 교토와 가까운 거리에 오사카가 있습니다. 대부분의 책에서는 오사카와 교토를 하나로 묶는 편인데, 오사카와 교토를 따로 나누어 여행하라고 말씀하셨습니다. 그 이유는 무엇이고 오사카를 어떻게 여행하는 것이 좋을까요?

**A** 도쿄는 현재를 살고, 교토는 과거를 살고, 오사카는 오늘 저녁을 산다는 말이 있습니다. 일본에서 도시를 비교할 때 종종 사용하는 말인데, 이 말에는 많은 의미를 담고 있습니다. 간사이를 대표하는 두 도시, 오사카와 교토는 언뜻 보면 비슷해 보여도 알고 보면 전혀 다른 느낌을 가진 도시입니다. 제 개인적인 감상을 곁들이자면, 오사카는 매우 활기찬 오늘 저녁을 느낄 수 있는 곳이고, 교토는 과거의 시간을 흐르는 은은한 향기를 느낄 수 있는 곳입니다. 두 도시 나름대로 무척이나 매력적인 곳은 틀림없습니다.

다만 우리나라 여행객들의 경우 간사이국제공항이 있는 오사카와 달리 간사이국제공항을 거쳐 다시 교토를 가야 한다는 번거로움 때문에, 주로 오사카 위주로 여행 계획을 세우고 하루 정도의 근교 일정으로 교토 여행을 계획하는 편입니다. 한 번에 두 마리 토끼를 잡는 여행도 좋지만 오사카는 오사카대로, 교토는 교토대로 제대로 충분한 시간을 할애한다면 얄팍한 여행자의 시선과는 또 다른 깊이감이 여행을 훨씬 더 풍부하게 만들어줄 것입니다.

**Q** 교토를 다녀오시면서 여러 가지 재미있는 에피소드가 많았다고 들었습니다. 재미있었던 에피소드 한 가지 소개해주세요.

**A** 흔히 일본 사람들의 특성을 말할 때 조근조근하고 조심스럽다고 합니다. 그래서 저 역시 일본 사람들은 전부 얌전하고 조용한 줄만 알았습

니다. 교토는 연간 관광객 수가 한반도 인구수와도 비슷할 만큼 세계적인 관광도시라고 할 수 있는데, 그래서인지 교토 사람들은 좀 달랐습니다. 도쿄나 일본의 다른 도시를 방문했을 때와 달리 아무나 붙잡고 영어로 길을 물으면 남녀노소 누구나 영어를 잘하지 못해도 주저하거나 머뭇거리는 것 없이 매우 적극적이었습니다. 게다가 교토 사람들이 얼마나 유쾌한지 제가 오히려 더 당황하게 되더군요.

한 번은 긴카쿠지에서 기요미즈데라까지 버스를 이용한 적이 있었습니다. 기요미즈데라는 관광객들이 많이 찾는 곳이기에 늘 붐비는데, 일본의 수학여행 철에 맞물리다 보니 버스는 다른 승객을 태울 수 없을 정도로 만원이었습니다. 문제는 기요미즈데라에 도착을 했을 때 발생했습니다. 제가 종점에서 버스를 타다 보니 너무 뒤에 있어서 다른 사람들이 모두 하차를 했는데도 저는 내리지 못하고 사람들 사이를 비집고 겨우 앞자리로 이동하고 있을 때였습니다. 제 모습을 본 교토 아주머니가 제가 혹시 못 내릴까 봐 걱정스러웠는지 갑자기 일어, 한국어, 영어, 그리고 정체를 알 수 없는 다른 언어까지 섞어가며 엄청 큰 소리로 저 대신 내린다며 외쳐주셨어요. 그 소리가 너무 커서 순간 버스 안에 있는 사람들 모두 웃음이 터졌습니다. 정말 유쾌했던 추억으로 남아 있습니다.

 **교토를 여행할 때 가장 인상적이었거나 꼭 추천하는 여행지가 있다면 소개해주세요.**

교토는 인상적인 곳이 정말 많아서 어디를 추천해야 할지 고민이 됩니다. 기요미즈데라를 비롯해 계절에 따라 좋은 곳이 많아서 우선순위를 정하기가 무척 어렵지만 한 곳을 꼭 집어 추천한다면 산주산겐도입니다. 산주산겐도는 외국인에게는 가장 중요한 여행지는 아니지만 일본 사람들에게는 교토에서 꼭 가야 하는 3대 관광지 중 하나로 큰 비중을 차

지하는 곳입니다. 산주산겐도는 가로 118m의 건물 안에 1,001개의 천수관음상이 등신입상으로 서 있는 곳인데요, 그 모습을 직접 보기 전까지는 전혀 상상이 안 되는 곳이었습니다. 그렇게 아무 기대 없이 1,001개의 불상과 마주하니 숨이 막힐 정도로 아찔하다는 표현이 어떤 것인지 저절로 알게 되었습니다. 게다가 같은 표정이 하나도 없다는 것이 정말 신기했습니다. 여기에는 전설이 하나 있는데, 이 불상들 중에 자신을 닮은 얼굴도 있고, 보고 싶은 얼굴도 있다고 합니다. 설마 했는데 진짜 있었어요. 교토에는 다른 유명한 곳도 많지만 숨 막히는 아찔한 경험과 함께 그리운 사람의 얼굴도 찾아볼 수 있는 산주산겐도를 추천합니다.

**Q** 교토 음식이 우리 입맛에 잘 맞지 않아서 고생하는 경우는 없나요? 교토 음식에 대해 이야기해주세요.

**A** 교토 역시 전통 교요리를 비롯해 프랑스, 이탈리아 등 세계 음식들이 교토 스타일로 탈바꿈한 요리들은 물론이고 수많은 길거리 간식까지, 미식가의 천국이라고 할 수 있습니다. 교토가 음식이 발달한 것은 지형적인 이유 때문입니다. 교토는 산으로 둘러싸인 분지 지형으로 바다와 멀리 떨어져 있어 좋은 식재료를 구하기가 힘든 도시였습니다. 그럼에도 불구하고 왕족과 귀족의 까다로운 입맛을 맞추기 위해 교토만의 독특한 요리 문화를 만들어냈고, 그래서 교토가 원조인 음식이 많은 편입니다.

특히 가격이 조금 비싸긴 하지만 셰프의 종합예술이라고 할 수 있는 가이세키는 일본의 전통을 음식으로 맛볼 수 있어 〈뉴욕타임스〉에서도 극찬하는 요리입니다. 그 밖에도 교토는 물이 맑아 콩과 두부 요리도 유명합니다. 다만 일본에서는 요리를 할 때 설탕을 가장 먼저 사용하기 때문에 음식이 단 편입니다. 다행히도 교토는 일본의 다른 지역에 비해 우리 입맛에도 훨씬 잘 맞습니다. 훨씬 교토의 음식은 대체로 담백한 편인데요, 재료 본연의 맛을 살리기 위해 조미료를 적게 사용하고 채소를 이용한 절임음식이 많아 건강식이라고 할 수 있습니다.

 **교토를 여행할 여행자들에게 꼭 해주고 싶은 이야기가 있다면 어떤 것들이 있나요?**

A 교토는 천 년 동안 수도였던 시간의 흔적이 곳곳에 묻어 있는 아주 멋진 도시입니다. 교토의 역사는 곧 일본의 역사라고 할 수 있지요. 그래서 교토의 역사를 배경지식으로 알고 간다면 문화재나 유적지가 대부분인 교토를 훨씬 더 재미있게 여행할 수 있습니다.

교토는 많은 볼거리가 있어 하나의 콘셉트를 정하고 여행한다면 훨씬 더 알찬 여행이 될 수 있습니다. 가령 한반도 도래인의 발자취가 남아있는 문화유산답사여행, 정원여행, 봄꽃 여행, 단풍 여행처럼 말입니다. 혹자는 교토를 두고 과거의 영광에 취해 과거로 살고 있다고도 말하지만, 제가 느낀 교토는 과거와 현재가 자로 잰 듯이 만나 미니멀하면서도 트렌디한 새로운 유행을 만들어내고 있는 곳이 교토거든요. 판에 박힌 듯 교과서 같은 여행이 싫다면 그저 교토 이 골목 저 골목 산보하듯이 돌아다녀보라고 말하고 싶습니다. 그것만으로도 여행이 되는 곳이 교토이고, 저절로 사색에 잠길 수 있는 곳 또한 교토입니다. 심지어는 아무것도 하지 않고 교토에 있다는 것 자체만으로도 힐링이 되는 곳이 바로 교토라고 감히 말하고 싶습니다.

 스마트폰에서 이 QR코드를 읽으시면 저자 인터뷰 동영상을 보실 수 있습니다.

# 독자 여러분의
# 소중한 원고를 기다립니다

★

메이트북스는 독자 여러분의 소중한 원고를 기다리고 있습니다. 집필을 끝냈거나 혹은 집필중인 원고가 있으신 분은 khg0109@hanmail.net으로 원고의 간단한 기획의도와 개요, 연락처 등과 함께 보내주시면 최대한 빨리 검토한 후에 연락드리겠습니다. 머뭇거리지 마시고 언제라도 메이트북스의 문을 두드리시면 반갑게 맞이하겠습니다.

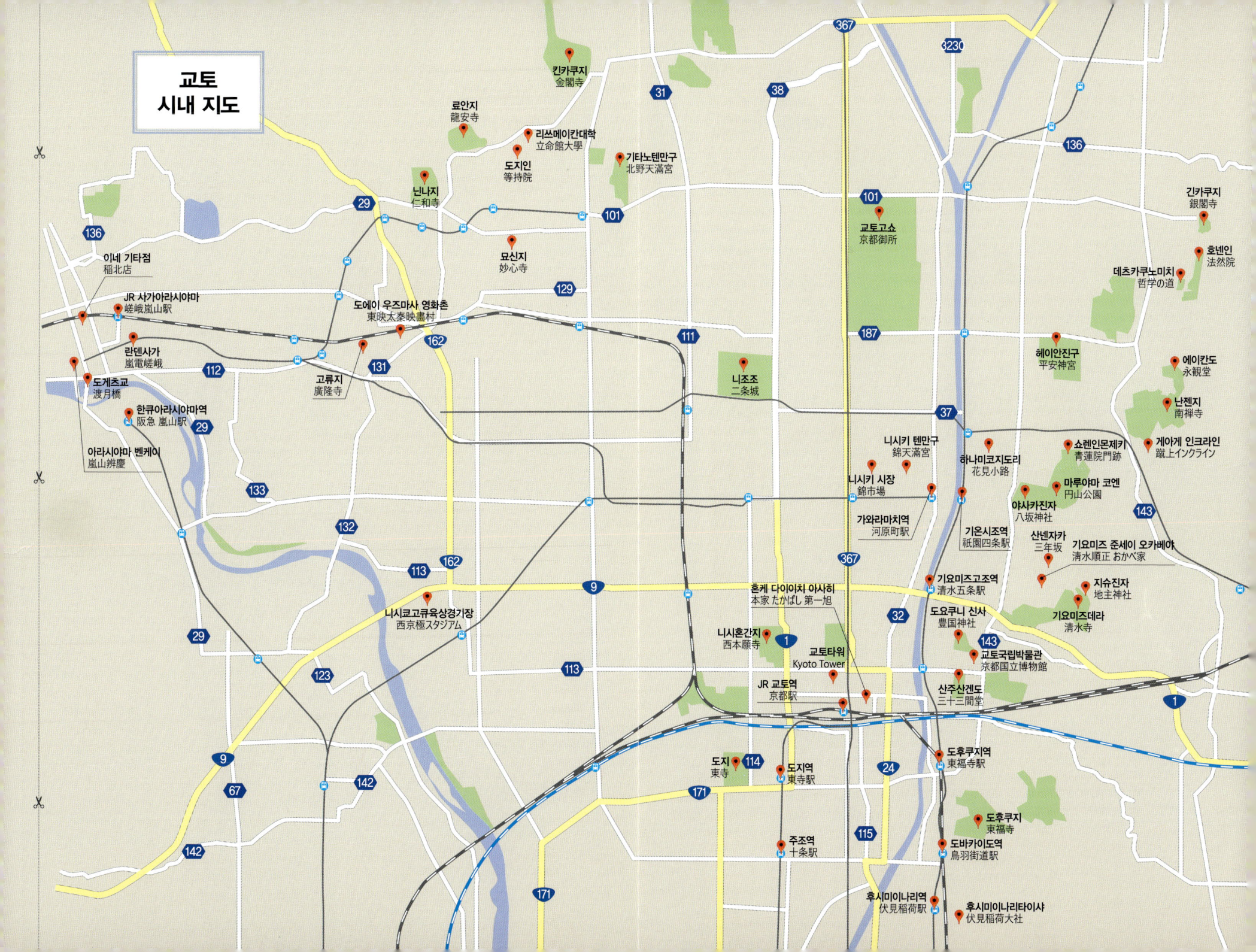

## 교토 시영 지하철 노선도

## 교토 버스 노선도

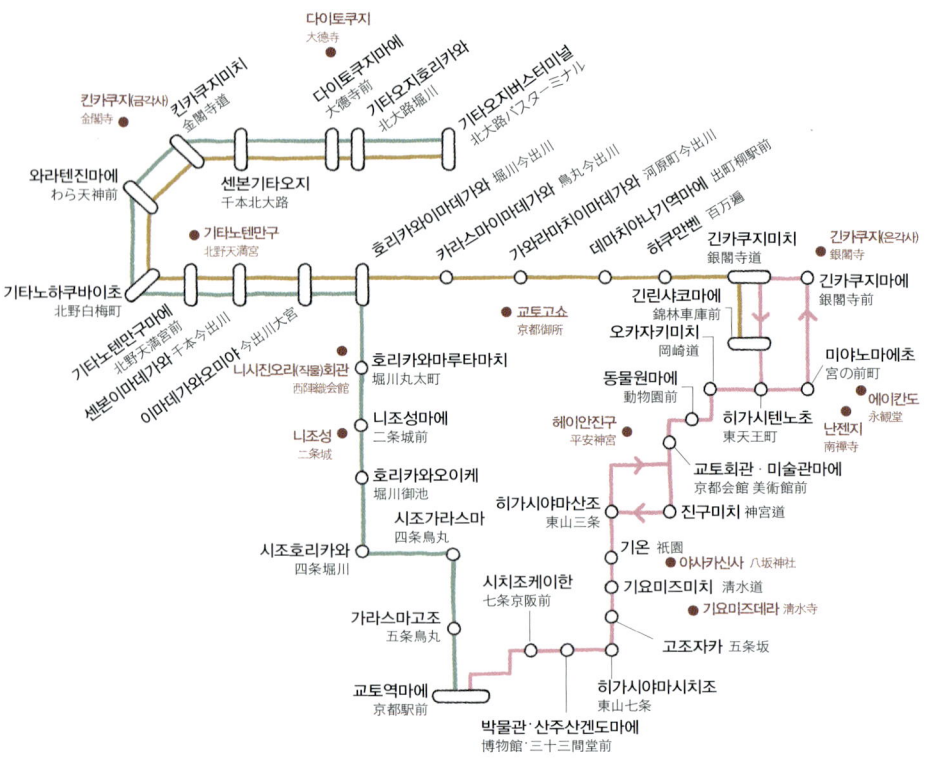